Rea Garvey
Before I met Supergirl

Rea Garvey

BEFORE I MET SUPERGIRL

allegria

Die Ullstein Buchverlage danken allen Rechtegebern für die Abdruckgenehmigungen.
Da in einigen Fällen die Inhaber der Rechte nicht festzustellen oder erreichbar waren, verpflichtet sich der Verlag, rechtmäßige Ansprüche nach den üblichen Honorarsätzen zu vergüten.

MIX
Papier | Fördert gute Waldnutzung
FSC® C014496

Allegria ist ein Verlag
der Ullstein Buchverlage GmbH

ISBN: 978-3-7934-0099-8

Bei Fragen zur Produktsicherheit wenden Sie sich bitte an
produktsicherheit@ullstein.de
Übersetzung: Christina Hackenberg und Franka Reinhart
Redaktion: Josephine Garvey, Alexandra Krishnabhakdi, Tony Clayton-Lee
Bildteil: Privat, Brian Daly, Brian Gaynor

Gesetzt aus der Garamond
Satz: Pinkuin Satz und Datentechnik, Berlin
Satz Bildteil: LVD GmbH, Berlin
Druck und Bindearbeiten: GGP Media GmbH, Pößneck

For Aamor and Rufus

HAVE A LISTEN TO THIS, WILL YA?

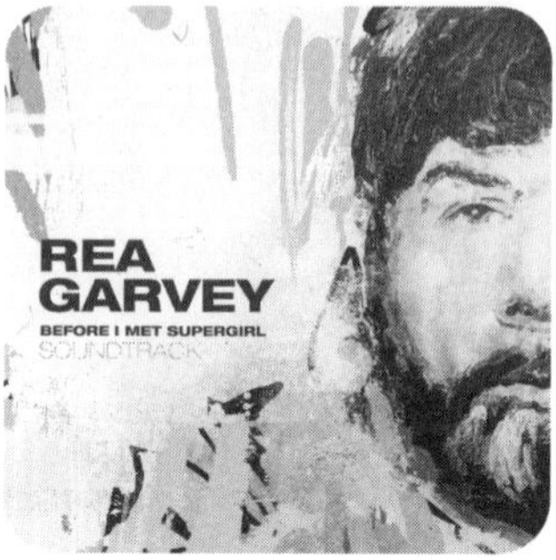

BEFORE I MET SUPERGIRL
(Soundtrack)
Rea Garvey

1. TAKE THIS HEART
2. KIDS IN LOVE
3. IRISH EYES
4. GIRL YOU`RE GOING TO GET IT ALL
5. HELL OR HIGH WATER
6. MERCY
7. NOT AFRAID
8. COME HOME
9. NAMES ON THE WALL
10. CANDLELIGHT
11. SORRY DAYS
12. LETTER TO MY SISTER
13. HEAD IN MY HANDS
14. MY IRISH BONNY LASS

31. Oktober 2025

Inhalt

Foreword

I remember learning to ride a bike – it was in the driveway of our house on the Mall in Templemore. Whether the bicycle had been handed down from a neighbor or had been wrenched together by the boys next door, didn't matter, the important thing was that it had two wheels, handlebars and a saddle. Moving up from the small bike with the stabilizers to throwing your leg over a crossbar higher than your belly button was one of the first recognizable lifetime challenges at the age of 7 years. The falling down, the scratched knees, the bloodied hands that you used to break your fall on the concrete were all imminent but so was the getting back up, the wiping away of the tears, the whispered words from your mother »Go on now and show 'em that you're able«.

Your pride demanding that you succeed and then it comes, that feeling of harmony, the wheels turning, the breeze on your face and the cheer of celebration from the onlookers, you've done it!

10 meters later you're flying over the handlebars into the ditch in an attempt to avoid racing out onto the road and into the oncoming traffic. Ironic that we learn how to stop the bicycle after we've learned how to ride it.

At 12 years of age I went up the devil's bit (our local mountain) as a boy scout. The whole troop and its leaders made their way through the heath and up onto the mountain's peak, which the locals had celebrated by erecting a large cement cross, visible for miles. On the descent we came down through a part of the wood where the rainwater had washed away all growth, creating a channel two or three meters wide where the underlying rocks lay bare and uninviting. I was wearing my sister's white Wellington boots, presumably because we had no others, and while descending, for fun, I started to show off in front of my comrades, running past them along the uneven path. Running in these boots without any grip was like driving with bald tires on ice, and what began as a skip and a jump soon developed into a jog and then a run and then an uncontrollable sprint. The decline increased as did my speed, some called out to say I was being stupid and I should just stop before I hurt myself, but now my legs were running wildly, leaving meters in between their stride. I was no longer in control.

Had I tried to stop, I would have flown over a mound or a rock throwing myself against one of the tree stumps lining the route, or worse, I would have fallen onto one of the protruding rocks the rains had uncovered, surely breaking one or more limbs in the process. I kept running. Leaving the troop far behind, I was alone, racing through the wood, trying to maintain my balance while sprinting out of control. The forest ended and I ran out into in the fields that lay at the base of the mountain, eventually able to slow my pace and stop. I was crouched over for minutes trying to catch my breath. The loss of control was exhilarating and scary at the same time, the fear of falling was sometimes greater than the will to keep going and overcome, but the feeling of success was fulfilling. I was alone in my thoughts, no one would have known I had lost control because I hadn't screamed for help or made them aware of my predicament, no one could have sensed my joy of success because they were not aware of the gauntlet I had run. When the others arrived they just pointed to their foreheads with one finger suggesting I was slightly crazy, while the troop leaders reminded me that it was not okay to just run off like that, and I should have asked for permission before racing down the path of skull crushing rocks and rib breaking tree stumps.

I grew up in a time of simplicity: we didn't have much, so we loved what we had. If times were hard, we never knew because our parents thought it not to be our concern. We were four kids, then eight, then teenagers, then students, then punks, then musicians. We had learned from an early age to trust life, we could be anything we chose to be, and although we never looked down on anyone, we also never looked up, we were equal to all and judges of none.

At 18 years of age, I left home to become a student in the great city of Dublin. On my first day at University, I wore patent-leather shoes and a chessboard like design on a wool pullover. Two months later, I was wearing ex-army combats and donned a formidable Mohican. Being away from home changed me.

Life was too exciting to not make mistakes, but I was raised to leave when I didn't feel welcome and stand tall when others would put me down. »No« was my Arthur's sword when it came to bad friends and irreversible bad decisions, whether it was my family or my faith, I often felt someone was looking out for me.

I am not proud of my every action, and yet, if I could turn back time, I know I wouldn't change a thing because life is about the sum of its parts. If you are happy with who you are right now in your life, then the path you chose to get here, good or bad, was the one you had to go.

I spent a long time trying to find out who I was. I copied my heroes in hopes that if I was like them, I would somehow share in their success, share the path they walked, but that's not how it works. I realized while living in a one-room apartment in Dublin that being me would have to be enough.

God bless
Rea

Our House

Die Wurzeln des Garvey-Clans liegen in einem kleinen Haus auf dem Gelände eines Straßenbauunternehmens in Abbeyleix in der Grafschaft Laois. Meine frühesten Erinnerungen reichen bis in die Zeit zurück, als wir erst vier Geschwister waren: die älteste war Colette, dann kam Maria, dann ich, und die jüngste war damals Edele. Wir lebten in einem Bungalow, der tagsüber als Kindergarten diente. Meine Mutter war ausgebildete Lehrerin und hatte jeden Morgen alle Hände voll zu tun, wenn Kinder aus der ganzen Stadt unser Haus in Beschlag nahmen. Unendlich vertrauenswürdig und mit größten Herzen nahm sie die Kleinen in ihre Obhut. Das Wohlergehen von Kindern war ihre Berufung.

Mein Vater arbeitete bei der *Garda Síochána*, der irischen Nationalpolizei, und war im örtlichen Polizeirevier stationiert. Jeden Morgen verabschiedete er sich in seiner damals noch schwarzen Uniform mit einem Kuss von meiner Mum und machte sich auf den Weg, um das Verbrechen zu bekämpfen oder »die Welt zu retten«, wie wir es nannten. Über ein Jahrzehnt lang waren wir täglich Zeugen dieses morgendlichen Rituals.

Unser Haus hatte einen schlichten Grundriss mit zwei Schlafzimmern, einem Bad, einem Wohnraum und einer offenen Küche, wo auch der Esstisch stand. Vor dem Haus lag ein kleiner Garten, in dessen Mitte ein alter Eichenstumpf thronte – der Rest eines Riesen, der viele Jahre zuvor gefällt worden war.

Die betonierte Einfahrt war eingezäunt und verwandelte sich werktags in eine Rennstrecke, Stolperpiste und Spielhöhle für die Kindergartenkinder. Ruhe gab es nur an Feiertagen. Zu behaupten, unser Haus sei laut und voller Leben gewesen, wäre eine gnadenlose Untertreibung.

Wir wuchsen in einer Art kontrolliertem Chaos auf, nur dass die Kontrolle dabei regelmäßig das Weite suchte.

Doch wie das Sprichwort sagt: Die Zeit wartet auf niemanden und schon gar nicht auf die Garveys. Kaum wähnte man einen Tag als halbwegs normalen Sonnenaufgang-Sonnenuntergang-Allerweltsmoment, sprang irgendein Ereignis hinter dem Vorhang hervor, das uns daran erinnerte, dass wir alles andere als normal waren.

So auch an einem Frühstücksmorgen, als ich fünf Jahre alt war. Ich schlenderte zum Küchentisch, zog meinen Penis hervor und fragte meinen Vater, warum Mädchen keinen hätten. Seine Reaktion war die eines Mannes, dem gerade ein Eimer glühender Kohlen in den Schoß gekippt worden war.

»Sofort in dein Zimmer!! Und bleib dort, bis ich dich wieder runterrufe!«

Irland war in jenen Tagen ein recht konservatives Land, und schockierende Momente wie meine »Penis-am-Frühstückstisch«-Frage (die ich übrigens bis heute für durchaus berechtigt halte) boten meinen Eltern Gelegenheit, ihre Erziehungsmethoden zu hinterfragen – während sie gleichzeitig verstohlen in ihre Teetassen lachten.

Die Wahrheit ist: Ich war ein Clown. Ich gab meinen Eltern mehr als genug Anlass, die Augen gen Himmel zu rollen und zu fragen, ob ich je einen geraden Weg einschlagen würde. Ich war weder böse noch wütend, aber ich konnte unendlich neugierig sein – und frustriert über Dinge, die ich schlicht noch nicht verstand.

Meine Eltern folgten brav den Lehren der katholischen Kirche und waren überzeugt: Kinder sollten gesehen, aber nicht gehört werden. In meinen frühen Jahren war ich da völlig anderer Meinung – ich fand, Kinder sollten das Recht haben, gehört zu werden. Und gesehen. Und dann bitte noch mal gehört.

Meine Eltern waren gerade mal 22, als meine Mutter das erste Mal schwanger war. Damals in Irland musste man binnen eines Jahres die Ehe durch einen Bauch nachweisen, sonst stand der Priester auf der Matte und bot »Hilfe« an. (Manchmal so erfolgreich, dass das Kind später mehr Ähnlichkeit mit dem Hirten hatte als mit dem Schaf.)

Häufig waren auch Nonnen für die Beratung von »Paaren mit Eheproblemen« zuständig, wie es damals euphemistisch hieß. Das kam mir immer so vor, als würde man einen Tischler holen, um die Heizung zu reparieren.

Bei meinen Eltern waren diese Hausbesuche nicht nötig, denn mit 25 hatten sie bereits vier Kinder.

»Die ersten Vier«.

Eigentlich hätten sich meine Eltern über die kuriosen Aktionen ihrer Sprösslinge amüsieren können, doch das taten sie nicht – zumindest nicht offensichtlich. Konformität war stärker als Kichern, und meine lauten Eskapaden waren erst recht kein Grund für Heiterkeit.

Wir waren die Schwachstelle des perfekten Familienbildes. Laut, frech und vor allem sehr kommunikativ. Offen und bereitwillig gaben wir sämtlichen Interessierten über alles Auskunft, was sich bei uns im Hause Garvey abspielte. Wir ersten Vier waren in unserem Ort eine illustre Kombination aus Geheimdienst und Fernsehnachrichten. Jedes Geheimnis wurde zur Schlagzeile und umgehend allen präsentiert, die uns zuhörten.

Wenn meine Mutter also wieder einmal schräge oder vorwurfsvolle Blicke aus der Nachbarschaft erntete, zitierte sie uns herbei (meistens mich).

»Warum lachen die Leute über mich?«

»Weiß nicht, Mum, hab nix gesagt.« Blick auf den Boden, kein Augenkontakt.

»Du hast was gesagt!«

»Nix … schwör's …« Zwei Wörter, zwei Lügen. Direktes Ticket in die Hölle.

Am Ende brach mein Widerstand wie ein morscher Ast.

»Hab gesagt, dass du Mayo in deine Haare schmierst …«

Tränen flossen – diesmal echt.

»Ab nach Hause, sonst verpass ich dir hier vor allen deinen Klassenkameraden eine Tracht Prügel!«

Meine Mutter schlug uns nie. Musste sie auch nicht. Schon die Drohung war schlimmer als jede Vollstreckung. Aber geweint hatte ich in aller Öffentlichkeit, und das war Strafe genug – ein Moment, der sich für immer einprägt.

Ich habe mich oft gefragt, wieso Mütter über besondere Verhörfähigkeiten verfügen. Ich stelle mir das so vor, dass unmittelbar nach der Geburt des ersten Kindes eine erfahrene Krankenschwester ans Klinikbett der frischgebackenen Mutter tritt und ihr zuflüstert: »Wenn sie dir nicht in die Augen schauen können, lügen sie.« Und gleich nach dem ersten Rat folgte schon der nächste: »Wenn sie sagen, dass sie dich lieb haben, verheimlichen sie dir etwas … Und wenn sie das mehrfach wiederholen, schau sofort in deinen Geldbeutel!«

Mir ist bewusst, dass ich die Geduld meiner Eltern oft genug überstrapazierte. So wie der Dalai Lama täglich viele Stunden meditiert, um Antworten auf grundlegende Fragen zu finden, versank auch ich in Tagträumen und starrte vor mich hin, wenn ich wieder einmal über Themen nachdachte, die für meine Eltern vermutlich reichlich absurd waren. Wie die folgende Geschichte.

Ich erinnere mich daran, wie ich in jungen Jahren einen glatt geschliffenen Stein in perfekter Flugbahn aus unserem Vorgarten über die Straße warf – und ihn haargenau auf dem Kopf eines

Mitschülers landen ließ. Es war eine Mischung aus wissenschaftlicher Neugier, aber auch ein kleines bisschen Rache. Er hatte mich in der Schule geärgert. Aber ich wollte auch wissen, ob ich imstande wäre, aus solcher Entfernung mit einem so winzigen Stein einen so kleinen Kopf zu treffen? Ich muss zugeben, dass mir der Wurf auf den Feind ziemlich perfekt gelang.

Ein Volltreffer.

Ich marschierte daraufhin in die Küche wie ein siegreicher Feldherr und berichtete meiner Mutter, dass ihr kleiner David den großen Goliath gefällt habe – und dass die Welt nun wieder im Gleichgewicht sei.

Ihre verdutzte Miene wurde jäh durch die Ankunft der Mutter meines »Goliaths« unterbrochen, die ihren blutüberströmten Sohn die Auffahrt hinaufzerrte – der im Vorbeigehen an unserer blitzblanken weißen Familienkarre, einem Hillman Hunter, Linien mit seinen blutigen Fingern auf dem schönen Lack zog. Dass der Junge seine Mutter als Schutzschild brauchte, fand ich schon peinlich. Noch peinlicher war aber dann für mich, dass meine Mutter mich quer durch den Garten jagte und mir drohte, mich ins Internat zu stecken, wenn ich mich nicht sofort stellen und meine Strafe empfangen würde. Während ich im Kreis um den alten Eichenstumpf flitzte, brüllte ich zurück, dass ich doch nur das Gleichgewicht der Gerechtigkeit wiederhergestellt hätte. Aber sie hörte nicht zu – und sie wurde auch nicht langsamer. Als letzten Appell an ihr Verständnis zitierte ich aus der Bibel – »Auge um Auge, Zahn um Zahn« –, doch selbst das traf bei ihr auf taube Ohren, und sie schloss immer weiter zu mir auf. Da selbst Gottes Wort nichts mehr bei ihr ausrichten konnte, erkannte ich meine aussichtslose Lage. Ich erinnere mich noch gut an die Bibelstellen, in denen es um Rache und Gerechtigkeit geht. Aber die Stellen, wo Mütter ihre tapferen Söhne nach glorreichen Schlachten durch Gärten jagen, muss ich überlesen haben.

Meine Mutter gab schließlich doch auf, trat den Rückzug an

und deutete wortlos auf die geöffnete Eingangstür, um mir zu signalisieren, dass ich umgehend ins Haus kommen sollte. Wir wussten beide, dass eine Bestrafung unausweichlich war und weitere Laufrunden im Vorgarten daran nichts ändern würden. Nach einer gehörigen Standpauke musste ich bei Goliaths klingeln und mich für mein Vergehen entschuldigen – hinter mir meine Mutter, die mir den Text soufflierte. Den gesamten Weg zu seinem Haus hatte sie mir eingeschärft, dass eine Bitte um Verzeihung aus ehrlichem Herzen kommen müsse, da sie sonst nicht zähle. Und sie hatte recht.

Obwohl ich mich gerächt hatte, machte mich der Schmerz, den ich ihm zugefügt hatte, weder stolz noch glücklich. Als ich vor ihm stand und seine Verletzung sah, empfand ich aufrichtige Reue.

An diesem Tag lernte ich tatsächlich zwei Lektionen fürs Leben: nämlich dass ich erstens mit einem Stein in der Hand brandgefährlich war, und zweitens Mitgefühl keine Schwäche, sondern eine Stärke darstellte. Vielleicht hatte mein rebellisches Wesen mit meiner Position innerhalb der Familie zu tun. Die Position in der Familien-Hackordnung ist nämlich nicht zu unterschätzen.

Das erste Kind? Ein kleines Wunder auf zwei Beinen, bestaunt von allen Seiten, bis Nummer zwei auftaucht. Dann verwandelt sich das Erstgeborene gerne in eine Art Mini-Diktator: naseweise Sprüche, alles besser wissen, immer Chef spielen.

Das zweite Kind? Klar, das Gegenteil. Wenn das Erste brav und aufmerksam ist, dann ist Nummer zwei laut, wild und unbelehrbar – oder umgekehrt. Zwei Kinder, zwei Gegensätze – das kriegt eine Familie mit genug Liebe noch gewuppt.

Doch dann – bumm! – kommt Kind Nummer drei. Also ich. Das mittlere Kind hängt plötzlich wie eine unglückliche Scheibe Käse in einem Sandwich fest und weiß nicht mehr so recht, wer es eigentlich ist. Währenddessen steigt das Erstgeborene in der Familienhierarchie weiter auf – vom kleinen Prediger zum selbst ernannten Propheten, schließlich hat es jetzt zwei Untertanen.

Kaum haben alle dieses Chaos einigermaßen sortiert, platzt Kind Nummer vier in die Szene. Niedlicher als alle davor, und weil es auch noch der Mutter wie aus dem Gesicht geschnitten ist, glauben die Eltern spätestens jetzt, dass es ein Geschenk direkt von Maria, der Mutter Gottes, sein muss.

Und genau da begreifen die ersten drei, dass sie nur überleben, wenn sie zusammenhalten. Gegen dieses kleine Heiligenschein-Baby hilft nur ein Bündnis: Chaos-Allianz gegen die göttliche Gerechtigkeit im Kinderzimmer.

Es ist der Lauf der Dinge, dass in jungen Jahren Mädchen von Jungs nicht allzu viel halten und Jungs wiederum noch nichts von der Möglichkeit einer friedlichen Koexistenz wissen. Deshalb war ich weitgehend auf mich allein gestellt, während meine beiden älteren Schwestern sich verbündeten und mich, ihren kleinen Bruder, für dumm und stinkig hielten. Ich hatte längst akzeptiert, dass sie von mir nicht sonderlich beeindruckt waren; schließlich hatte ich mich in ihre Rolle als unangefochtene Lieblinge unserer Eltern gedrängt, und das machte es nicht einfacher.

Jedes einzelne Kind stellte unsere Eltern vor beträchtliche Herausforderungen, aber dadurch wurde unser Leben nie langweilig.

Meine ältere Schwester Maria hatte als Kleinkind einen extrem leichten Schlaf, sodass schon ein leiser Fliegenfurz im Garten sie weckte und dazu führte, dass sie in ihrem Zimmer ohrenbetäubend brüllte. Außerdem biss sie gerne. Obwohl ansonsten ein recht friedliches Kind, konnte es trotzdem vorkommen, dass sie mit unschuldiger Miene ein blutendes Opfer am Tatort zurückließ. Hätten wir irgendeine entfernte Verwandtschaft zu Bram Stoker, dann war Maria ganz sicher die saftig-rote Frucht an diesem Zweig des Familienstammbaums. (Vielleicht kein Zufall, dass ich Jahre später eine wunderschöne Frau aus Transsilvanien heiraten würde. Das Unterbewusstsein hat seine ganz eigenen Wege.)

Colette, die Älteste (oder »die Erste«), war recht abenteuerlustig und stets darauf bedacht, die verlorene Alleinherrschaft über die Aufmerksamkeit unserer Eltern zurückzuerobern. Als Erstgeborene war sie vermutlich nicht begeistert davon, fortan die Liebe unserer Eltern mit weiteren Geschwistern zu teilen.

Sie musste also kreativ werden.

Eines Sonntagmorgens stand meine Mutter in der Küche am Spülbecken, als sie plötzlich ihr Auto – einen Ford Escort – langsam am Fenster vorbeigleiten sah. Am Steuer: Colette, sechs Jahre alt, mit beiden Händen am Lenkrad und einem konzentrierten Gesichtsausdruck, fest davon überzeugt, Auto fahren zu können. Entsetzt hämmerte meine Mutter gegen die Fensterscheibe unserer Küche und schrie immer wieder »Halt das Auto an!!« Dabei fuchtelte sie wild mit den Armen, als wollte sie ihr gerade beibringen, wie man die Handbremse zieht. Colette aber interpretierte die Gesten völlig anders – sie winkte strahlend zurück, stolz auf ihre erste Spritztour. Sekunden später machte es *Rumms* – der Wagen krachte mit fünf Stundenkilometern gegen den Gartenzaun. Verletzt wurde niemand, das Auto blieb heil, nur der arme Zaun trug den Schaden davon.

Meine jüngere Schwester Edele war brav, sah niedlich aus und hatte lange blonde Locken. Sie konnte kein Wässerchen trüben und war »so rein wie frisch gefallener Schnee«, wie man in Irland zu sagen pflegt. In den ersten Jahren trug sie nur wenig zum allgemeinen Familientrubel bei, sondern tauchte jeden Morgen in der Kinderschar unter, die meine Mutter zu Hause beaufsichtigte. Doch mit vier Jahren hatte sie ihren großen Auftritt, als sie sich unvermittelt der strengen mütterlichen Überwachung entzog.

Wir hatten einen Ausflug nach Tramore gemacht, die Heimatstadt meines Vaters, deren irischer Name *Trà mhòr* lautete – großer Strand. Der Strand war in der Tat riesig und sah bei Ebbe im Sonnenschein wie eine Art irische Sahara aus, wo die aus dem Sand aufsteigende flirrende Hitze zuweilen bizarre Zerrbilder hervorrief. Meine Mutter war wohl kurzzeitig in Gedanken gewesen, als sie plötzlich bemerkte, dass Goldlöckchen fehlte. Sie verfiel in Panik und wies ihre sechs und sieben Jahre alten Töchter an, sich auf die Suche nach dem vermissten Kind zu machen. Die Kommandos waren eindeutig.

»Colette, du suchst in dieser Richtung den Strand nach deiner Schwester ab. Maria, du läufst in die andere Richtung und machst das Gleiche. Raymond, du wartest hier, falls sie wieder auftaucht!«

Wir hörten an ihrem Tonfall, dass es ernst war. Wir kannten Ärger (»Wenn du dir auf dem Dach ein Bein brichst, brauchst du bei mir nicht um Mitleid zu betteln!«). Wir kannten Enttäuschung (»Du warst nur zwei Schritte von der Toilette entfernt – warum konntest du nicht einhalten?!«). Und wir kannten zurückhaltenden Stolz (»Gut gemacht, Raymond, nicht viele Kinder können ihren Namen rülpsen!«). Doch Panik – das war neu.

Meine Mutter gehört zu den Menschen, die selbst beängstigende Momente mit dem kurzen Satz *»Sure, you'll be grand«* abtun (was so viel bedeutet wie »Ach, das wird schon« – eine typisch irische Aussage zur Relativierung von Katastrophen). Das war ihre Gabe, eine Art Zauberspruch, der Wunden heilen, Stürme besänftigen und jede Katastrophe kleinreden konnte. Doch an jenem Tag war sie selbst diejenige, die Trost gebraucht hätte. Diesmal half kein Zauberspruch. Panik machte sich breit.

Verzweifelt lief Mum die Promenade auf und ab, hielt Ausschau nach Edele und fragte sämtliche Passanten, ob sie ihre kleine Tochter gesehen hätten.

Schließlich fanden wir Edele. Sie wartete an einer Ampel und wollte gerade die Straße überqueren – bereit, in die große böse Welt abzubiegen. Wohin genau, das wusste niemand. Wichtig war nur: Sie sollte dort nicht ankommen. Als meine Mutter sie wieder in die Arme schloss, fiel für einen Moment ihre Maske. Da stand sie, keine »Über-Mutter«, sondern eine 25-jährige Frau, die Angst um ihr Kind hatte.

Seit ich selbst Vater bin, weiß ich: Es gibt kein Handbuch fürs

Elternsein. Kaum gedruckt, ist es schon veraltet. Jedes Kind ist ein eigenes Mona-Lisa-Gemälde – individuell, geheimnisvoll, perfekt und mit einem Lächeln, das man als Eltern niemals ganz »erziehen« kann. Perfektion, so sagt man, gibt's nur aus Gottes Hand. Solche kleinen Ausreißer wie Edeles Verschwinden am Strand passieren überall, jeden Tag. Doch für meine Mutter war es eine Lektion – noch wachsamer und noch mehr Schutzschild zu sein als bisher.

Irland in den Siebziger- und Achtzigerjahren war ein Land, das noch immer die Schatten seiner Vergangenheit mit sich trug: Hunger, Auswanderung, jahrhundertelange Fremdherrschaft. Wohlstand war rar, das Leben rau, und in vielen Familien galt Härte als einzige Währung, mit der man sich durchsetzen konnte. Kinder wurden nicht in Watte gepackt, sondern in die Welt hinausgeschickt, um sich das dicke Fell anzueignen, das man zum Überleben brauchte. Damals klebten Mütter keine Pflaster auf blutige Knie. Sie spuckten drauf, flüsterten: »Große Jungs weinen nicht!«, und schickten dich mit einem Klaps und einem »Zeig ihnen, aus welchem Holz du geschnitzt bist!« wieder hinaus. Klingt streng, war aber ihre Art, uns auf das Leben vorzubereiten, nach bestem Wissen und Gewissen.

Wir lernten früh »Lass sie dich nie weinen sehen«.

Auch die Methode meines Vaters, uns auf die Härte des irischen Lebens vorzubereiten, war eigenwillig. Wenn wir uns wehgetan hatten, lachte er meist nur darüber. Nicht aus Spott, sondern weil er den Unterschied zwischen Drama und Ernstfall genau kannte. Selbst früh Halbwaise geworden, mit sieben Geschwistern, einer überlasteten Mutter und leerem Kühlschrank, relativierte er jedes aufgeschlagene Knie. »Ach, das ist gar nichts«, sagte er gern und hielt uns seinen krummen Finger hin. »Den hat mir Tim Ryan aus dem Gelenk gezogen, und Gerry Harty hat ihn wieder versucht einzurenken – ohne auch nur eine Ahnung zu haben, wie das funktioniert. Seitdem hängt er so.« Und er grinste, stolz wie ein Veteran. Als Garda musste er ohnehin hart wirken. Gefühle galten im Kollegenkreis schnell als Schwäche. Seine Regel lautete: Verlieren ist erlaubt, wegrennen keine Option. Und weinen schon gar nicht. Und wenn man den Kürzeren zog, durfte niemand die Tränen sehen. Das waren die Regeln damals, die vorherrschende Mentalität.

Meine Eltern liebten uns – auf ihre Art. Sie gaben uns Mut, Schutz und dieses irrationale Selbstvertrauen, mit dem man in den Himmel greift und glaubt, die Sterne seien nur zum Pflücken da. Wir spürten Abenteuerlust statt Angst. Wenn ich meine Eltern aus dieser Zeit beschreiben müsste, dann wohl am ehesten als Jongleure. Nur dass sie nicht mit simplen Bällen, sondern mit kostbaren Waterford-Kristallgläsern jonglierten – dem feinsten, was man in Irland kaufen konnte. Beide hatten Kraft und Disziplin, beide waren gleich stark, aber mit unterschiedlichen Talenten gesegnet. Und beide waren unermüdlich, wenn es ums Elternsein ging. Sie ließen sich nicht ablenken, nicht vom Leben da draußen, nicht von den eigenen Grenzen. Wenn sie merkten, dass sie an diese Grenzen stießen, falteten sie die Hände, sprachen ein Gebet – und machten einfach weiter. Mit dem festen Glauben: Gott wird's schon richten. Dieses Vertrauen war unerschütterlich, und wir Kinder wuchsen mit genau diesem Geschenk auf.

Natürlich wurde auch ihr Glaube regelmäßig auf die Probe gestellt.

Zum Beispiel an jenem Tag, als ich im Wohnzimmer stand, wo das offene Feuer fröhlich loderte. Ich trug eine neue Daunenjacke, außen knallblau, innen knallrot, und weil ich pitschnass vom Regen hereingekommen war, beschloss ich, sie zu trocknen. Ganz allein, ganz verantwortungsbewusst – wie ich fand. Erst hielt ich die Jacke einen Meter vom Feuer entfernt, dann einen halben. Schließlich dachte ich: Ach was, direkt davor geht's sicher schneller. Als ich die Klappe des Kamins schloss, sog die Flamme das gute Stück ein wie ein hungriger Drache. Genau in dem Moment kam mein Vater zurück ins Zimmer und sah mich wedelnd mit einem rauchenden Etwas, aus dem die Federn wie Schneeflocken auf den Teppich segelten. Der rote Stoff war verschmort, das Innenleben qualmte. Ich bin sicher, mein Vater sprach an diesem Abend ein besonders intensives Gebet – einerseits um ein Wunder, das die Flausen seines Sohnes erträglich machte, andererseits um Dank dafür, dass trotz allem seine Kinder heil und gesund waren.

Wir blieben nur ein paar Jahre in Abbeyleix, aber an den Tag, an dem wir wegzogen, erinnere ich mich noch ganz genau. Mein Vater nahm mich mit, um seine Schulden im Ort zu begleichen. Nichts Großes: ein paar Rechnungen beim Metzger, beim Kohlenhändler. Der letzte Stopp war Maher's Lebensmittelgeschäft. Ein kahlköpfiger Mann im weißen Kittel bediente meinen Vater.

»Ich würde gern meine Schulden begleichen, Gerry«, sagte mein Vater.

»Selbstverständlich, Mr Garvey. Einen Moment, bitte.«

Gerry drehte sich zu einem anderen Mann im ebenso langen weißen Kittel um, der keine drei Meter entfernt stand. »Bring den Abschlussbericht fürs Konto an die Kasse!«, bellte er. Die Szene war absurd: Höflich wie ein Butler zu meinem Vater, schroff wie ein Feldwebel zum eigenen Kollegen.

»Ich bin gleich wieder bei Ihnen, Mr Garvey. Ich schaue nur kurz nach, wie viel von Ihnen angeschrieben wurde.«

Ohne sich auch nur einen Zentimeter fortzubewegen, drehte sich Gerry zu dem anderen Mann um und schimpfte:

»Wieso brauchst du so lange, du *eejit* (irischer Slang für Idiot). Mein Kunde wartet, also mach schon.«

Wieder an meinen Vater gewandt, sagte er lächelnd: »Nur einen kleinen Augenblick noch …«

Der Angestellte scherte sich nicht weiter um Gerrys Gerede, sondern wandte sich nun seinerseits an meinen Vater.

»Wie geht es denn, Mr Garvey?«, erkundigte er sich freundlich. »Ist das Ihr Junge? Ganz schön groß geworden!«

Das war verblüffend. Der Mitarbeiter plauderte nun ebenfalls mit meinem Vater, während er sich gleichzeitig in völlig anderem Tonfall mit seinem Chef zoffte.

»Das stimmt, Willy«, antwortete mein Vater. »Er wird immer größer und wächst schneller aus seinen Schuhen raus, als wir neue kaufen können.« Mein Vater kannte den Mann offenbar recht gut und ließ sich überhaupt nicht von Gerrys harschen Worten irritieren. Ohne mit der Wimper zu zucken, konterte Willy anschließend in Gerrys Richtung.

»Pass mal auf, du *amadàn* (gälisch für Idiot). Hätte ich das ausrechnen wollen, wäre es längst erledigt. Aber das ist ja wohl deine Aufgabe in diesem großartigen Laden hier. Deshalb machst *du* ja auch die Inventur. Wenn ich jetzt auch noch die Abrechnungen übernehmen soll, kannst du dir deine Anteile am Geschäft sonst wo hinstecken, denn dann mache ich hier quasi alles allein!«

Nach diesem verbalen Schlagabtausch wanderte Willys Blick von meinem Vater zu mir.

»Der ist ja wirklich groß geworden, Fred. Sie sollten langsam aufhören, ihn zu füttern, sonst passt er bald nicht mehr durch die Tür, hahaha.« Nach einem herzlichen Lachen warf er einen vernichtenden Blick zu Gerry, der gerade schriftlich die offenen Einzelbeträge der Familie Garvey addierte.

»Gut möglich. Wenn das so weitergeht, müssen wir demnächst das Dach an unserem neuen Haus erhöhen!« Mein Vater lachte ebenfalls und störte sich offenbar kein bisschen an der Auseinandersetzung der beiden Männer hinter dem Tresen. Als Gerry wieder das Wort ergriff, bekreuzigten sich beide und blickten gen Himmel.

»Bevor unser Vater, Gott hab ihn selig, heimgerufen wurde, sagte er auf dem Sterbebett, dass er diesen Laden – sein Lebenswerk – seinem Sohn vermachen will. Und wir wissen beide, dass er damit *mich* gemeint hat. Doch bei der Gnade und großen Weisheit Gottes kann leider niemand beweisen, dass unser Vater dich nützlosen *gobshite* (irisches Wort für Deppen) an diesem Tag enterbt und mich zum rechtmäßigen Erben eingesetzt hat!«

Blitzschnell wandte sich Gerry wieder an meinen Vater und verhaspelte sich dabei beinahe: »Fred, dass Sie aus Abbeyleix wegziehen, ist wirklich ein Verlust für die Stadt. Können Sie sich vorstellen, irgendwann wieder zurückzukommen?«

Nun begriff ich, was los war. Die beiden Männer waren Brüder. Und ehe mein Vater antworten konnte, holte Willy schon zum Gegenschlag aus.

»Duuuuuu nichtsnutziger *leathcheann* (gälisch für Idiot)! Unser Vater, möge er in Gottes Frieden ruhen« – dabei bekreuzigten sich wieder beide und blickten nach oben –, »hat an diesem schicksalhaften Tag zu mir gesagt, dass es sein größter Wunsch wäre, wenn ich in *seine* Fußstapfen trete. Und als ich deinen Namen erwähnte, gab ihm das den Rest. Er tat seinen letzten Atemzug und ging so unglücklich wie man nur sein kann von dieser Welt, weil er einen Sohn wie dich hatte.«

Als Willy mit seiner Tirade fertig war, blickte er zu meinem Vater, und in einer Art Gefühls-Tsunami brach es aus ihm heraus: »Was für ein bedauerlicher Verlust, dass Sie gehen, wir werden Sie als Kunden sehr vermissen!«

Kaum hatte mein Vater bezahlt, schüttelten beide brav seine Hand, wünschten »God Bless, Fred!« – und als wir durch die Tür traten, hörte man sie schon wieder toben wie zwei wütende Hähne im Stall.

Als ich meinen Vater fragte, wann der alte Herr der beiden denn gestorben sei, antwortete er: »Vor zehn Jahren.«

Und dann war es so weit, und wir verließen Abbeyleix tatsächlich. Mein Vater war zum Sergeant befördert worden, und mit dem Rang kam ein neuer Posten. Wir vier Kinder saßen auf der Rückbank des Hillman Hunters, drückten uns die Nasen an der Heckscheibe platt und versuchten, noch ein letztes Mal einen Blick auf unser kleines geliebtes Haus zu erhaschen. Unser erstes Zuhause.

So traurig wir auch über den Abschied waren, lernten wir doch bald, dass ein *Haus* nichts weiter ist als ein Gebäude. Ein *Zuhause* dagegen ist etwas völlig anderes: Es lebt von den Menschen, mit denen man es teilt, von dem gemeinsamem Lachen, der Traurigkeit, den guten und den schlechten Zeiten, der Vernunft und dem Irrsinn des Alltags.

Wild Boys

Von Abbeyleix aus zogen wir nach Templemore, ein Städtchen, das sich mit dem größten Marktplatz Irlands schmückt. Außerdem befand sich dort auch das Ausbildungszentrum für die *Garda Síochána.* Das sogenannte »College« gibt es noch heute. Unsere ersten Jahre in diesem beschaulichen Ort verliefen relativ ereignislos. Ich kam in die Schule und fand neue Freunde. Wir wohnten in einer von der Garda bereitgestellten Dienstwohnung, die jedoch eher als Übergangslösung gedacht war, da die meisten Gardaí nach ihrer Ausbildung in Templemore befördert wurden und nur selten länger blieben. Die Garda-Häuser lagen in der Nähe eines schmalen Flusses namens »River Mall«.

Ich war damals zehn Jahre alt und durfte eigentlich nicht allein hinunter ans Wasser gehen. An jenem Morgen sah mein Vater mich an und erklärte mir ruhig, aber bestimmt, dass ich »auf gar keinen Fall« ohne Begleitung von Erwachsenen in der Mall angeln gehen dürfte. Ich nickte zustimmend. Kaum war er allerdings aus dem Haus, schnappte ich mir mein Fischernetz samt Drahtkleiderbügel-Verlängerung und tat genau das, was er mir verboten hatte.

Um ehrlich zu sein: Ja, ich hatte Angst vor dem Zorn meines Vaters (falls er herausfände, dass ich seinen Befehl missachtet hatte). Aber aus irgendeinem Grund entschied ich mich an diesem Tag dazu, mit dem sprichwörtlichen Feuer zu spielen.

Ich stieg über die Mauer zum Fluss hinunter und watete mit Gummistiefeln durch das etwa dreißig Zentimeter tiefe Wasser, in der einen Hand meinen Kescher und in der anderen ein Glas. Dieses Glas diente zur Aufbewahrung von »pinkeens«. Das waren die kleinsten Fische, die es im Fluss zu fangen gab, ungefähr so lang wie ein kleiner Finger (weshalb sie auch so hießen). Wenn man Glück hatte, fing man gelegentlich auch einen »clock«. Das waren größere, Aal-ähnliche Fische, daumendick und etwa so lang wie eine Hand.

Ich nehme an, dass ich das glasklare Verbot meines Vaters ignorierte, weil ich – ganz wie es einem Zehnjährigen gebührt – an meiner Straßen-Credibility arbeitete. Die meisten Jungs in meinem Alter waren stolz auf ihre Fangerfolge und stellten diese in ihrem Zimmer auf die Fensterbank. Meine war bislang trostlos trophäenlos, und ich hatte das Gefühl, mein Vater konnte unmöglich verstehen, was das für einen Jungen in meinem Alter bedeutete.

Ich war überzeugt: Ich verteidigte die Ehre meiner Familie. Schließlich war ich der Nächste in der Garvey-Dynastie. Es würde einmal an mir liegen, unser Banner hochzuhalten, wenn mein Vater nicht mehr die Kraft dazu hätte. Und wenn ich jetzt nicht imstande wäre, eine nennenswerte Ausbeute an Fischen zu präsentieren, wie standen dann erst später meine Chancen? An diesem Sommertag musste es mir gelingen, mich gegen sämtliche Konkurrenten zu behaupten und ihnen Respekt einzuflößen.

Auf diese Art regelte ich damals immer meine inneren Konflikte in Bezug auf die Erziehungsmaßnahmen meiner Eltern: Ich malte mir das Schlimmste aus und redete mir dann ein, dass es geradezu meine Pflicht sei, mich über ihre Verbote hinwegzusetzen. Wenn ich diese Prüfung erst einmal bestünde, würden meine Eltern, besonders mein Vater, zweifellos anerkennen und zugeben, dass er mit seinem Verbot falschlag.

Diese Strategie funktionierte recht gut. Etwa die Hälfte meiner

Missetaten wurde geahndet, während bei der anderen die Beweislage zu dürftig war.

In der Regel beschuldigte ich meine jüngeren Schwestern (wovon es mittlerweile drei gab: Edele, Lorna und Anita, mit denen die Kinderschar der Familie Garvey auf insgesamt sechs angewachsen war). Da sie aufgrund ihres zarten Alters – zu meinem Glück – noch nicht in der Lage waren, mehr als Vierwortsätze zu sprechen, konnten sie ihre Unschuld meist nicht beweisen.

Während ich also durch das trübe Wasser des Flüsschens watete, schätzte ich mehrmals den Untergrund falsch ein, und immer öfter schwappte Wasser in meine Gummistiefel. Die Fische mieden mein Netz, und obwohl ich den Jagdtrieb unserer Urahnen deutlich in mir spüren konnte, ahnte ich, dass mein neongelber Kescher weit weniger verlockend wirkte, als ich mir erhofft hatte.

Nach kurzer Zeit waren meine Stiefel völlig durchnässt, und ich musste die Arme ausbreiten, um im unebenen Flussbett nicht das Gleichgewicht zu verlieren. Als ich bis zur Hüfte im Wasser stand, stolperte ich wieder, und der Kescher fiel in den Fluss. Als ich ihn schließlich ein Stück weiter flussabwärts wieder zu fassen bekam, zappelte ein großer *clock* darin. Triumphierend zog ich den Kescher aus dem Wasser und setzte den Fisch vorsichtig in sein neues Heim – meinen Glasbehälter.

Stolz, wenn auch unterkühlt und völlig durchnässt beschloss ich, mich auf den Heimweg zu machen, um noch vor meinem Vater zu Hause zu sein. Wenn er meinen Fang nämlich mit eigenen Augen sah, würde er bestimmt verstehen, warum ich seine väterliche Autorität so sträflich missachtet hatte. Schließlich muss ein Fischer tun, was ein Fischer tun muss, sagte ich mir und rechtfertigte damit meine verbotene Tat, mit der ich mich aber nur für die Familienehre der Garveys eingesetzt hatte.

Ich ging also zurück zur Mauer, warf den Kescher mit dem Bambusgriff nach oben und hielt das Glas samt Inhalt fest umklammert. Während ich die Mauer hinaufkletterte, hatte ich das Gefühl, etwas Großes vollbracht zu haben und auf dem besten Weg zu sein, ein Mann zu werden. Ich hatte mich als Jäger, Sammler und Fischer bewährt. Stolz kehrte ich nun mit meiner Beute zurück, um sie (und mich natürlich!) meinen Freunden zu präsentieren. Ich malte mir in Gedanken versunken aus, welche Anerkennung mich zu Hause erwartete. Dadurch war ich abgelenkt und nicht aufmerksam genug, um die Mauer, die gut vier Meter hoch war, konzentriert hinaufzuklettern. Ich rutschte plötzlich mit einem Fuß ab, und da ich mich nur mit einer Hand festhalten konnte, verlor ich schließlich das Gleichgewicht und stürzte ab.

Das Glas flog durch die Luft, der Fisch fiel wieder ins Wasser und entkam. Ich landete mit den Beinen im Fluss, und mein Oberkörper prallte auf die Trittsteine, die man zum Überqueren des Wassers hineingelegt hatte. Ich hörte noch, wie es krachte, als mein Kopf auf einem dieser Steine aufschlug, und sah mein Blut ins klare Wasser rinnen. Das war das Letzte, an das ich mich nach dem Sturz noch erinnern konnte. Ich schätze mal, dass ich danach eine ganze Weile bewusstlos liegen geblieben bin, denn ich habe keinerlei Erinnerung daran, was nach dem Unfall passierte. Ich weiß nur noch schemenhaft, dass ich von einem älteren Jungen aus der Nachbarschaft nach Hause geschleppt wurde. Er musste mich halb tragen, während mein Blut auf seine Jacke tropfte.

Diesem Jungen habe ich meinen ersten Spitznamen zu verdanken, denn seit diesem Vorfall nannte er mich »Rocky«. Angeblich sah ich nach dem Unfall aus wie Sylvester Stallone am Ende des gleichnamigen Films, als er verzweifelt nach seiner Freundin schreit: »Adrienne … Adrienne.« Ich allerdings jammerte nur: »Mami … Mami«, was jedoch glücklicherweise niemand außer dem Nachbarsjungen hörte. Meinen Spitznamen behielt ich und erweckte damit den Anschein, ein guter Kämpfer zu sein.

Dann standen wir irgendwann vor unserer Haustür. Ich blutete immer noch und war nass bis auf die Knochen. Mein Vater öffnete die Tür und musterte mich von oben bis unten. Dann holte er tief Luft – ich dachte zuerst, dass er einfach nur erschrocken war. Stattdessen begann er zu toben – zwar nicht besonders laut, aber mit einer bedrohlichen Intensität.

»Ich hab dir doch gesagt, dass du nicht runter zum Fluss gehen sollst!« Er wandte sich um und rief in die Wohnung: »ICH hab es ihm gesagt!« Dann wiederholte er in meine Richtung. »Ich HABE dir ausdrücklich VERBOTEN, zum FLUSS zu gehen. *I fecking told you!«* (»Fecking« ist in Irland die gesellschaftlich akzeptable Variante von »fucking«.)

Mein Vater drehte sich erneut zu meiner Mutter um, die mittlerweile neben ihm stand.

»Ich hab's ihm verdammt noch mal gesagt, Anne. Bevor ich heute Morgen aus dem Haus gegangen bin, habe ich ihm gesagt, dass er nicht runter zum Fluss darf!«

Der Nachbarsjunge, mein Retter, hatte sich längst verdrückt. Er wusste genau, dass es in irischen Familien oft reichlich emotional zugehen konnte und man sich lieber zurückziehen sollte, ehe man vielleicht auch noch in die Schusslinie geriet. Mein Vater wurde unterdessen nicht müde zu betonen, dass er mir den Ausflug zum Fluss strengstens verboten hatte.

Man brachte mich in die Küche, wo meine Mutter mich sanft auf den Fußboden legte und versuchte, den Ernst der Lage einzuschätzen. Sie hielt meinen Kopf, schaute sich die Wunde an und wies meinen Vater zurecht, mit dem Schimpfen aufzuhören. Sie strich meine Haare beiseite und begann, das Blut abzutupfen. Mein Vater reichte ihr Desinfektionsmittel in Form von Brandy, den sie über die Wunde goss. Da meine Eltern kaum Alkohol tranken, war es ein ausgesprochen glücklicher Umstand, dass sie so eine Flasche überhaupt im Haus hatten.

Die Blutung ließ zum Glück etwas nach, und die Situation war unter Kontrolle. Schon damals verstand ich, was meinen Vater so wütend machte. Dass ich mich über seine Anweisungen hinweggesetzt hatte, konnte er mir verzeihen. Viel schlimmer war für ihn die Angst um mich – er realisierte, dass ich am Fluss beinahe mein Leben verloren hätte. Sein Zorn auf mich war längst nicht so groß wie seine Erleichterung, dass ich nicht lebensgefährlich verletzt war. Mein Vater liebte mich, auch wenn er es mir nicht immer wirklich zeigen konnte. Für ihn war die Verantwortung, mich großzuziehen, das Wichtigste. Und deshalb versuchte er, mich möglichst von all jenen Fehlern abzuhalten, die er selbst in seiner Kindheit gemacht hatte.

Jeder kannte die traurigen Geschichten von Kindern, die weniger Glück hatten als ich. Durch Strenge gegenüber dem Nachwuchs hofften Eltern damals, ein solch tragisches Schicksal zu verhindern. Ich verstand meinen Vater und akzeptierte diese Form der Zuneigung.

Um sicherzugehen, dass der Sturz keine größeren Schäden an meinem Schädel verursacht hat, entschieden meine Eltern, mich einem Arzt vorzustellen, der in Templemore alle Polizeikräfte behandelte, die dort eine Ausbildung absolvierten.

Während der Fahrt sprachen wir wenig. Dann betraten wir die Praxis.

Arzt: »Na, wen haben wir denn da?«

Dad: »Er ist in den Fluss gefallen, obwohl ich ihm eingeschärft hatte, von dort wegzubleiben!«, erklärte Dad noch immer ziemlich aufgebracht.

Arzt: »Da hat er bestimmt was falsch verstanden, Fred. Ich denke doch, dass er ein guter Junge ist.« Lächelnd bereitete er die Nadel zum Nähen der Wunde vor, die in etwa so aussah wie ein Angelhaken. Eigentlich hatte ich an diesem Tag mehr als genug vom Fischen.

Dad: »Ja, das stimmt. Er ist ein guter Junge. Wenn er nur besser hören würde.«

Arzt: »Ich sag Ihnen eins, Fred: Wenn Leute von der Schulung mit so einer Verletzung hier ankämen, würden sie um ein Schmerzmittel betteln … Aber dieser tapfere, junge Mann hier sagt keinen Mucks.«

Stich für Stich begann er, die Wunde zu schließen, wobei ich spürte, wie die Nadel an meinem Schädel entlangschrammte. Doch ich war fest entschlossen, den Ehrentitel »tapferer, junger Mann« nicht herzugeben, und ballte meine kleinen Fäuste so fest ich konnte. Mit drei Stichen war die Wunde schließlich zugenäht.

Mein Vater war sichtlich stolz, dass ich vor seinem Kollegen den Schmerz so gut weggesteckt hatte. Danach folgte keine weitere Strafe mehr für meinen Ungehorsam. Die Tapferkeit, die ich bewiesen hatte, machte meine vorherige Unvernunft wieder wett.

Auf dem Heimweg schlug Dad vor, ein paar *hurleys* (lange Holzschläger für die typisch irische Sportart Hurling) und einen *sliothar* (einen dafür benötigten Lederball, etwa so groß wie ein Tennisball) zu besorgen und im Garten noch eine Runde zu spielen. Ich nickte zustimmend und erleichtert. Bis meine Mutter uns den Vogel zeigte. Mit einer frisch genähten Wunde und leichten Gehirnerschütterung sei das gewiss keine gute Idee, sich sportlich zu betätigen, schon gar nicht mit einem Holzschläger samt hartem Lederball. Also gingen wir hinein und setzten uns gemeinsam vor den Fernseher.

Obwohl die nächsten Jahre ohne weitere Unfälle verliefen, hielt ich meine Familie weiterhin in Atem, indem ich noch vor Erreichen des Teenageralters an Gelbfieber und Lungenentzündung erkrankte. Heute frage ich mich, warum ich bei Krankheiten ständig so in die Vollen ging, während meine Schwestern deutlich weniger Dramen verursachten. Das Gelbfieber ließ mich halluzinieren und – nun ja – gelb werden, während mich die Lungenentzündung ausgerechnet am Tag meiner Firmung erwischte.

Meine Mutter, die nach der Geburt meiner Zwillingsschwestern noch im Krankenhaus war, erkannte bei meinem Besuch sofort, dass meine Gesichtsfarbe der weißen Wand ihres Klinikzimmers verdächtig ähnelte. Nach einem Blitzbesuch beim Hausarzt stand fest, dass ich an einer schweren Lungenentzündung litt. Doch für ernste Erkrankungen hatten wir eigentlich keinen Platz, denn die Familie Garvey bestand nunmehr aus acht Kindern (je nach Sichtweise entweder sechs Kinder zu viel oder vier Erwachsene zu wenig).

Ich bekam ein Antibiotikum und eine Woche Bettruhe verordnet und hörte zu, wie das Chaos in Gestalt der Zwillinge bei uns einzog.

Ab jetzt fühlten wir uns unbesiegbar – nicht trotz, sondern wegen unserer Bande.

Als ich dreizehn Jahre alt war, war ich eines Abends mal wieder bei unseren Nachbarn reiten, als ich ein Stechen in meiner Seite spürte, das nicht nachließ. Ich wusste damals nicht, dass ein neues Kapitel meines Lebens beginnen sollte, das alles verändern würde. Radikal.

Als ich nach Hause kam, sagte ich meinen Eltern Bescheid. Doch ein bisschen Seitenstechen war im großen Familiengetümmel noch kein Grund zur Sorge, weshalb es nicht weiter beachtet wurde. Ich ging deshalb in die Garage, wo unser Mini-Billardtisch stand, und spielte eine Runde für mich allein. Dabei hörte ich eine Kassette mit den größten Hits von Queen auf meinem Walkman – wie die kleinen tragbaren Kassettengeräte mit Kopfhörern früher hießen.

Hin und wieder nutzte ich den Queue, um Brian Mays flüssige Gitarrensoli zu imitieren. Stehen, Herumlaufen und Posen schienen den Schmerz zu lindern und mich abzulenken.

Stundenlang spielte ich so Billard und Luftgitarre im Wechsel, weil ich wusste: Setze ich mich hin, kommt der Schmerz zurück. Schließlich gingen die Batterien des Walkmans zur Neige – Freddie Mercurys makellose Stimme verwandelte sich langsam in die eines verrauchten Blues-Sängers.

Ich ging ins Bett, konnte aber nicht schlafen. Der Schmerz wurde schlimmer, die Bettlaken waren mittlerweile schweißgetränkt. Also wanderte ich hinunter ins Wohnzimmer und legte mich aufs Sofa. Kurz darauf kam mein Vater zu mir (Eltern hören bekanntlich alles!) und fragte, was mit mir los sei. Als ich sagte, dass die Schmerzen nicht aufhörten, schob er mein Shirt hoch und drückte fest auf meine linke Bauchseite. Dann ließ er unvermittelt los und beobachtete dabei mein Gesicht, um die Intensität meiner Schmerzen abzulesen. Mir war nicht bewusst, dass es sich dabei um einen Test auf Blinddarmentzündung handelte. Da ich allerdings keine Reaktion zeigte, nahm mein Vater an, dass es sich nur um eine harmlose Verdauungsstörung handelte und forderte mich auf, zur Toilette zu gehen und dort so lange sitzen zu bleiben, bis die Schmerzen »entsorgt« wären.

Der Toilettengang war ein in Irland verbreitetes Hausmittel. Ohne Gabe von Medikamenten legte man der betroffenen Person nahe, alles, was den Körper belastete, auf natürlichem Weg, gewissermaßen durch die Hintertür, wieder hinauszulassen.

Die Stunden, die ich auf der Schüssel verbrachte, haben sicher zu meiner lebhaften Fantasie beigetragen. Ich starrte eine Wand an und erfand Welten voller Abenteuer, ganz ohne Stift oder Papier. Um kein allzu plastisches Bild zu malen: Während meine Eingeweide den Feind im Inneren jagten, schweifte mein Geist in ferne Gefilde. Und wenn ich ehrlich bin: In einem Haus mit sieben Schwestern war das Badezimmer ohnehin ein Ort der Zuflucht.

In der Unterzahl zu sein konnte nämlich sehr anstrengend sein – besonders, wenn man sich ein Schlafzimmer mit fünf Schwestern teilte, deren geballte Argumentationskraft stets meine Ausstrahlung, meinen Charme, mein gutes Aussehen und meine Intelligenz zunichtemachte.

Ich genoss diese stillen Momente bis ins frühe Jugendalter, ehe meine Mutter dazu überging, meine kleinen Auszeiten regelmäßig zu unterbrechen, indem sie an die Tür klopfte und sich erkundigte: »Raymond, was machst du da drin?« (Erst später begriff ich, was sie vermutete.)

Leider ließ der Schmerz dieses Mal nicht nach. Kurz darauf war ich mit meiner Mutter und einer per Telefon diagnostizierten Blinddarmentzündung auf dem Weg ins Krankenhaus.

Als wir in der Klinik ankamen, war dort kein Bett mehr frei. Trotzdem forderte man mich auf, meinen Schlafanzug anzuziehen und mich in ein provisorisch im Flur aufgestelltes Bett zu legen, bis in einem Krankenzimmer eines frei wurde. Die ländlichen Krankenhäuser hatten damals sehr große Gebiete zu versorgen, sodass bei Krankheitswellen die freien Betten rar waren.

Meine Mutter gab sich alle Mühe, mich zu beruhigen, und versicherte mir vermutlich etwas zu oft, dass alles gut werden würde und ich mir keine Sorgen machen solle. Sie war offensichtlich besorgt. Und wenn sie, unser Fels in der Brandung, hilflos und ängstlich wirkte, ging das nicht spurlos an uns Kindern vorüber.

Am Abend musste sie mich allein in der Klinik zurücklassen, aber sie versicherte mir, sie würde gleich am nächsten Morgen wiederkommen. Nun bekam ich es wirklich mit der Angst zu tun. Die Nacht musste ich auf dem viel zu lauten und grell erleuchteten Flur verbringen, entfloh aber so gut es ging in meine Fantasiewelt.

Am nächsten Morgen wurde ich völlig übermüdet für die Operation vorbereitet. Ich wusste weder, was das bedeutete, noch was mich erwartete. Die Angst kehrte zurück.

Man muss eines über die Iren wissen: Wir sind Weltmeister im

Nicken. Kaum erklärt uns jemand etwas, wippen die Köpfe zustimmend – nicht etwa, weil wir alles verstehen, sondern weil wir keine Lust haben, dem Vortrag noch länger zuzuhören. Ich hatte hohes Fieber, driftete ständig in und aus dem Bewusstsein, und als der Arzt sprach, nickte ich wie einer dieser Wackel-Dackel auf der Hutablage.

An viel erinnere ich mich nicht vom Vorlauf zur Operation. Man hatte mir gesagt, dass ich weder Flüssigkeit noch feste Nahrung zu mir nehmen dürfe, bis ich in der Narkose war. Trotzig nahm ich trotzdem zwei große Schlucke von dem Softdrink, der an meinem Bett stand. (Mich Autorität zu widersetzen war immer schon meine Schwäche. Sag mir, was ich nicht darf – und ich sage dir, was ich als Nächstes tue.)

Natürlich bereute ich es Minuten später. Ich stellte mir vor, was passieren würde, wenn sie mich aufschneiden und plötzlich sprudelt Limonade durch den OP-Saal, blendet Ärzte und Schwestern, die verzweifelt versuchen, das Leck zu stopfen.

Meine Halluzinationen kamen und gingen …

In meiner Vorstellung war ich der Einzige mit sterilen Händen und klarem Blick, der die Operation beenden und mich selbst retten konnte. Links und rechts griff ich nach OP-Besteck, sah eine Haken-Nadel mit Faden und begann, die Haut meines Bauchs selbst wieder zusammenzunähen, die im Schwall von Limonade flatterte. Da riss mich eine Stimme zurück in die Realität. War es meine Mutter? Nein – es war eine Krankenschwester.

»Bitte schluck die Tablette und trink dann das Wasser«, sagte die Krankenschwester ruhig. Ich starrte sie an, während ich innerlich noch mit meinen imaginären Nähkünsten kämpfte. Offenbar starrte ich zu lange, denn sie wiederholte die Aufforderung, als sei ich schwerhörig.

»Erst die Tablette schlucken, dann mit einem kleinen Schluck Wasser nachspülen. Verstehst du, junger Mann?«

Sie sprach ruhig, besorgt, und langsam holte sie mich aus meinem *Stich-stich-stich*-Tagtraum zurück. Ich nickte.

»Das macht dich ein bisschen schwindelig«, fuhr sie fort. »Wir holen dich gleich ab und bringen dich in den Operationssaal, wo der Arzt schon wartet. Alles klar, junger Mann? Hast du noch Fragen?«

Ich nickte wieder, schluckte die Tablette und trank das Wasser. Ich dachte, ich sollte meine Kraft lieber sparen – falls meine Halluzinationen erneut die Grenze zur Realität überschreiten würden.

Plötzlich merkte ich, wie ich federleicht durch den Krankenhausflur schwebte und unterwegs die neonfarbenen Lichtströme bewunderte, die meine ätherische Reise begleiteten. Ich meine, mich dabei an das Gesicht meiner Mutter zu erinnern. Auch wenn sie ihre Besorgnis vor mir nicht verbergen konnte, versuchte sie mir zu vermitteln, dass das, was mir bevorstand, reine Routine war.

»Wenn es vorbei ist, bin ich da«, flüsterte sie mir ins Ohr und ließ meine Hand los. Aber war das meine Mutter oder die Krankenschwester gewesen? Ich war mir nicht sicher.

Der Operationssaal war hell erleuchtet, und die vielen maskierten Personen schenkten mir keinerlei Beachtung. Sie kümmerten sich nicht weiter um mich, sondern gingen ihren jeweiligen Aufgaben nach. Vermutlich brauchten sie diese professionelle Distanz, um ihre Arbeit bestmöglich zu erledigen. Während ich festgeschnallt, verkabelt und für den sanften Übergang ins Nichts vorbereitet wurde, schaffte ich es, drei Worte herauszubringen: »Ich bin wach.« Ich war davon ausgegangen, dass die Tablette, die ich nach zweimaliger Aufforderung durch die Schwester geschluckt hatte, mich bereits bewusstlos machen sollte, damit ich nichts mehr spürte. Verwundert sah sie mich an.

»Was hast du gesagt, junger Mann?«

»Ich bin wach«, wiederholte ich erleichtert, dass man mich im Durcheinander des Saals überhaupt hörte.

»Ja, natürlich«, antwortete sie. »Die Tablette sollte dich nur ein bisschen beruhigen. Gleich bekommst du was, wovon du richtig einschläfst. Hast du gar nicht zugehört, als ich es dir vorhin erklärt habe?«

Wieder begab sich mein Gehirn auf Abwege und sorgte dafür, dass ihr Gesicht leicht verzerrt wirkte. Ich befürchtete, dass die süße Limonade, die in Kürze wie bei einem Alien aus meinem Bauch schießen und ihren blütenweißen Schwesternkittel beflecken würde, unser ohnehin angespanntes Verhältnis nicht gerade verbessern würde. Daher nickte ich und ließ nebenher meinen Blick durch den gesamten Raum schweifen, auf der Suche nach den Angelhaken-Nadeln, um auf das Schlimmste vorbereitet zu sein. Dann vernahm ich hinter mir plötzlich eine sanfte Stimme.

»Hallo, Raymond. Kannst du bitte einmal ab zehn rückwärts zählen?«

Kinderleicht, kein Problem, wenn's weiter nichts ist. »Zehn, neun, acht ...« Ich spürte eine Kälte im Arm, dann Wärme, dann fast unangenehme Hitze. »Sieben ... sechs ... fü–« – und das war's. Der Raum wechselte von einem sonnigen Tag zur schwarzen Nacht. Morrissey sang einmal von einem Licht, das niemals erlischt – dieses hier ging garantiert aus. Ich weiß nicht, was andere über die Narkose erzählen, aber ich kann bestätigen: Sie wirkt. Ich erinnere mich an nichts.

Zum Glück, denn später erfuhr ich, dass der operierende Arzt ein Medizinstudent war, den man mit diesem Routineeingriff betraut hatte, während der Stationsarzt und der Chefarzt der Chirurgie vermutlich gerade 18-Löcher-Golf im örtlichen Club spielten. Kaum war ich aufgeschnitten, stellte der junge Mann fest, dass der Blinddarm nicht dort war, wo er sein sollte, sondern unterhalb des Magens – und dass es bereits ein Blinddarmdurchbruch war.

Meine Schmerzen und das ansteigende Fieber waren also auf

eine Infektion zurückzuführen, was die Diagnose veränderte: Ich hatte eine Bauchfellentzündung. Aufgrund mangelnder Erfahrung war der angehende Arzt nicht in der Lage gewesen, die Operation durchzuführen. Das gesamte Personal musste nun auf die Ankunft des Chirurgen warten. Die Fehldiagnose und die anschließende Wartezeit verschlimmerten die Infektion, was dazu führte, dass ich dem Tod gefährlich nahekam.

Ich kann mich zwar weder an ein helles Licht noch an einen Tunnel erinnern. Ich weiß auch nicht, wie knapp ich damals dem Tod tatsächlich entkommen war, doch an den tiefen Sorgenfalten in den Gesichtern derjenigen, die ich auf der Intensivstation schemenhaft wahrnahm, erriet ich, dass es ernst um mich stand.

Als ich endlich die Augen ganz öffnen konnte, sah ich meine Mutter neben mir sitzen. Sie lächelte mich an, wie nur besorgte Mütter lächeln können. Ich bemühte mich, wach zu bleiben, verlor jedoch schnell wieder das Bewusstsein. Als ich erneut zu mir kam, saß mein Vater auf dem Platz, wo Sekunden zuvor noch meine Mutter gesessen hatte – so kam es mir zumindest vor. In Wirklichkeit waren in der Zwischenzeit zwei Tage vergangen. Weil mein Mund sich so trocken anfühlte, bat ich um einen Schluck Wasser, doch stattdessen durfte ich nur einen Eiswürfel lutschen. Die ernsten Mienen um mich herum zeigten mir, dass mein Leben noch immer in Gefahr war. Das permanente Piepen im Hintergrund, die unangenehme Kanüle in meinem Arm, das nass geschwitzte Bettlaken und die besorgten Blicke meiner Eltern vermittelten mir, dass mich diesmal niemand aus dem Fluss fischen, die Mauer hinauf hieven und nach Hause bringen würde. Diesmal musste ich das alles ganz allein schaffen.

Die Intensivstation trägt ihren Namen völlig zu Recht – der Aufenthalt dort ist wirklich intensiv. Ein älterer Mann im Bett neben mir stöhnte beinahe die ganze Nacht. Sein schwerer Atem und das angestrengte Ächzen hörten sich Furcht einflößend an und hielten mich stundenlang wach. Als es schließlich aufhörte, schlief ich ein. Nach dem Aufwachen sah ich, dass das Bett leer war und begriff, dass der Mann in der Nacht offenbar gestorben war. Ich war gewissermaßen dem Tod begegnet, und das legte bei mir buchstäblich einen Schalter um. Von Selbstmitleid zu dem brennenden Wunsch, hier rauszukommen. Ich hatte entschieden: Ich wollte leben. In dem Moment, in dem ich im Kopf die Richtung gewechselt hatte, fing auch mein Körper an zu kämpfen. Ich spürte: Ich war auf dem richtigen Weg. Doch um alle anderen ebenfalls davon zu überzeugen, musste ich es unbedingt schaffen, wieder selbstständig zu pinkeln. Nach einer großen Operation geht die Angst vor Nierenversagen und Dialyse wie ein Gespenst durch die Krankenhausflure.

Wenn man an Nadeln und Schläuchen hängt, würde man nicht auf die Idee kommen, dass man dazu aufgefordert wird, auf die Toilette zu gehen, doch aus medizinischer Sicht ist das unbedingt notwendig.

Wenn der Tod keinen Termin hat, warum sollte es mit der Heilung anders sein?

Also wurde ich, all meiner Kabel und Schläuche zum Trotz, zum Aufstehen gebracht und durch die Flure geführt – in dem Versuch, den inneren Motor wieder zum Laufen zu bringen.

Manche Gespräche bleiben einem ein Leben lang im Gedächtnis. Den Ausdruck *»to pass water«* hatte ich noch nie gehört – ich hatte bis dato mit Medizin nichts am Hut.

Wörtlich übersetzt bedeutet es »Wasser lassen«, also schlicht Pipi machen. Aber verstanden habe ich damals nur: *am Wasser vorbeigehen.*

»Tell me, Raymond, when was the last time you passed water?«, fragte mich die Stationsschwester gut gelaunt.

Darüber musste ich erst einmal nachdenken. Warum fragte sie mich, wann ich das letzte Mal am Wasser vorbeigegangen war?

»Als ich hier ankam, Schwester«, antwortete ich bedächtig, »im Krankenhausflur.« Ich war recht zufrieden mit meiner Antwort, obwohl wir auf dem Weg in die Klinik auch am River Mall vorbeigefahren waren, sodass diese Antwort vermutlich noch präziser gewesen wäre, weil so ein Fluss doch erheblich mehr Wasser vorzuweisen hat als ein Wasserspender.

»Meinst du in der Toilette am Ende der Station?«

»Nein, direkt im Flur. Auf der Toilette war ich überhaupt nicht.«

»Du hast *auf dem Flur* Wasser gelassen? Warst du nervös?« Sie sah besorgt und leicht verwirrt aus, blieb aber ruhig – wohl im Bewusstsein, dass eine so große Operation für einen jungen Patienten überwältigend sein konnte.

An diesem Punkt begann die große Verwirrung. Dachte sie etwa, ich hätte Angst vor der Karaffe Wasser, die im Flur für Besucher stand? Und wenn ja – warum?

»Nein, ich habe das Wasser einfach links liegen gelassen und bin weiter gegangen ...«

Sie sah mich merkwürdig an. Aus ihrer Verwirrung wurde Bestürzung, aus meiner Verwirrung pure Ratlosigkeit. Worüber redeten wir hier, um Himmels willen? Dann sagte sie, ein wenig zu streng für meinen Geschmack:

»Did you pass water, Raymond?«

»Nein, ich lag ja seit der Operation im Bett und durfte nicht aufstehen.«

»Also gut«, erwiderte sie und war offensichtlich fest entschlossen, diesem Rätsel auf den Grund zu gehen, »dann stellen wir dich mal auf die Beine und schauen, ob wir dich zum Wasser lassen bewegen können.«

Von mir aus, dachte ich, aber es ist doch nur ein Wasserspender. Ich hatte ihn zuvor passiert und würde es auch wieder tun, gar kein Problem. Nachdem wir also daran vorbeigegangen waren, schlug ich vor wieder umzukehren, da die Sache ja nun erledigt war. Die Schwester betrachtete den Fußboden, schaute dann wieder zu mir und antwortete: »Nein, ist es nicht.« In meinem Kopf schrillten die Alarmglocken. Und dann kapierte ich es endlich, der medizinische Geheimcode war geknackt! Ich verkniff mir ein Lachen; nach außen hin zeigte ich nur ein verhaltenes Lächeln, an dem die Schwester erkannte, dass ich sie endlich verstanden hatte und wir nun ein und dasselbe Vorhaben hatten – mich zum Pinkeln zu bringen. Ich fühlte mich ähnlich genial wie Matt Damon in *Good Will Hunting* (behielt es jedoch genau wie er für mich).

Als wir die Toilette erreichten, schob die Schwester den Infusionsständer mit meinen Schläuchen in eine Kabine. Sie setzte mich auf die Schüssel, kniete sich davor und sah zu mir auf – ermutigend! Ich muss gestehen, ich hatte längst jede Form von Scham verloren: Schon beim Gang durch den Flur hatte ich meinen Hintern im offenen Krankenhauskittel präsentiert. Dazu der gähnende Schnitt in meinem Bauch, aus dem ein Gummischlauch hing, fixiert mit einer Metallklammer – ein Look irgendwo zwischen »punkig« und »ausgeschlachtet«.

Dass ich nun auf dem Klo saß, während eine hübsche junge Krankenschwester vor mir hockte, die mich mit Sätzen wie: »Du schaffst das!« oder »Plätscher, plätscher, kommt da ein Wasserfall?« anfeuerte, war dann aber doch zu viel des Guten. Bedauerlicherweise reagierte ich auf ihre Animation nicht in der gewünschten Weise, denn es geschah schlicht und ergreifend: nichts.

Die Schwester erkannte mein Unbehagen und fragte, ob es mir bei geschlossener Kabinentür leichter fallen würde. Ich nickte. Ob es mit geschlossener Tür wirklich einfacher sein würde, Wasser zu lassen, wusste ich nicht – sicher war nur: meinem Ego wäre ein Moment Alleinsein lieber.

Von draußen hörte ich, wie die Schwester alle Wasserhähne im Bad aufdrehte. Sie spülte auch die anderen Toiletten und lehnte sich dann gegen meine Kabinentür, während sie mir zurief, dass sie wisse, ich könnte das schaffen. Ein paar Sekunden zweifelte ich, doch dann – *tadaa!* – rollte ich den roten Teppich aus: Ihr praktischer Zauber wirkte, und ein kleines Rinnsal plätscherte in die Kloschüssel.

So albern sich das heute anhört, feierten wir diesen Erfolg.

Dazu gab es auch allen Grund. Hätte ich damals meine Lage besser einschätzen können, wäre mir klar gewesen, dass man in der Klinik ernsthaft um meine Gesundheit fürchtete. Mein Pfützchen war das erste Zeichen der Besserung, und das Mitgefühl des gesamten Stationspersonals mit dem jungen Mann, der darum kämpfte, wieder gesund zu werden, war herzerwärmend und tröstlich.

Nachdem die Schwester mich wieder ins Bett verfrachtet hatte, erkundigte sie sich, wann ich zum letzten Mal Stuhlgang hatte. Ich nickte nur. *Eine* Großtat im Bereich der Körperfunktionen genügte für heute, besten Dank.

Knapp eine Woche nach der OP fühlte ich mich zwar immer noch schwach, doch die Ärzte waren mit meinen Fortschritten zufrieden. Dann erfuhr ich auch, was es mit dem Gummischlauch und der magischen Metallklammer auf sich hatte. Die Infektion hatte dazu geführt, dass sich im Inneren der Wunde eine Menge Flüssigkeit angesammelt hatte, und der Schlauch diente dazu, diese abzuleiten. Von nun an suchte mich die Schwester täglich auf, zog vorsichtig am Schlauch, kürzte ihn um etwa drei Zentimeter und befestigte dann die Metallklammer am neu entstandenen Ende. Eines Morgens kam eine andere Kollegin, um den Schlauch zu kontrollieren, und befand, dass die Infektion nun abgeklungen und der Schlauch somit überflüssig sei. Ohne Vorwarnung ergriff sie die Klammer und zog rabiat daran. Es war unerträglich. Bei der ganzen Prozedur wurde ich ein Stück angehoben, aber statt aufzuschreien, röchelte ich wie jemand, der endlich wieder die Wasseroberfläche erreicht, nachdem er beinahe ertrunken wäre. Klingt dramatisch? Verdammte Hölle, genau so war es. Regelrecht scheißtraumatisch.

Die Schwester zeigte wenig Mitgefühl. Sie scheuchte mich aus dem Bett und befahl mir, den Flur rauf und runter zu gehen, das sei gut für die Durchblutung. Ich begann mich zu fragen, ob sie überhaupt wusste, was Demut und Stolz sind – zwei Eigenschaften, die man im Schockzustand leicht verliert. Ich bemerkte kaum noch, dass mein Hintern nur zur Hälfte bedeckt war, während ich meinen Tropfständer – mein bester Freund über so lange Zeit – durch die Gänge schob.

Während meiner Zeit im Krankenhaus lernte ich: Schmerz relativiert sich, wenn er mit Absurdität kombiniert wird. Im Handumdrehen war ich von Matt Damon aus *Good Will Hunting* zu Jack Nicholson aus *Einer flog über das Kuckucksnest* geworden – schneller, als man zum Anschauen beider Filme brauchte.

In den folgenden Tagen war viel Erwachsenwerden angesagt. Meine Eltern hatten sieben weitere Kinder zu versorgen, doch sie kamen trotzdem täglich ins Krankenhaus. Ich merkte ihnen an, dass sie beunruhigt waren.

Ärzte konzentrieren sich vor allem auf medizinische Parameter: Sie messen den Puls und analysieren Blutwerte, doch das Gespür von Müttern oder Vätern können sie nicht ersetzen.

Meine Mutter spürte, dass irgendetwas nicht stimmte. Immer wieder sprach sie mit den Ärzten, doch die ließen sich nicht beirren und ihre Arbeit nur ungern hinterfragen, schon gar nicht wiederholt. Also wurden meine Taschen gepackt, und man entließ mich früher als gedacht nach Hause.

Auf der Heimfahrt stöhnte ich wie der alte Mann auf der Intensivstation. Ich wollte mir nichts anmerken lassen, wollte tapfer wirken, wollte nach Hause – zu meinem Bett, meinem Sofa, meinem Fernseher. Doch mein Körper war in Aufruhr, und das ließ sich nicht verbergen.

Meine Mutter beobachtete mich genau. Sie erkannte, dass es ein Fehler gewesen war, mich aus der Klinik zu entlassen, und dass ich zu Hause nicht wieder gesund werden würde. Wie so oft sollte sie recht behalten.

Ich schlief in jener Nacht, obwohl mich der Schweiß von Kopf bis Fuß bedeckte. Als ich nach einer unruhigen Nacht aufwachte, rief ich sofort um Hilfe, weil das, was ich unter meiner Decke sah, extrem beunruhigend war. Zunächst dachte ich, ich hätte eingenässt, doch dann begriff ich, dass der nasse Fleck auf dem Laken sich viel weiter oben befand, nämlich auf Höhe meiner Bauchwunde. Ich lief aus.

Meine Mutter zog das Bett ab. Einige meiner jüngeren Schwestern wichen ihr nicht von der Seite. Als sie sahen, was unter der Bettdecke zum Vorschein kam, schlugen sie erschrocken die Hände vors Gesicht, denn aus meinem Bauch sickerte grüne Flüssigkeit. Also kehrte ich zurück ins gleiche Krankenhaus – mit etwas weniger Vertrauen, aber, nun ja, vielleicht klappt es ja beim zweiten Mal, oder? Aber was sollte ich machen?

Wenn man am Boden liegt, vergisst man manchmal den einzigen möglichen Weg, der wieder nach oben führt! Mein Glaube – und der Glaube meiner Familie – war der Rettungsanker, der uns über Wasser hielt. Wir glaubten, dass unsere Gebete erhört werden und dass der Allmächtige seine Hand auf unsere Schulter legt und uns durch die Dunkelheit führt. Mein eigener Glaube war damals vielleicht nicht so stark, aber der meiner Eltern wurde auf den vielen Fahrten zum Krankenhaus mehr als einmal geprüft.

Eines war jedenfalls klar: Meine Mutter hatte die Geduld verloren, trotz ihres unerschütterlichen Glaubens. Sie gab sich nun keinerlei Mühe mehr, nett und zurückhaltend zu sein. Entschlossen verlangte sie, dass ihrem Sohn umgehend ein Bett zugewiesen wurde. Außerdem forderte sie ein Arztgespräch ein, um für eine angemessene Behandlung zu sorgen. Obwohl ihr Gesprächspartner weder der Arzt war, der mich operiert hatte, noch derjenige, der mich als geheilt entlassen hatte, machte sie ihn für die unzureichende Behandlung verantwortlich. Sie forderte ihn eindringlich auf, mich sorgfältig zu untersuchen und das in Ordnung zu bringen, was zuvor schiefgegangen war. Der Arzt war Inder und verstand offensichtlich nicht alles, was meine aufgebrachte Mutter sagte, doch ihre Panik war so offensichtlich, dass er den Ernst der Lage erkannte und handelte.

Innerhalb kürzester Zeit bereitete man mich für eine zweite OP vor. Die Infektion hatte sich mittlerweile auf den gesamten Bauchraum ausgeweitet. Es stand zu befürchten, dass entweder die Drainage nicht funktioniert hatte oder der Blinddarm nicht erfolgreich entfernt worden war.

»Wir werden den operativen Zugang vergrößern, die Öffnung erweitern, die Infektion so weit wie möglich eindämmen, die ursprüngliche Operation kontrollieren und alle Probleme beheben, die wir dabei feststellen.«

Der Arzt beschrieb das geplante Vorgehen wie eine Militäroperation. Niemand nickte oder zeigte auch nur eine Regung. Wir konzentrierten uns alle auf seinen Gesichtsausdruck, um daran seine Souveränität abzuschätzen.

»Noch Fragen?« Schweigen. »Gut, dann gehen wir vor wie beschrieben. Schwester, bereiten Sie den Patienten für die OP vor.«

Vierzehn Stunden später wachte ich in dem Einzelzimmer auf, das ich schon kannte. Auf dem Nachttisch stand eine brennende Kerze, und daneben lag eine Rosenkranz-Gebetskette. Mein Vater kam herein und übernahm offenbar gerade die »Abendschicht« an meinem Bett. Beim Anblick der Kerze und des Rosenkranzes wurde mir klar, dass er vermutlich mit dem Schlimmsten rechnete. Da ich nach der OP für eine Unterhaltung noch zu schwach war, redete er einfach für uns beide. Auch wenn ich nicht mitbekam, was er genau sagte, erreichte sein Flüstern direkt meine Seele.

Bis zu diesem Zeitpunkt war mein Verhältnis zu meinem Vater etwas kompliziert gewesen, vermutlich weil ich ihm so ähnlich war: Sobald er versuchte, mich vor dem Feuer zu bewahren, marschierte ich direkt hinein. Denn ich war der festen Überzeugung, dass ich aus meinen eigenen Fehlern lernen musste und nicht aus denen, die er zwei Jahrzehnte zuvor gemacht hatte. Dies war das erste Mal, dass er mich einen Kampf kämpfen sah, den er in seiner Jugend nicht gekämpft hatte. Er konnte mich nicht beschützen. Er konnte mir nicht raten, die andere Wange hinzuhalten. Er konnte mich nicht bestrafen in der Hoffnung, dass ich dadurch Konflikten aus dem Weg ging. Was er tun konnte, war einzig und allein, für mich da zu sein und mir Mut zu machen, damit ich mit aller Kraft kämpfte und nicht aufgab. Er feuerte mich an, zu überleben. Er sagte mir, dass er mich liebte. Er war einfach da.

Welchen Schmerz ich in diesen Tagen auch empfand – ich glaube, für ihn war er noch größer, als er dachte, er würde seinen einzigen Sohn verlieren. Jahre später inspirierte mich dieser Moment dazu, ein Lied zu schreiben: »Candlelight«.

He could not believe his eyes
Those rosary beads lying by his side
Was this a fond farewell
You're helpless for the first time in your life
You bowed and prayed to God to make this right
Coz your heart's in the middle and plain to see
If the same thing ever happens to me
I hope I have the same strength as you
And maybe I never took the time to tell you what you said that night
Was all I needed to hear to pull me through
You said oh my son don't give up so easy
Oh my son do this one thing to please me
Oh my son all I ask you to survive
Survive, move further from the candlelight
Keep those rosary beads by your side, the ones I gave to you
You're helpless for the first time in your life
You bowed and prayed to God to make this right
You said oh my son don't give up so easy
Oh my son do this one thing to please me

Oh my son all I ask is you to survive
You said oh my son don't give up so easy
Oh my son do this one thing to please me
Oh my son all I ask is you to survive
Draw closer draw closer
It's not over it's not over
Oh my son
Oh my son
Oh my son all I ask is you survive
Oh my son
Oh my son
Oh my son all I ask is you survive
To survive

Schon am nächsten Tag war ich zum Glück langsam auf dem Weg der Besserung und spürte, dass ich wieder gesund werden würde. Ich hatte Hunger, war gut gelaunt und konnte aus meinem Einzelzimmer auf die Männerstation verlegt werden (offenbar merkte man mir an, dass ich gereift war). Am Abend vor meiner Verlegung besuchten mich ein paar Schulfreunde. Ich war schon über einen Monat lang nicht mehr in der Schule gewesen, und Gerüchte machten die Runde, dass ich angeblich mit dem Tod rang. Das löste große Neugier aus, die meine Mutter durch einen Krankenbesuch meiner Freunde eindämmen wollte. Das war zwar eigentlich eine gute Idee, aber …

Meine vier oder fünf Mitschüler kamen herein, und es dauerte keine fünf Minuten, bis in meinem Krankenzimmer das reinste Chaos herrschte und lautes Geschrei in den Fluren zu hören war. Ich musste so sehr lachen, dass die OP-Naht an einer Stelle wieder aufging. Ich versuchte, meine Besucher zur Ruhe zu bringen, doch die allgemeine Heiterkeit war stärker als mein Schmerz. Die unsympathische Krankenschwester, die mich von Anfang an auf dem Kieker hatte, kam schließlich herein und beendete das Spektakel.

Sie rügte uns streng und warf die Jungs dann kurzerhand hinaus, nachdem sie uns klargemacht hatte, dass lautes Gelächter in Krankenhäusern keinen Platz hatte, was uns wiederum sehr amüsierte.

Bevor meine Freunde sich verabschiedeten, empfahl ich ihnen noch, unbedingt das Sonderangebot der Klinik zu nutzen, bei dem gerade zwei Operationen zum Preis von einer angeboten wurden. Diesen Witz fand die Schwester überhaupt nicht lustig. Sie tadelte mich für meine vorlaute Bemerkung. Ihre Standpauke nahm ich im Sitzen entgegen, allerdings nur, weil ich noch nicht aufstehen durfte. Mit meinem Scherz wollte ich nicht vordergründig die anderen zum Lachen bringen, sondern vor allem diese Frau provozieren, die ich als Gegnerin betrachtete, weil sie mich immer wieder in die Schranken wies. Obwohl diese »Schranken« damit zusammenhingen, dass ich Schmerzen hatte, geschwächt war und Unterstützung brauchte, hielt sie mich nicht davon ab, weiter zu rebellieren.

Die erste Hürde ist immer die schwierigste, weil man befürchtet, nicht stark genug zu sein, um sie zu überwinden. Doch hat man es erst einmal geschafft, ist die nächste viel leichter zu bewältigen. Nach und nach verschwinden die Hürden schließlich.

Mit einer Bemerkung über »die Jugend von heute« verließ die Schwester mein Zimmer. Diesen finalen Triumph gönnte ich ihr, denn sie musste in unserem Zwist die Oberhand behalten, wenn ich meinen Kampf gewinnen wollte. Und das würde mir nur gelingen, indem ich so bald wie möglich kein Patient mehr war. Diesen Moment konnte ich kaum erwarten.

Ich kam also auf die Männerstation, obwohl ich mich als Teenager irgendwo zwischen den Welten befand, noch kein Erwachsener, aber auch schon zu groß für die Kinderstation. Deshalb war das medizinische Personal der Meinung, dass ich bei den Männern in geeigneter Gesellschaft sein würde. Die Oberschwester dort war viel netter und nicht so griesgrämig. Auf der Station ging es nicht nur fröhlicher zu (Lachen war hier erlaubt und sogar *erwünscht),* sondern der Alltag brachte für mich obendrein etwas bahnbrechend Neues mit sich. Zu meinem großen Erstaunen entdeckte ich dort etwas beim Fernsehschauen, was mich umgehend in seinen Bann zog: den Musiksender MTV.

Den ganzen Tag gab es Musikvideos zu sehen! Ich war im Himmel gelandet, oder zumindest in meiner Vorstellung davon. Max Headroom, dieser computeranimierte TV-Moderator, kündigte einen Song nach dem anderen an. Er sprach mit Glitches, Aussetzern, und man hatte das Gefühl, direkt an der Frontlinie der Musik zu stehen.

In den Achtzigern feierten Bands den Mut zur Frechheit. Ursprünglich vom Punk inspiriert, war die Musik vielleicht etwas geschmeidiger geworden, aber die Haltung blieb dieselbe. Gekleidet wie Statisten aus einem *Mad Max*-Film, spuckten sie dem Konformismus ins Gesicht – selbst, wenn sie sich dabei alle irgendwie ähnlich sahen.

Ob es die Frisuren von Paul Young, Nik Kershaw, Rick Astley oder Howard Jones waren oder die Extravaganz von Duran Duran, INXS, The Cure oder Frankie Goes to Hollywood – die Achtzigerjahre sind für Musikvideos das, was die Generation Z für Selfies ist.

Die Band, die scheinbar alles hatte – Videos, Songs, Klamotten, Models, Wangenknochen und Spesenkonten –, war jedoch Duran Duran. Die meisten Gruppen reisten mit Backlines und Tontechnikern, doch die Jungs aus Birmingham mussten zusätzlich Kofferausrüstungen zum Frisieren und Nähen dabeihaben. Sie waren der Inbegriff von *Pose Perfect.*

Ihr großer Hit »Wild Boys« wurde auf MTV rauf und runter gespielt und lief ungefähr einmal pro Stunde. Irgendwann brannte er sich regelrecht in mein Hirn ein. Meine älteren Schwestern waren große Fans von Duran Duran. Ihre Zimmerwände hingen voll mit Postern der verschiedenen Bandmitglieder, sie ahmten deren

Frisuren nach und kannten die Namen der Gitarristen. Damit erwiesen sie sich als echte »Durannies«. Offen gestanden fand ich es zuweilen nicht so einfach, sie auseinanderzuhalten (also die Gitarristen, nicht meine Schwestern). Unverkennbar blieb jedoch die markante Popstimme von Simon Le Bon.

Während ich mich also von der OP erholte, hing ich nonstop vor dem Fernseher. Sobald ich vollständig genesen war, würde ich meine eben erst entdeckte Leidenschaft wieder aufgeben müssen. Sollte ich daher etwas Schwäche und Schmerzen vortäuschen? Eine Woche länger im Krankenhaus zu bleiben, konnte doch bestimmt nicht schaden?

Im Bett neben mir lag Mr Fennel, ein älterer Herr, der sich große Mühe gab, mir den Aufenthalt so angenehm wie möglich zu machen. Er erinnerte mich sehr an meinen Großvater, und in den Wochen dort wurden wir Freunde. In den ersten Tagen musste ich dieselbe Prozedur mit Gummischläuchen und Drainagen durchstehen, doch diesmal kam nicht meine Erzfeindin und zerrte daran, als wollte sie eine Kirchenglocke läuten, sondern die Schwestern gingen sacht und vorsichtig mit mir um und entfernten den Schlauch erst, nachdem die Infektion definitiv abgeklungen war. Schon bald war ich schlauchfrei. Es fühlte sich befreiend, stärkend, aufregend an.

Eines Tages wies mich eine Schwester auf einige winzige Überreste der Infektion an der Wunde hin und teilte mir mit, dass ich ein Bad nehmen sollte. Dies hätte ebenso gut als Vorwand dienen können, um mich gründlich einzuweichen, damit ich die Überreste von Schweiß und weiteren Körpergerüchen nach zwei Wochen Bettruhe endgültig loswurde. Die Wunde war noch offen, deshalb schlug die Schwester vor, im Badewasser die Stelle zu massieren, damit etwaige Restinfektionen austreten könnten. Das hörte sich zwar reichlich seltsam an, aber als Ire nickte ich nur.

Nach dem Mittagessen kam dann die Schwester herein und holte mich zum Baden ab. Fragend sah ich Mr Fennel an, der mir jedoch versicherte, dass alles seine Richtigkeit habe. (Vermutlich nahmen andere meinen Geruch deutlicher wahr als ich selbst.) Ich folgte also der Schwester zum Gemeinschaftsbad, wo bereits ein Bad eingelassen war. Man wies mich an, keinerlei Seife zu benutzen, sondern lediglich im Wasser zu liegen. Nach dem Bad sollte ich mich mit Seife am Waschbecken waschen. Ich signalisierte, dass ich bereit war, in die Wanne zu steigen, und wartete darauf, dass die Schwester den Waschraum verließ. Sie verdrehte die Augen, schüttelte den Kopf, lachte belustigt auf, verließ dann mit einem »Ts« den Raum und schloss die Tür hinter sich.

Sie war zwar eine großartige Krankenschwester, hatte in Sachen Privatsphäre allerdings einigen Nachholbedarf. (Später im Leben begriff ich: Krankenschwestern sehen sowieso alles – aber das wusste ich damals nicht.)

Ich zog mich aus und glitt ins Wasser. Mein Gott, welch sensationelles Gefühl auf meiner Haut! Zwei Monate lang hatte ich nur einfache Katzenwäsche im Bett mit kratzigen Handtüchern gehabt – zudem hatte ich noch nie mit einer frisch genähten Wunde in der Wanne gelegen. Der Anblick, wie das Wasser in die Wunde eindrang und dann, nachdem ich die Stelle zusammendrückte, wieder austrat, war leicht absurd – und schien perfekt in diese Zeit meines Lebens zu passen.

Es war das erste Mal seit Beginn meines Aufenthalts in der Klinik, dass keine Leute um mich herum waren, und ich war froh, dass die Schwester verstanden hatte, wie wichtig etwas Privatsphäre war.

Eine Weile hing ich meinen Gedanken nach. Das Wasser fühlte sich angenehm auf der Haut an, und ich war endlich wieder optimistisch. Die Operationsnaht sah zwar aus wie von Dr. Frankenstein persönlich gesetzt, aber das würde schon noch werden. Da ging plötzlich die Tür auf, und ein junger Mann kam herein.

Ich erstarrte.

Er erstarrte.

Das Wasser plätscherte unschuldig, als wüsste es nichts von der Katastrophe, die sich gerade abspielte.

»Hey«, sagte er.

»Hallo«, erwiderte ich locker, als wäre ich ihm gerade auf der Straße begegnet und läge nicht splitterfasernackt in der Wanne.

»How's it goin'?« (Diese Frage gehört zum Pflichtprogramm jeder irischen Unterhaltung. Sie muss nicht zwingend beantwortet werden, aber wenn man möchte, ist »Grand« eine äußerst passende Antwort. Dieses Wort vermittelt in Irland, dass alles in bester Ordnung ist.)

Ich lag so still in der Wanne, dass die Wasseroberfläche aussah wie eine Glasscheibe. Deshalb griff ich nach dem Waschlappen, den mir die Schwester zum Abwaschen der Wunde gegeben hatte, und bedeckte damit meine unteren Regionen. Man muss nämlich wissen, dass FKK in Irland vollkommen unüblich war (darauf komme ich später noch ausführlicher zu sprechen). Wir befanden uns jedoch in einem Krankenhaus mit seinen ganz eigenen Regeln. Das Pflegepersonal war überwiegend weiblich und machte sich gnadenlos über Männer lustig, die versuchten, ihre Blöße zu bedecken. Wie schon gesagt ist den Schwestern nichts Menschliches fremd, und der Satz »Was meint ihr, was wir so alles zu sehen bekommen« begleitete ihre tägliche Arbeit.

Der junge Mann wandte sich – wie ich annahm – zum Gehen. Zu meinem Entsetzen holte er jedoch eine Schachtel Zigaretten und etwas Kleingeld aus seiner Jackentasche. Erst dann sah ich, dass sich im Gemeinschaftsbad ein öffentliches Telefon befand, warum auch immer. Nun wurde mir auch klar, warum die Schwester meinen Wunsch nach Privatsphäre so amüsant fand – hatte ich doch angenommen, dass ich den Waschraum für den Luxus eines ausgiebigen Bads für mich allein haben würde. Bevor sie zur Tür hinausgegangen war, hatte sie noch kurz zum Telefon geschaut.

Mein »Bade-Kumpel« begann nun ein ausführliches Gespräch mit seiner Mutter. Thema: Sie hatte seine *Playboy*-Sammlung gefunden. Er hatte, wie ich mithören konnte (wie hätte ich nicht mithören sollen?), die Magazine von seinem eigenen Geld per Post bestellt, und nun beklagte er empört diesen massiven Eingriff in seine Privatsphäre. Wie konnte sie es wagen, seine Hefte zu durchstöbern – selbst wenn sie auf dem Boden seines Zimmers lagen, das sie gerade putzte?

Neben seinem Ruf als ernst zu nehmender Sammler von »Herrenmagazinen« war der Typ auch noch Kettenraucher. Als die Krankenschwester zurückkam, um nach mir zu sehen, verbot sie streng das Rauchen im Badezimmer. Wenn er rauchen wolle, müsse er draußen im Flur bleiben. Daraufhin einigten sie sich auf einen Kompromiss: Da das Telefonat »dringend« sei, ließ sie die Tür offen stehen – während er weiterrauchte. Das bedeutete allerdings, dass ich nun nackt in meiner Badewanne auf dem Präsentierteller lag – für alle Patienten, das Personal und die Besucher der Männerstation. Besuchszeit war gleich Badezeit. Nun verstand ich, warum Baden so unpopulär war. (Mit Ausnahme zweier älterer Herren, die die Aufmerksamkeit durchaus genossen und für Ausländer gehalten wurden, vermutlich Deutsche.)

Die Tage vergingen nun schneller, und nach fast zwei Monaten war ich wieder gesund und durfte nach Hause. Ich hätte zu gern sowohl MTV als auch meinen freundlichen, alten Nachbarn Mr Fennel mitgenommen – beide hatten die Zeit im Krankenhaus erträglicher gemacht. Aber ich sollte keinen von beiden je wiedersehen. Mr Fennel verstarb kurz danach, und MTV war auf den beiden nationalen Fernsehsendern, die wir zu Hause empfingen, nicht verfügbar. Ich musste warten, bis wir die englischen Kanäle BBC und Channel 4 sowie den nordirischen Sender UTV bekamen – dort liefen dann Musiksendungen wie *The Tube*, *The Old Grey Whistle Test* und natürlich die legendäre *Top of the Pops*.

Die Zeit im Krankenhaus war ein Spießrutenlauf an Erfahrungen gewesen, die mich durch die Kindheit gezerrt und ins Erwachsensein geworfen hatten.

Ich fühlte mich reifer. Bescheidener.

Wenn man eine so schwere Zeit überstehen musste, blieben aber nicht nur sichtbare Narben zurück. Meine Mutter konnte endlich wieder lächeln, und mein Vater erkannte den Mann in mir, der allmählich aus seinem Jungen wurde.

Von diesem Tag an, außer in Ausnahmefällen, die es natürlich gab, erhob er nie mehr die Stimme gegen mich. Er missachtete meine Meinung nicht mehr, unterschätzte meine Fähigkeiten nicht mehr. Er nahm meine Meinung ernst, erzählte Geschichten, gab Ratschläge. Doch meistens machte ich meine Fehler trotzdem.

Ich war ja schließlich sein Sohn.

The River

Das erste Mal – es klebt dir an den Knochen. Eingraviert wie ein Stein, der selbst unter Regen und Wind nicht nachgibt. Es kann dich aufrichten, es kann dich heilen – oder dich brechen, leise wie Glas im Dunkeln.

Musik war seit jeher ein Teil meines Lebens – für uns Iren ist sie quasi Teil unserer DNA. Dabei musste man nicht besonders musikalisch sein – trotzdem versteht man die Musik, so wie man den Regen versteht, der immer wiederkommt. Eine Sprache ohne Wörter, die wir alle flüstern. Meine Mutter hat wohl gespürt, dass in mir etwas glomm, ein Talent oder wenigstens eine Spur davon. Und da mein Kopf permanent in Aktion war, hoffte sie wohl, dass Musik zu machen, mir dabei helfen würde, meine Gedanken zu fokussieren und mich sinnvoll zu beschäftigen.

Vom Klavierunterricht war ich verbannt worden, nachdem einmal in meiner Hosentasche ein Filzstift ausgelaufen war und den edlen Perserteppich der Klavierlehrerin ruiniert hatte. Danach weigerte sie sich, mich weiter zu unterrichten, weil sie mir dieses Malheur nicht verzeihen konnte.

Also griff ich zur Gitarre – eine, die mein Vater von einem Kollegen ausgeliehen hatte. Ein edles Stück, das in meinen Händen wie eine Offenbarung war. Doch meine Eltern, die mit einer Kinderschar und leeren Taschen kämpften, konnten mir keine so hochwertige Gitarre kaufen. Schließlich brachte mein Vater mir eine Gitarre, die wir uns leisten konnten – nur klang sie leider, als würde jemand auf einer Blechdose die Stromleitung testen. Meine große Begeisterung verdampfte damit schneller, als ich den ersten Akkord anschlug.

Ein Jahr später überraschte mich meine Mutter mit einer wunderschönen elektrischen Gitarre, die sie einem Jungen aus der Nachbarschaft abgekauft hatte, der dringend Geld brauchte. Ich war zwar weit davon entfernt, ein Gitarrenwunder zu sein, aber wenn exzessives Posieren vor dem Spiegel zum Ruhm gehörte, dann war ich längst auf Welttournee. Ich war fünfzehn, und mein Leben kreiste um zwei Dinge: Mädchen und Musik – in dieser Reihenfolge, je nach Tagesform.

Mein erstes Konzert spielte ich in der Aula unserer Schule. Unsere Band hatte keinen Namen, und vor dem Auftritt hatten wir kaum geprobt. Wir hatten keine eigenen Songs und auch keine Bühnenerfahrung. Und doch waren wir überzeugt, dass der Abend ein Triumph werden würde.

Vielleicht lag es an jugendlicher Selbstüberschätzung, vielleicht einfach am Zauber des ersten Mals – aber wir glaubten fest daran, dass wir die Welt erobern könnten, bewaffnet mit drei Akkorden und grenzenloser Naivität.

Ich könnte heute nicht mehr jeden einzelnen der Jungs aufzählen, mit denen ich damals die Bühne betrat. Wahrscheinlich stammten sie alle von meiner Straße – Roscrea Road –, doch die Erinnerung verliert sich dort im Nebel. Und das ist leicht erklärt: Wir mögen voller Überzeugung auf die Bühne marschiert sein, aber unser Selbstvertrauen hielt genau so lange, bis der erste Ton erklang. Danach ging alles den Bach runter. Das Konzert war ein Desaster.

Die Aula war ein großer, kalter Raum, der zugleich als Turnhalle diente und Platz für die gesamte Schülerschaft bot. Mr Ryan war der örtliche DJ – nicht unbedingt wegen seines Talents, sondern weil er die PA-Anlage besaß. Es war ein bisschen wie mit dem Jungen, der automatisch Kapitän der Fußballmannschaft wurde, nur weil er den Ball hatte. Mr Ryan war also nicht nur DJ, sondern zugleich auch Techniker, Roadie, Licht- und Tontechniker in unserer Schule. Er baute die Anlage auf, checkte alle Mikros und schenkte uns ein Daumen-hoch als Zeichen: Wir waren dran.

Die Halle war voll. Voller Mädchen, die ich beeindrucken wollte. Voller nerviger Mitschüler, denen ich es beweisen wollte. Voller Lehrer, die in mir nur den großmäuligen Teenager sahen. Für mich war es der Moment, die Gelegenheit, mein angekratztes Image aufzupolieren. Dabei war ich gar kein schlechter Schüler. Wenn überhaupt, war ich Durchschnitt. Meine Noten waren ordentlich, und wie alle Teenager hätte ich mit etwas mehr Fleiß wahrscheinlich mehr erreichen können. Aber Hand aufs Herz: Was wäre das für eine Welt, in der alle Teenager ihr volles Potenzial ausschöpfen, brav Karriere machen und schließlich die Welt regieren?

In Irland gäbe es gar nicht genug Siegerpodeste für all die Jugendlichen, die angeblich ihr »volles Potenzial« ausschöpfen sollten. Aber reichlich Kinosessel, in denen man es sich bequem machte, um sich eine strahlende Zukunft zusammenzuträumen, die größer und glänzender war als jedes Klassenzimmer. Die Fantasie ist fast immer prachtvoller als die Wirklichkeit – und doch gibt es diese seltenen Kreuzungen, an denen sich beide Welten berühren. Genau dort musst du dich entscheiden: Bleibst du angeschnallt im sicheren Wagen der Realität, oder löst du den Gurt, springst ins Ungewisse und wagst den freie Fall Richtung Traum?

Wir Iren haben uns oft für den Sprung entschieden. Kunst und Kultur sind uns nicht beigebracht, sie sind uns eingebrannt – in Sprache, in Liedern, in Geschichten, die bereits länger leben als ihre Erzähler. Andere Völker bauten Reiche aus Stein und Stahl, eroberten Länder, rissen an sich, was sie selbst nicht hervorbringen konnten. Irland hingegen war nie ein Reich der Eroberer, sondern eine Quelle. Könige und Königinnen kamen hierher, nicht um zu nehmen, sondern um zu trinken – aus einem Brunnen, der nicht versiegt: der Fantasie, der Sehnsucht, der Kunst. Doch während Könige und Königinnen nach Irland kamen, um aus dem Brunnen unserer Fantasie zu trinken, war mein eigenes Königreich ungleich kleiner und rauer: ein Pausenhof in einer Kleinstadt, wo die wahren Herrscher nicht mit Kronen, sondern mit Fäusten regierten.

Ich erinnere mich an die »Bullies«. Sie waren wie ein Naturgesetz. Ich war laut, konnte den Mund nie halten – und sie hatten sich darauf spezialisiert, Münder wie meinen zu schließen. Seit der Grundschule kämpfte ich zudem mit dem unausweichlichen Stigma, der Sohn eines Polizisten zu sein.

In unserer Stadt gab es die ständigen Grabenkämpfe: Townies, die aus der Stadt kamen, gegen Culchies, die vom Land stammten. Doch noch klarer war die Hierarchie: Townies und Culchies vereint gegen die Kinder der Cops. 5000 Einwohner, davon 500 Ordnungshüter – da war Reibung unvermeidlich.

Mein sicherer Hafen hätten eigentlich die Kinder dieser 500 sein können. Aber genau das wollte ich nicht: Teil einer Gemeinschaft sein, die man mir aufgezwungen hatte. Ich wollte nicht bloß »Polizistensohn« sein, ich wollte meinen eigenen Platz. Und so stolperte ich zwischen allen Fronten herum – ein Außenseiter auf allen Seiten, trotzig und laut, genauso widerspenstig wie die Stadt, die mich nicht haben wollte.

Templemore war eine Stadt, die nichts anderes war als eine Trainingsschule für die *Garda Síochána*, die irische Polizei. Rund 500 Männer und Frauen lebten dort mit nur einem Ziel: die Ausbildung hinter sich zu bringen und den Ort so schnell wie möglich wieder zu verlassen. Templemore galt als Sackgasse für jeden, der Karriere machen wollte – ein Abhang, von dem man besser rechtzeitig absprang.

Unter den Eltern der Polizeifamilien entstanden in dieser Atmosphäre merkwürdige Allianzen. Kinder wurden zu Schachfiguren im gesellschaftlichen Aufstiegsspiel: Ein Sergeant wollte Inspector werden, ein Inspector strebte nach dem Posten des Superintendents, und ein Superintendent nach dem Rang des Chief Superintendent – der höchsten Stufe, bevor man Commissioner werden konnte. Mein Vater war Sergeant – und das hatte Folgen. Ich erinnere mich deutlich, wie ich zum ersten Mal an die Tür meines damaligen besten Freundes Ryan klopfte. Seine Mutter öffnete, trat hinaus, zog die Tür hinter sich zu und sagte kühl: »Ryan ist nicht da. Geh lieber nach Hause und komm nicht wieder.« Durch das Wohnzimmerfenster sah ich Ryan jedoch fröhlich mit Tim spielen – dem Sohn des frisch ernannten Chief Superintendent, der nach Templemore geschickt worden war, um das College im Trainingszentrum aufzubauen. Damit war die Sache klar: Tim war drin, ich war draußen. Es tat weh, ja – aber es war nichts Persönliches. Es war Geschäft. Polizeigeschäft.

Das Leben ist eine harte Lernkurve, und auch wenn die Zeit manchmal nur träge dahinschleicht, so bleibt sie nicht stehen. Nach ein paar Jahren war unsere Familie von einer Doppelhaushälfte in der Garda Row (die meisten Polizisten wohnten zu Beginn ihrer Zeit in Templemore an der Mall) in ein Einfamilienhaus in der Roscrea Road umgezogen. Meine Mutter hatte das Haus entworfen – innen wie außen. Für mich war es weniger ein Haus als ein Bollwerk, halb Burg, halb Zuflucht. Mein Vater war inzwischen erneut befördert worden, nun Inspector und rechte Hand von Chief Superintendent Myron – Tims Vater.

Ich verließ die Grundschule und wechselte zu der Christian Brothers Secondary School. Am ersten Tag betrat der Direktor, ein massiger, Furcht einflößender Mann, unser Klassenzimmer. Er ging direkt auf mich zu, stotterte: »Bist du der, der, der, der Raymond Garvey?«

»Ja, Brother.«

Er stieß hörbar die Luft aus, beugte sich näher zu mir und sagte in einem Ton, den ich als Drohung verstand: »Ich habe von dir gehört. Hier wirst du dich nicht benehmen wie in der Grundschule, verstanden, Garvey?« Er machte mir Angst – und meine Antwortmöglichkeiten waren überschaubar. »Ja, Brother!«

Mein erstes Jahr verging, während ich untertauchte – Kopf einziehen, nicht auffallen. Das war die einzige sichere Strategie in einer Schule, in der Aufmerksamkeit meist Strafe bedeutete.

Im zweiten Jahr erwischte mich das Leben anders: Blinddarmdurchbruch, Operation, monatelange Genesung. Am Ende musste ich die Klasse wiederholen. Und wieder stand ich vor dem Head Brother, als wäre die Zeit stehen geblieben.

Nicht lange nach der Operation erwischte er mich, wie ich an einer widerspenstigen Tür rüttelte. Er packte mich, schleifte mich in den Gang – und entschied, dass meine Strafe darin bestand, mein Gesicht gegen die Metallstange zu pressen und mir einen Schlag in den frisch verheilten Bauch zu versetzen, dort, wo gerade erst 27 Stiche verheilt waren. Es klingt brutal. Es war brutal.

Die Christian Brothers, die Gewalt als Disziplin tarnten, waren Heuchler in Soutanen. Sie predigten Demut und praktizierten Grausamkeit. Und doch hielten sie ein ganzes Land im Schwitzkasten des Schweigens. Denn wenn niemand sprach, gab es keine Schuld. Wenn niemand Schuld zusprach, gab es kein Unrecht. Und wenn es kein Unrecht gab, konnte es weitergehen – von einer Generation zur nächsten, ein Erbe aus Angst und Schweigen.

Diesmal jedoch wurde das Schweigen gebrochen. Die Schüler

der Abschlussklasse hatten gesehen, wie er mich geschlagen hatte. Ein Schlag war nichts Neues – doch sie wussten, dass ich gerade erst eine schwere Operation hinter mir hatte. Viele erzählten es ihren Eltern, die wiederum meine Eltern informierten. Auch ich schwieg nicht länger, als man mich fragte.

Mein Vater und ich hatten bis dahin eine eher angespannte Beziehung – nicht seine Schuld, meine. Aber nach der Zeit im Krankenhaus hatte er gesehen, dass ich versuchte, reifer zu werden, das Leben anzunehmen und weiterzugehen. Ich kann mir nur ausmalen, wie wütend er war, als er erfuhr, dass ein erwachsener Mann – ob in Kutte oder nicht – seinem Sohn in den Bauch geschlagen hatte. Was er dem Head Brother gesagt hat, weiß ich nicht. Aber am nächsten Tag kam der Sadist in unser Klassenzimmer und entschuldigte sich für sein Verhalten. Viele Münder standen offen, auch meiner. Es war, als sei das Imperium gefallen. Darth Vader hatte die Maske abgenommen – und darunter zeigte sich Hässlichkeit, Heuchelei und Feigheit. Ich würde gern behaupten, mein Vater habe den Todesstern zerstört, doch wie wir wissen, schlägt das Imperium zurück. Es brauchte eine Abfolge etlicher stiller, aber unaufhaltsamer Ereignisse, bis dieses dunkle Kapitel der irischen Geschichte sich endlich schloss.

Das wiederholte zweite Jahr fühlte sich für mich wie ein Neustart an, als hätte ich eine zweite Chance bekommen. Im ersten Jahr war ich ständig im Konflikt mit mir selbst gewesen, unsicher, wer ich war und wer ich sein wollte – das übliche Dilemma eines Teenagers auf der Suche nach seinem Platz. Im zweiten Anlauf war ich der Älteste, ein Stück weit Außenseiter, da mir meine neuen Mitschüler fremd waren. Doch ein wenig Anonymität tat mir gut: Sie gab mir Zeit, mich zurechtzufinden und die Welt neu abzutasten. Ich fand neue Freunde, bessere Freunde. Der engste von ihnen hieß Bottles – der Sohn eines Bauern aus Clonmore. Ein Culchie, ja, aber einer mit Herz für Musik. Sein richtiger Name war John Martin, und als ich fragte, warum er Bottles genannt wurde, meinte er nur: »Weil mein Onkel so hieß. Punkt.« John konnte Musik heilig machen. Singen konnte er nicht, keinen Ton halten, aber er konnte Musik feiern wie kein anderer. Er sprach darüber, wie Musik sich anfühlte, und er tat es besser, als ich es je könnte.

Da er selbst keine Musik machte, befasste er sich besonders intensiv damit. Von ihm lernte ich, Platten ganz mit Leib und Seele zu hören und mich im Sound zu verlieren.

Später jagten wir gemeinsam Mädchen hinterher und schwitzten auf Tanzflächen. Wir wurden wie Brüder, und es war ein Segen für mich, einen solchen Freund zu haben.

Mein Gedächtnis funktioniert auf kuriose Weise: Gefühlt liegt nichts wirklich lange zurück. Stattdessen kommt es mir so vor, als wären die wirklich wichtigen Dinge erst vor ein paar Minuten geschehen, während ich mich an weniger Bedeutsames kaum noch erinnere. So ist es für mich erst wenige Minuten her, dass ich in der Aula unserer Schule auf der Bühne stand.

Mein jugendlicher Körper hatte längst begriffen, dass es Mädchen gab, und dieser Auftritt war für mich der Schlüssel, ihnen ein Stück näherzukommen. Ich erinnere mich, wie Mr Ryan mir das Daumen-hoch gab, also wandte ich mich an die Band zu meiner Rechten und gab das Zeichen. Der Schlagzeuger zählte uns ein, und wir legten los – mit unserer Version von »Bad, Bad Leroy Brown« von Jim Croce.

Unser Selbstvertrauen war grenzenlos. Wir befanden uns mitten im Land, auf einer Insel, die der Welt mehr Musik geschenkt hatte als fast jede andere (England mal ausgenommen). Die Last des Pop-Erbes lag auf unseren schmalen Schultern. Der Brite David Bowie hatte es getan, Bono und seine U2-Kumpel hatten es getan – und nun waren wir an der Reihe. Wir waren wie Major Tom, der sich gerade von »Ground Control« löst.

Gut, der Groove unserer Variante von »Bad, Bad Leroy Brown«

war nicht perfekt. Eher leicht daneben, wie ein Song von Iggy Pop & The Stooges. Wahrscheinlich fragte sich das Publikum, ob es Absicht war oder einfach nur aus dem Takt geraten – aber konnten sie es wirklich unterscheiden? Mit unserer kalkweißen Haut, roten Haaren, Sommersprossen, roten Backen und Schweißperlen wirkten wir jedenfalls nicht wie eine Band mit Zukunft. Unsere einzige Hoffnung war also, wenigstens so zu klingen, als hätten wir eine.

Der Song war in unseren Pubs längst Legende – jedes Duo mit ein bisschen Stolz im Herzen hatte ihn im Repertoire. Die ersten Zeilen weckten diesen unstillbaren Drang, im Refrain mitzusingen. Ich konzentrierte mich auf die Lyrics (und die Mädchen) und hoffte inständig, Geschichte zu schreiben. Woher ich diesen unerschütterlichen Glauben nehme, dass große Momente mich suchen – ich weiß es nicht. Aber ich wusste: Dies war so ein Moment. Eine Kreuzung, an der Traum und Realität aufeinanderprallen.

»Well, the south side of Chicago
is the baddest part of town,
and if you go down there
you better just beware
of a man named Leroy Brown …«

Die erste Strophe war geschafft, und wir lieferten eine solide Performance ab. Wir sahen lächelnde Gesichter in der ersten Reihe und waren fest davon überzeugt, in Kürze Stars zu sein. Ich umfasste den Gitarrenhals lockerer und begann mit leichterer Hand und weniger verkrampft zu spielen.

»Now Leroy's more than trouble,
you see he stand 'bout six foot four,
all those downtown ladies call him ›treetop lover‹,
all the men just call him ›sir‹ …«

Die zweite Strophe lief sicher, ich sang mit Überzeugung, und ich war im Begriff, den Refrain mit voller Wucht ins Publikum zu schleudern.

Dies ist es, wofür Irland lebt, dachte ich. Wenn der Refrain kommt, will niemand Zuschauer sein – alle wollen vorne am Mikrofon sein, hinunterblickend auf stolze Eltern und Verwandte, die längst wissen, was nun offenbar wird: dass dieses Kind vor ihnen ein stimmliches Wunder ist.

Vielleicht hat nicht jeder Ire die Stimme eines Opernsängers, doch wir alle besitzen die Gabe, Menschen auf eine große Reise des Gesangs mitzunehmen. Ich war bereit, sie aus ihren Sitzen zu reißen, sie mit hinaufzutragen – dorthin, wie Jimi Hendrix es nannte: *»kissing the sky«*.

Und genau in diesem heiligen Moment schlug das erste Desaster zu.

»... and he's b– ...«

Mein Mikrofon fiel aus – kein Ton. Dort, wo in den verrauchten Pubs Irlands längst alle »Bad, Bad Leroy Brown« mitsingen würden, hörte man im Saal nur ein enttäuschtes Blöken. Fünfhundert Schüler klangen wie eine Schafherde: »Baaaa ...«

Mr Ryan stürmte auf die Bühne, griff sich das Mikro vom Keyboard und stellte es vor mich. Ich wich seitlich aus, wartete auf meinen Einsatz und stürzte mich wieder in den Refrain. Doch – zweites Desaster: Kaum hatte ich ein weiteres »Baaa« herausgebracht, starb auch das Ersatzmikro. Der Klebstoff löste sich, die Band rückte vorsichtig von mir ab, und ich konnte das Entstehen eines lebenslangen Spotts förmlich in der Luft riechen. Sekunden später erschien Mr Ryan wieder mit einem weiteren Mikrofon. Nun standen schon zwei tote und ein drittes, noch hoffnungsvolles Mikro vor mir. Ich wich erneut zur Seite und begann die dritte

Strophe – wissend, dass ein weiterer Refrain tödlich enden könnte, aber entschlossen, weiterzumachen. Die Band war inzwischen nur noch physisch anwesend. Ich spürte kalten Schweiß an meinem Rücken und wusste: der Absturz naht.

Und natürlich hatte ich recht. Mikro #3 starb. Mikro #4 gleich hinterher. Als Mikro #5 aufgestellt wurde, dämmerte mir: Ich war mittlerweile kein Teil einer Band mehr, sondern ein Solokünstler – und zwar einer, der vor fünf verschiedenen Mikrofonen stand, als würde er eine Pressekonferenz geben. Das Publikum schwankte zwischen ungläubigem Staunen und unterdrücktem Gelächter. Für einen Moment rettete sie die Schockstarre. Dann kam das Murmeln. Hände vor den Mündern, kichernde Augen. Ich atmete tief ein – und da hörte ich: Resonanz. Eines der Mikrofone lebte! Die Frage war nur: welches? Also begann ich, leise den Refrain zu singen, so intim wie möglich. Ein alter Musikertrick: Man lässt das Publikum glauben, man versinke gerade in den tiefsten Winkeln seiner Seele. In Wahrheit suchte ich fieberhaft nach zwei Dingen – nach der richtigen Textzeile und nach dem einen verdammten Mikrofon, das noch funktionierte. Während ich sang, schwankte ich von links nach rechts wie ein Halm im Wind, horchte, tastete, probierte. Am Ende blieben zwei Verdächtige übrig. Ich hob die Stimme, sah zur Band – mein Blick irgendwo zwischen flehend und befehlend. In mir schrie alles: *JETZT, LOS!*

Der Drummer begann, einer nach dem anderen folgten die übrigen, und wir bauten eine Rampe aus Klang, die mich hinaufkatapultierte in den Refrain. Gemeinsam, mit Kraft, im Gleichklang. Das eiserne Gesetz jedes Liveauftritts: Wenn alles auseinanderzufallen droht – explodiere am Ende zusammen, und es ist vergeben.

»and he's bad, bad Leroy Brown,
the baddest man in the whole damn town,
badder than old King Kong,

meaner than a junkyard dog …
and he's bad, bad Leroy Brown …«

Diesen letzten Refrain hätte ich endlos wiederholen können. Es gibt diesen Moment der Erlösung, wenn alle zusammenfinden – verloren in der gemeinsamen Lust am Singen. Der Sänger ist nur der Katalysator, der Schlüssel, der die verborgenen Türen zu Gefühlen und Erinnerungen öffnet.

Was nach dem Ende des Songs geschah, weiß ich nicht mehr genau. Wahrscheinlich starrten wir uns einfach erleichtert an.

Wir hatten überlebt. Unser »Street Credibility«-Konto war zwar noch immer kläglich leer, aber wir hatten zumindest einen kleinen Funken gewonnen – und das Gefühl, dass wir anders waren, auf eine gute Weise.

An jenem Tag wäre es bedeutend einfacher gewesen, im Publikum zu sitzen und die nächste arme Seele auf der Bühne auseinanderzunehmen – so, wie Kinder es eben tun. Aber aus irgendeinem Grund wollte ich auf der Bühne stehen. Nicht unten, nicht draußen. Oben.

Die meisten Musiker, die ich kenne – vor allem die erfolgreichen –, behaupten, sie hätten das Musikerdasein nicht gewählt. Es sei ihnen einfach passiert. Doch die Wahrheit ist: die ersten Auftritte können brutal sein, entmutigend, herzzerreißend. Aber genau dort trennt sich, wer aufhört – und wer bleibt. Denn wenn du auf der Bühne stehst und trotz aller Katastrophen weitermachst, spürst du etwas, das sich nicht verleugnen lässt. Etwas, das dich zwingt, weiterzugehen. Jedes überstandene Desaster ist wie eine kleine Anzahlung auf den Erfolg. Vielleicht wussten wir es damals noch nicht, aber wir hatten begonnen, in die Fußstapfen unserer Helden zu treten.

Ob ich ins Publikum geschaut habe, erinnere ich nicht. Wahrscheinlich nicht. Wahrscheinlich habe ich nur geatmet, um Fassung gebeten und an den nächsten Song gedacht.

In der Schulaula, nach dem Auf und Ab unseres Auftritts, blieb nur noch ein funktionierendes Mikrofon, ein Song – und ich. Springsteens »The River« war mein zweites Lied, und ich sang, als müsste ich mein Herz retten. In dem Moment wusste ich: Wenn ich ehrlich zum Song war, würden alle im Raum es spüren.

Kein Hollywood-Ende, keine große Heldengeschichte – aber ein Augenblick, in dem ich mich mit mehr Menschen verband, als es Worte je könnten. Ich sang die Zeilen, als wären sie meine eigenen. Und vielleicht waren sie das auch. So ist es mit Liedern, die dich wirklich erreichen: Sie stammen nicht aus deiner Hand, aber sie kommen aus deinem Herzen.

Ich bin mir sicher, dass manche Nonnen und Brothers mit der Textzeile über Marys Schwangerschaft ihre Probleme hatten. Doch Irland war nie frei von solchen Geschichten – wir schwiegen nur lieber darüber, und im Schweigen lag der Schmerz.

Als die Vorstellung zu Ende war und der Applaus meiner Mitschüler langsam im Geräusch des Aufbruchs und Zurückkehrens in den Unterricht verklang, blieb ich mit meiner Gitarre auf der Bühne stehen – als wollte ich sicherstellen, dass niemand vergaß, wer da gerade gespielt hatte. Ein Schüler aus der dritten Klasse, Ricky, kam auf mich zu, bat um die Gitarre und spielte sie wie ein Virtuose. Ich versuchte, seinen Auftritt abzukürzen, um nicht meinen eigenen zu überschatten, doch tief in mir wusste ich: Hier stand einer der vielen Musiker, die mir in meinem Leben begegnen würden – Menschen, die weit besser waren als ich, aber nie genug an sich glaubten. Oder hatten sie einfach nie den Ruf gehört, der gerade immer lauter wurde?

Die Schulband spielte nie wieder zusammen. Für die meisten war unser Auftritt nur ein Stolperstein auf dem Weg. Doch für mich war es der Anfang, der Moment, der mich als Musiker formen würde.

Pride

Mittlerweile war ich fünfzehn Jahre alt und stolze 1,83 Meter groß, aber sehr schlaksig. Zudem war mein Gesicht mit Pickeln in allerlei Formen und Größen bedeckt. Kurz gesagt: Ich war schwer gezeichnet von einer Explosion der Hormone. Kein Gesichtsreiniger, kein noch so heißes Wasser konnte verhindern, dass vor allem meine Nase immer wieder von gewaltigen roten Kratern übersät war. Mit Pickeln umzugehen, war eine gefährliche Angelegenheit: Man musste sich voll committen – sonst riskierte man Narben fürs Leben. Viele Morgen vor der Schule stand ich mit dem Föhn vorm Spiegel und versuchte, die Biester einfach wegzubrennen. Schön habe ich mich nie gefühlt, aber ich wollte auch nicht als der »Schul-Oger« enden.

Rückblickend war ich anders als die meisten in meinem Alter. Ich hatte sieben Schwestern, ich hatte knapp den Tod überlebt, als mein Blinddarm durchbrach, und seit den Sommerferien arbeitete ich illegal hinter dem Tresen in *Dowling's Pub*. Mit dem Geld konnte ich meine Zigaretten und Klamotten finanzieren und etwas zur Familienkasse beisteuern. Der Moment, meiner Mutter Geld in die Hand zu drücken, war ein stolzer. Vielleicht nicht unbedingt nötig, aber es fühlte sich an, als würde ich meinen Teil leisten. Meine Eltern unterstützten das – auch wenn mein Verdienst in Wahrheit kaum für meine Schulbücher reichte. Aber immerhin: Ich trug bei, und das zählte.

Doch anders zu sein ist in ländlichen Gegenden Irlands nicht immer von Vorteil – oft genug bedeutet es nämlich, dass man ein Ziel auf dem Rücken trägt. Die Gesprächsthemen der Jungs in meinem Alter drehten sich fast immer um dieselben Dinge:

- **Die Farm.** Etwa die Hälfte meiner Klasse kam vom Land und half auf dem Hof.
- **G.A.A.** (Gaelic Athletic Association). Also Football oder Hurling – der zweitschnellste Ballsport der Welt.
- **Die englischen Fußballligen.** Wir alle spielten Fußball – oder Soccer. Der Unterschied war einfach: Die Iren spielten Football, die Engländer Soccer.
- **Anstehende Schlägereien.** Irgendwer hatte immer mit irgendwem ein Hühnchen zu rupfen, und in der Mittagspause oder nach dem Unterricht wurde das im Feld oberhalb der Schule geklärt.
- **Mädchen.** Genug gesagt.

Die Landwirtschaft war nie wirklich mein Thema, aber da ich im Pub arbeitete, waren viele meiner Kunden Bauern. Also lernte ich, so zu reden, dass es nicht auffiel, wie wenig Ahnung ich eigentlich hatte. Es war eine Form von Höflichkeit – man ließ die Männer spüren, dass sie willkommen waren, dass sie unter ihresgleichen waren.

»How are we?« (Das königliche »Wir« – gemeint ist: »Wie geht's dir?«)

»Good, thank God.« (Automatische Antwort, selbst wenn man in Flammen stand und brennend durch die Hauptstraße lief.)

»Did you get it in?« (Heißt: Hast du geerntet, was immer du anbaust?)

»We did, but it's very wet.« (In Irland fast schon Standard – es regnet schließlich ständig.)

»A pint and a small one, and no bishop's collar, mind you.«

Ein *small one* war ein Whiskey – und in Irland gab es damals in jedem Pub nur zwei Marken: Paddy oder Powers. Die Wahl war weniger Geschmacksache als Familientradition, so wie bei den politischen Parteien. Ein Pint Guinness dagegen war Wissenschaft – nein, Religion. Der cremige Schaum musste dick genug sein, um Spuren am Glas zu hinterlassen, aber dünn genug, dass man noch trinken konnte. Der perfekte »Kragen« hatte die Breite eines Daumens.

Diese Männer waren harte Arbeiter und verdienten Respekt. Hände wie Schaufeln, Körper wie Mauern. Ihre Söhne versuchten, es ihnen gleichzutun: hart, emotionslos, weil auf dem Hof kein Platz für Sentimentalität war. Durch meine Freundschaft mit John »Bottles« Martin und die vielen Bauern, die den Pub frequentierten, fand ich langsam meinen Platz. Auch wenn ich ein großmäuliger Townie und Sohn eines Garda war – ich wurde akzeptiert. So gerade eben.

Die **GAA** (Gaelic Athletic Association) war für irische Jungen das große Schaufenster. Dort bewies man sich, dort zeigte man, was man wert war. Ich war kein Naturtalent, aber als Torhüter immerhin ein Hoffnungsträger. Mal spielte ich glänzend, mal miserabel –

weshalb das Komitee mehr Frage- als Ausrufezeichen hinter meinen Namen setzte. Also ließ man mir ein langes Seil, und ich wurde Keeper des Lokalteams.

Ähnlich im Fußball: Ich konnte mithalten, aber ich war kein Wunderknabe. Andere in meinem Alter hatten echtes Talent – ich aber hatte den Willen. In meiner Übermotivation brach ich mir den Daumen, als der Trainer mir demonstrieren wollte, wie man einen Ball unten links aus dem Eck fischt. Er, ein gestandener Semi-Profi, ich ein übermütiger Teenager – Ergebnis: Ball gehalten, Daumen gebrochen. Ich war raus beim Soccer und konzentrierte mich auf Football.

Football war mehr als Sport, es war Identität. Man spielte fürs Dorf, träumte aber vom County-Jersey. Ich trainierte ehrgeizig und trug die Brust schon ein wenig breiter, weil ich überzeugt war: Bald werde ich mein County repräsentieren. Schließlich war ich der einzige Keeper im Training.

Doch das Leben liebt Demütigungen. Im Umkleideraum, vor meinem ersten County-Spiel, flog das Trikot mit der Nummer 1 an mir vorbei – direkt in die Hände eines Spielers, den ich noch nie gesehen hatte. Ich protestierte: Er hatte nie mittrainiert! Warum also er? Der Coach hörte zu, nickte und sagte nur: *»He's a good player.«* Dann verließ das Team die Kabine, und ich blieb zurück – leer, verletzt, wütend.

Stolz ist ein zweischneidiges Schwert: Er hebt dich empor, oder er zwingt dich in die Knie. Ich verließ das County-Team – und das Local Team gleich mit. Mein Fazit, damals wie heute: *Fuck 'em.*

Wahrscheinlich hatten sie den besseren Spieler gewählt. Sport ist gnadenlos, so ist das Spiel. Aber ich wollte Respekt für meine Anstrengung. Selbst wenn ich nicht gut genug war, hätte man mir das sagen müssen – nicht mein Herz mit Hoffnung füllen, nur um es im letzten Moment zu zerbrechen.

Einige Wochen später standen zwei Mitglieder des GAA-Komitees vor unserer Tür und wollten mich zurückholen: »Die Stadt braucht dich«, sagten sie. Ich lehnte ab. Mein Vater hörte zu, ohne einzugreifen – und unterstützte mich damit stillschweigend, denn auch er hatte nicht die schönsten Erinnerungen an seine damalige Sportler-Karriere. Er selbst ein All-Ireland-Champion U21, war einst von der lokalen Mannschaft schikaniert worden: Man hatte ihm absichtlich falsche Trainingszeiten genannt, ihn allein auf dem Platz stehen lassen. Irgendwann hatte er die Stiefel in die Ecke gestellt – ein stiller, stolzer Protest. Sie hatten einen Spieler verloren, er hatte seine Würde behalten.

Ich war raus aus Football und Soccer. Nicht durch Niederlage besiegt, sondern durch Stolz getragen, ging ich aufrecht meinen eigenen Weg.

Stolz kann Türen schließen, manchmal aber auch Chancen. Doch in meinem Elternhaus war Stolz mehr als eine Laune. Er war Rüstung. Er war das Erbe der Geschichten, die Tanten und Onkel erzählten – von Helden, die unseren Namen trugen. Er schützte dich gegen Spott, gegen das, was dir von außen auferlegt wurde: den Beruf deines Vaters, den Namen deiner Mutter, die Last deiner Herkunft. Vielleicht wäre das Leben ohne Stolz leichter. Aber nie so erfüllt wie der Moment, in dem du sagen kannst: *Ich habe mein Bestes gegeben, ich habe standgehalten, und ich habe meinen Namen mit Stolz getragen.*

Schlägereien in Irland gehörten einfach dazu. Als Jugendlicher akzeptierte man sie so selbstverständlich wie den Regen. Es ging ständig darum, seine Männlichkeit zu beweisen. Ich weiß nicht, ob es in den Städten anders war, aber auf dem Land sprach man mit Fäusten oder mit Füßen. Du standest und kämpftest – oder du ranntest und verstecktest dich. Manchmal war es sogar besser, eine Abreibung einzustecken, als davonzulaufen. Der Pausenhof war ein hormonelles Schlachtfeld, ständig rempelte einer den anderen an, nur um einen Konflikt loszutreten. Es war kein organisiertes Verbrechen, nur das Bedürfnis, jemanden herauszufordern, der dein »Coming of Age« bestätigte. Jeder verlor mal eine Prügelei. Das war in Ordnung. Solange du mit Würde gingst, bekamst du den Respekt deiner Mitschüler.

Eine Schlägerei von damals war geradezu prädestiniert, legendär zu werden: Ein Metalhead – lange Haare, Fan von Heavy Metal – hatte einen stillen, übergewichtigen Bauernburschen beleidigt. Die Beleidigungen zogen sich über eine ganze Woche. Da der Bauer nicht reagierte, hielt der Metalhead das für Schwäche und forderte ihn schließlich zum Kampf auf. Am Mittwochnachmittag nach der Schule zog die gesamte Schülerschaft hinaus aufs Feld hinter der Schule. Die Stimmung glich einem Festival – Busse blieben leer, niemand wollte dieses Spektakel verpassen. Der Metalhead wärmte sich mit Schattenboxen und *Karate Kid*-Bewegungen auf. Er hatte sich für den Anlass herausgeputzt: Muskelshirt, Jeans, Stirnband. Er hätte glatt in einem billigen 80er-Jahre-Actionfilm mitspielen können. Schüler und Schülerinnen bildeten einen Kreis – einen menschlichen Boxring. Er setzte einen Mundschutz ein, fuchtelte noch ein paar Mal in die Luft – und der Kampf begann.

Jeder, der schon mal an einer Schlägerei beteiligt war, weiß, dass sie meist nach wenigen Sekunden vorbei ist. Nicht das Schubsen oder die Sprüche, sondern die entscheidenden Augenblicke zwischen erstem Schlag und Kapitulation. Meist schneller vorbei, als bei Netflix die »Intro überspringen«-Taste aufpoppt. Ein Schlag entscheidet alles:

Du triffst hart, verletzt den Gegner, und Tränen oder Blut holen Bruder, Schwester oder Freundin auf den Plan.

Du triffst, stellst fest, dein Schlag macht ihn nur wütend – und hoffst dann auf Bruder, Schwester oder Freundin, die den Kampf abbrechen.

Ging es nur in Irland so brutal zu? Ganz sicher nicht. Das waren die 80er. Kein Internet, zwei Fernsehkanäle und der Titelsong von Rocky III, »Eye of the Tiger« in den Charts. So lief das damals, auch wenn es heute steinzeitlich klingt, hat es mir geholfen, mich auf das Leben mit seinen Rückschlägen vorzubereiten.

Der Metalhead atmete tief ein, rannte los – auf den Bauernjungen zu, dessen Gesicht rot anlief, der es hasste, von allen angestarrt zu werden. In Zeitlupe sahen wir, wie die dünne Gestalt mit wehenden Haaren auf den Gegner zueilte. David gegen Goliath – nur hatte David vergessen, die Steinschleuder mitzunehmen.

Der erste Schlag des Metalheads sah aus, als hätte er sich das Handgelenk verstaucht – so hart war der Schädel des Bauern. Goliath reagierte mit zwei Ohrfeigen, packte den Gegner und warf ihn zu Boden. Er kämpfte nicht, er beendete den Kampf. Der Metalhead rappelte sich hoch, blutete aus dem Mund und war zu dumm oder zu unerfahren, um zu begreifen, dass er verloren hatte. Er schlug ins Leere, wie in Trance. Der Bauernjunge drehte sich um und ging. Damit war die Schlägerei vorbei.

Uns allen war klar, wer gewonnen hatte – nicht nur, weil er der Stärkere von beiden war, sondern vor allem, weil er den Rückzug angetreten hatte, um seinen Gegner nicht schlimmer als nötig zu demütigen. Beide kamen am nächsten Tag wieder in die Schule. Nach einer Woche Spott begann der Metalhead die Geschichte umzuschreiben: Er sei gar nicht besiegt worden, der Gegner habe den Ring einfach verlassen, also sei der Kampf »unentschieden«. Und so verblasste die Episode, bis die nächste Schlägerei kam. So lief das damals ab, wenn man als Junge in unserer Gegend aufwuchs.

Wenn sich nun jemand fragt, ob auch *ich* irgendwann auf der Wiese hinter der Schule meine Ehre verteidigen musste, so muss ich zugeben, mein »Coming of Age« kam erst später, nachdem ich das ländliche Idyll von Templemore verlassen hatte. Ich erinnere mich allerdings, dass ich damals einmal von einem Mitschüler herausgefordert wurde, der als ziemlicher Raufbold galt. Gegen ihn hätte ich nie eine Chance gehabt. Ich war überzeugt, er spürte keinen Schmerz, überhaupt nichts – kein Wunder, bei einer Kindheit in einer Familie mit vierzehn Kindern. Da seine Kampfansage an einem Freitag stattfand, wurde allgemein mit einer Schlägerei am Montag nach der Schule gerechnet.

Doch am Samstag davor traf ich ihn zufällig, als er allein von der Stadt nach Hause ging. Ich rief von der anderen Straßenseite:

»Martin, hast du mich Freitag herausgefordert?«

»Hab ich!«, rief er zurück.

»Und was soll das bringen?«, fragte ich – und brachte ihn damit sichtbar aus dem Konzept.

Dann ging ich hinüber, senkte die Stimme.

»Wir erzählen allen einfach, wir hätten uns heute geprügelt. Nichts Dramatisches – ein paar Schläge, und du hast gewonnen. Einverstanden?«

Er stotterte, nickte, wir gaben uns die Hand und gingen auseinander. Und so wurde aus der großen Montags-Prügelei eine Samstags-Absprache. Er bekam den Ruhm, ich behielt meine Nase, und das Publikum war trotzdem zufrieden. Win-win.

Das letzte wichtige Gesprächsthema unter Jungs in meinem Alter waren – natürlich – Mädchen.

Der Einzige, dem ich mich mit diesem Thema damals anvertraut habe, war selbstverständlich mein bester Freund Bottles. Mit fünfzehn Jahren hatte ich bereits ein Mädchen geküsst, also war ich im Vergleich zu mehr als der Hälfte meines Jahrgangs schon ziemlich weit. In diesem Alter gab es bei uns nämlich kaum Kontakt zwischen Jungen und Mädchen.

Als Kinder spielten alle zusammen. Doch sobald man alt genug war, um den Unterschied zwischen Jungs und Mädchen zu erkennen, war es, als verlöre man gleichzeitig die Fähigkeit, miteinander zu sprechen. Die Mädchen wurden schüchtern, und die Jungs gaben vor, andere Interessen zu haben. Ich hatte damit kein Problem – sieben Schwestern hatten mich früh gelehrt, wie man mit Mädchen redet. Eher fiel es mir schwerer, mit meinem eigenen Geschlecht klarzukommen. Ich war in gutem Kontakt mit meiner »weiblichen Seite«. Und das machte mich – wieder einmal – anders. Und anders zu sein war gleichbedeutend mit einer Zielscheibe auf dem Rücken.

Einmal verriet ich beiläufig, dass ich Interesse an einem Mädchen aus dem Nachbardorf hatte, Mary. Ich sprach nicht mit ihr darüber, ließ es nur in einer Unterhaltung mit Freunden fallen. Zwei Tage später war das Gerücht längst durchs Dorf geflogen – und Marys Ex-Freund hatte 20 Jungs mobilisiert, um auf Fahrrädern in meine Stadt zu radeln und mir meine Schwärmerei auszutreiben. Es war nicht ungewöhnlich, dass ein ganzes Dorfkommando auf Raleigh-Rennrädern anrückte, um die Ehre einer Frau zu verteidigen. Stolz war damals ein hohes Gut.

Glücklicherweise war ich an diesem warmen Sommertag gerade mit ein paar Freunden in den Bergen unterwegs. Auf dem Rückweg begegnete ich einem der zwanzig, der sich von der Gruppe abgesetzt hatte. Er fuhr mir entgegen und brüllte: »Bist du Garvey?«

»Bin ich. Und du bist?«, entgegnete ich selbstbewusst.

»Lass Mary in Ruhe, ansonsten machen wir dich fertig!«

»Wer sagt das?«

»Drum sagt das!« (Drum hieß das Dorf, in dem die zwanzig Jungs wohnten.)

»Fuck you!« Da wir im Gegensatz zu ihm zu dritt waren, hatte ich den Mut dagegenzuhalten.

»Du hast es gehört, sag also hinterher nicht, dass dich niemand gewarnt hat!«

Der Fluch war damit ausgesprochen, und ich wusste, dass ich ihn ernst nehmen musste. Ich fragte meine beiden Klassenkameraden, ob ich auf sie zählen könne, falls es hart auf hart käme. Doch von beiden bekam ich ein klares »Nein« zu hören. Schönen Dank auch, Jungs. Fairerweise muss ich jedoch erwähnen, dass Drum berüchtigt für seine fiese Bande war, von daher war ihre Absage verständlich. Es sah so aus, als sei ich auf mich allein gestellt. Doch durch ein kleines Wunder stellte ich am nächsten Morgen fest: Ich hatte kein Interesse mehr an Mary. Damit war das Problem erledigt. Wie heißt es so schön? Ein kochender Kessel brodelt nur, solange er auf der Flamme steht.

Für die meisten jungen Männer war eine Freundin damals eher ein Statussymbol oder eine Art Trophäe, womit Mann sich schmückte. Wenn junge Männer eines zuverlässig tun, dann ist es, wegen Frauen die Fäuste zu schwingen – oft schon, bevor sie überhaupt gelernt haben, mit ihnen zu reden.

Bereits als First Year in der Secondary School erinnere ich mich, wie wir von den älteren Jungs eingesammelt wurden: Es gebe eine Schlägerei im Park, und wir müssten als Schule geschlossen auftreten – gegen die Tech, die »Technical School«, unsere ewige Konkurrenz. Ich hatte keine Ahnung, warum wir dort hinmussten, aber ich war dabei. Im Park sah man unsere weinroten Pullis und grauen Hosen überall. Gleichzeitig marschierten die Tech-Boys in Blau und Grau auf – Gleichstand, zwei Heere, bereit zum Aufprall. Dann die Explosion: eine Welle junger Körper prallte aufeinander. Staub flog, Fäuste krachten, Stimmen schrien, und nach Minuten begann der Rückzug. Ich erinnere mich nur, wie ich in Richtung Kampf rannte, ohne zu wissen, was ich dort eigentlich tun sollte. Glücklicherweise war alles vorbei, bevor ich ankam. Später erfuhr ich: Es ging um ein Mädchen. Natürlich. Wie schon gesagt – Gesprächskultur war nicht gerade die Stärke junger irischer Männer. Wurde einer in seinem Stolz verletzt, mussten wir gemeinschaftlich Vergeltung üben – egal, um wen oder was es ging.

Dowling's

Mein erster Abend hinter der Theke von *Dowling's Public House* in Templemore fühlte sich an, als würde ich unvorbereitet in ein Theaterstück stolpern, für das ich nie geprobt hatte. Ich war vierzehn, zu jung für den Zapfhahn und definitiv zu grün für die Sprücheklopferei der Stammgäste – aber alt genug, um mich wichtig zu fühlen.

Der Geruch von Bier und Rauch, das dumpfe Knallen der Gläser, die Stimmen, die ineinanderflossen – es war einschüchternd und elektrisierend zugleich. Ich war mittendrin in einem Mikrokosmos, in dem Bauern, Lehrer, Gardaí und junge Halbstarke sich in zwei Räumen die Köpfe vollgossen, aber sich dabei streng an unsichtbare Regeln hielten: Keine Politik. Keine Religion. Alles andere war erlaubt – Spott, Lachen, Geschichten und das Gefühl, für einen Abend lang unsterblich zu sein.

Paddy war ungefähr dreißig, alleinstehend, groß und hager und trotzdem erstaunlich kräftig. Er war Meister in der Kunst, jeden, der seine Regeln oder seine Autorität infrage stellte, von seinem Sitzplatz zu ziehen, auf die Füße zu stellen und wortlos zur Türe hinauszubefördern. Genau wie sein Vater vor ihm stellte Paddy die Regeln auf, und wie die meisten Pub-Besitzer in Irland ließ er keinen Zweifel aufkommen, dass diese ungeschriebenen Gesetze, die den Frieden wahrten, auch eingehalten werden. Die Jugendlichen des Ortes allerdings scherten sich herzlich wenig um Regeln. Sie wollten nur laut sein, trinken und Spaß haben. Sie kamen ins *Dowling's*, um die Lautstärke aufzudrehen, bevor sie fünfzehn Meilen weiter zum nächsten Pub fuhren. Religion und Politik spielten in ihrem Leben keine Rolle, und ihnen war klar, dass sie früher als ihnen lieb war die Rolle ihrer Väter übernehmen würden. Trotzdem schien diese Zukunft noch in weiter Ferne zu liegen. Für den Moment zählte nur eins: glücklich sein, sorglos und frei.

An einem Samstagabend begann ich vorne an der Bar meine erste Schicht. Paddy hatte mir gezeigt, wie man ein Guinness richtig einschenkt: langsam, mit Geduld, fast so, als wäre es ein Ritual. »Das ist kein Getränk, das ist ein Prozess«, meinte er und ließ mich üben, bis die Schaumkrone saß. Kaum war mein erstes Pint über den Tresen gegangen, lernte ich die zweite Lektion: Erwachsene sind im Grunde nur Kinder mit größeren Schuhen. Die schlauen Kommentare und ihr kindlicher Spott waren, wie ich später lernen sollte, die typische Taufe für einen Anfänger hinter der Bar, besonders für einen Teenager wie mich. Dann ging das Geschrei los.

»Ein warmes Pint Stout!«, brüllte einer quer durch den Raum, nur um mich zu verwirren. Warmes Guinness gibt es natürlich nicht, aber mit meinen vierzehn Jahren – ohne jemals selbst ein Pint getrunken zu haben – war ich ahnungslos.

Deshalb war ich mir auch sicher, dass genau das der Grund war, warum man erst ab achtzehn legal in einem Pub arbeiten durfte: Dann kannte man sich wenigstens mit den Basics aus. Eigentlich hätte ich erst in vier Jahren legal Alkohol ausschenken dürfen; bis dahin war ich bestimmt hochqualifiziert für den Job.

Ob es jemanden störte, dass ich minderjährig Alkohol ausschenkte? Kaum. Ich war groß für mein Alter, und viele meiner Gäste hatten selbst schon als Teenager auf dem Feld gearbeitet. Auf dem Land galt: Ärmel hochkrempeln, mit anpacken – egal ob zu Hause oder im Pub. Geld verdienen hieß erwachsen werden. Illegal? Vielleicht. Aber die Garda schickte keine Streifen los, um

Vierzehnjährige festzunehmen, die ordentliche Pints zapften. Und das tat ich.

»Seh ich etwa aus wie ein Priester?!«, brüllte der Nächste, als der Schaum auf seinem Guinness breiter war als ein Daumen. Eine wichtige Lektion: Zu viel weiß, zu wenig schwarz – und der Zorn des Trinkers ist dir sicher.

Auch die Handzeichen deuten zu können, war wichtig, wenn jemand so sein Getränk bestellte. Vielen Männern, die ihr Leben lang in der Glasfabrik gearbeitet hatten, fehlten ein oder mehrere Finger. Ein hochgestreckter Finger neben einem Stumpf konnte heißen: »Ein Pint und einen Whiskey.« Es wäre eine Beleidigung gewesen, den Stumpf infrage zu stellen – also servierte ich lieber gleich zwei Drinks. Sollte sich der Gast dann beschweren, er habe nur ein Bier gewollt, entschuldigte ich mich mit einem Whiskey – der sowieso schon auf dem Tresen stand.

Ob ich Barmann war oder Kummerkasten, wusste ich bald nicht mehr. Männer schütteten mir ihr Herz aus, erzählten von ihren kaputten Ehen, ihren Schulden oder ihrem Pech im Leben. Bald wusste ich: Alkohol ist wie ein Schraubenzieher, der die Scharniere der menschlichen Stabilität lockert. Probleme gab es immer, und Alkohol vergrößerte sie wie unter einer Lupe. Meine Aufgabe war nicht, Ratschläge zu geben, sondern zuzuhören und zustimmend zu nicken.

Ich habe in diesem Pub gearbeitet, bis ich siebzehn war. Bis dahin hatte ich so viel Erfahrung gesammelt, dass Paddy mir schließlich die Verantwortung übertrug, auf- und zuzusperren, bei den Lieferanten Bestellungen aufzugeben, die Flaschen an der Bar aufzufüllen (immer mit dem Etikett nach vorne!) und den ganzen Laden von oben bis unten zu putzen.

Ich verbrachte mehr Zeit dort als mit irgendeiner Freundin in dieser Lebensphase.

Man könnte vielleicht annehmen, ich hätte dabei gelernt, dass

Alkohol ein Gift ist, welches in Übermaßen genossen das Leben zerstört. Paddy ermutigte mich zwar regelmäßig, ein Glas zu probieren, aber ich hatte bei meiner Firmung mit zwölf Jahren in der Kirche geschworen, dass ich bis achtzehn keinen Alkohol trinke. Wir nannten uns Pioniere, und sobald man das Gelöbnis abgelegt hatte, bekam man eine kleine Medaille, mit der man demonstrierte, dass man keinen Alkohol trank. Es hatte folgenden Wortlaut: *»I promise to abstain from all intoxicating drinks except used medicinally and by order of a medical man and to discountenance the cause and practice of intemperance«* (übersetzt heißt das in etwa: »Ich verspreche, mich aller berauschenden Getränke zu enthalten, es sei denn, sie werden zu medizinischen Zwecken und auf Anweisung eines Arztes eingenommen, ich lehne Ursache und Praxis der Maßlosigkeit ab.«)

Doch wie das im Teenageralter so ist, wurde ich neugieriger. Es kam der Tag, an dem die Verlockung stärker war als meine Beherrschung, und ich trank ein Bier. Damals war ich siebzehn Jahre alt und hatte einen schwachen Moment. Die Stammgäste erklärten solidarisch, es sei ja »medizinisch« und somit kein Bruch des Gelübdes. Sosehr ich ihre Solidarität und Unterstützung auch schätzte, konnte ich mich selbst nicht belügen. Ich legte die Medaille ab.

Danach trank ich bis zu meiner Volljährigkeit keinen Alkohol mehr. Aber als es so weit war – mein erster offizieller Abend, meine Initiation ins Erwachsenenleben –, scheiterte ich glorreich. Wie alle vor mir.

Die Bar war in diesen Jahren mein Leben. Musik lief eher im Hintergrund, wie eine Art Geheimfach, das ich nur öffnete, wenn ich allein war und meine Gedanken sortieren musste. Was ich hingegen liebte, war das Klingeln, wenn Paddy am Haustelefon meiner Eltern nach mir fragte. Für mich war es jedes Mal ein Ruf hinaus in die Welt. Ich nahm den Hörer ab, sah meine Mutter an und wartete auf ihr Nicken – dann schwang ich mich aufs Fahrrad und radelte los zu *Dowling's*, um ein paar Stunden zu arbeiten.

Weil ich meinen Job gut machte, wanderte Paddy allmählich von einer Seite des Tresens zur anderen. Aus einem großartigen Chef wurde mit der Zeit ein noch besserer Stammgast. Manchmal allerdings wartete er gar nicht erst, bis ich ankam. Schon beim Hereinkommen in die Bar wurde ich von Gästen empfangen, die bedient werden wollten, während Paddy schnarchend einen Stock höher im Bett lag, um am helllichten Tag seinen Rausch auszuschlafen.

Ich übersprang eine ganze Menge in meiner Jugend, während ich mich mit all diesen Erwachsenen in der Bar abgab. Die üblichen Teenager-Probleme ließ ich aus, denn sie schienen mir ziemlich trivial im Vergleich zu dem, was manche Erwachsene durchmachten. Wenn die Damen aus der Lounge mich ins örtliche Nachtlokal einladen wollten, ließ sich schwer erklären, dass ich mir zu Hause mit vier Schwestern ein Zimmer teilte und mein Fahrrad schlecht in den Kofferraum passen würde. Also entwickelte ich eine Taktik aus Nicken und Lächeln, die meine Unschuld zu wahren half. In Wahrheit war ich ein pickliger Teenager mitten in der Pubertät, umgeben von lauter Erwachsenen. Meine Sorge war weniger, ob das Mädchen drüben mein Lächeln mochte, sondern eher, ob die Frau unseres Nachbarn morgen noch wusste, dass ich mitschuldig an ihrem Kater war.

Während die Lounge eher für Gespräche über Glanz, Gin und »gehst du mit mir?« stand, war die Front Bar eine Schule in Landwirtschaftskunde. Beim Guinness-Zapfen lernte ich mehr über Kühe, Schafe und Bodenpreise, als ich das jemals mit einer Schaufel in der Hand getan hätte.

Das Leben eines Bauern, so erfuhr ich, ist hart: Das Land ist Erbe und Bürde zugleich. Stolz ist in Irland ein Anker – und manchmal auch der schwerste Klotz am Bein. Wer Erwartungen erfüllt, wird auf Schultern getragen. Wer enttäuscht, beschmutzt Namen und Herkunft.

Ich selbst hatte da einen kleinen Vorteil: Ich war ein sogenannter *blow-in*. Das heißt, ich war nicht in Templemore geboren, sondern mit meiner Familie dort »hineingeweht«. (Dieses Etikett klebt gern jahrzehntelang an einem.) Wer aus dem Ausland kam, war schlicht »der Deutsche« oder »die Schwedin«. Meine Familie hatte keine Wurzeln im Ort; wir waren nur wegen der Polizeikarriere meines Vaters da. Und obwohl ich meine gesamte Schulzeit in dieser Stadt verbracht hatte, hieß es trotzdem oft, »ich sei nicht von hier«, was mich natürlich störte. *Ich* war nämlich nicht gefragt worden, wo ich geboren werden und aufwachsen wollte. Meine Eltern holten auch nicht vorher mein Einverständnis ein, als wir von Abbeyleix nach Templemore zogen. Sie zeigten mir keine Auswahl an Schulen oder fragten mich, welche Erziehungsanstalt mir wohl am genehmsten sei. Auch in die Familienplanung wurde ich nicht einbezogen (wodurch wir den Tisch inzwischen für zehn Personen deckten) – man teilte mir lediglich mit, dass wieder ein neues Geschwisterchen »unterwegs« war.

Ich fühlte mich wie ein Opfer der äußeren Umstände, wenn mich wieder einmal jemand als »Blow-in« bezeichnete.

Aber gut – auch ein Stigma hat Vorteile. Fremde wurden meist netter behandelt.

So verbrachte ich meine Wochenenden im Pub – und ich liebte es. Dort war die Welt wie ein kleines Universum, eine Bühne voller Dramen, Sketche und Lerneffekte. An einem Sonntagabend fiel meine Wirtschaftslehrerin, Miss C., durch die Kneipentür, sie besaß Anteile an einem Rennpferd, welches gerade bei einem Derby-Rennen im Vereinigten Königreich gewonnen hatte, und umarmte voller Glück und leicht wankend alles und jeden.

Ich servierte ihr einen Gin Tonic, auch wenn sie sichtlich keinen mehr brauchte. Als ihr eher ungeliebter Schüler sah ich es jedoch als meine pädagogische Pflicht, sie in ihrem Triumph zu unterstützen.

Am nächsten Morgen verteilte dieselbe Frau die Ergebnisse eines Überraschungstests. Meine Note war, wie erwartet, miserabel. Normalerweise nutzte sie mich als abschreckendes Beispiel: »Seht ihr, Kinder, wer am Wochenende im Pub jobbt, wird eben nicht klüger.« Doch diesmal stand sie im Schachmatt – schließlich war sie es gewesen, die am Vorabend im Pub gefeiert hatte. Mein »F« verwandelte sich plötzlich in ein »C«, und wir waren uns mit nur einem Blick einig, dass weder ihr übermäßiger Alkoholkonsum noch mein unerklärliches Bestehen des Tests jemals angesprochen werden würde.

Im *Dowling's* habe ich mehr über das Leben gelernt, als jedes Buch mich je hätte lehren können – und manchmal fühlte ich mich wie ein König ohne Krone, regierend über nichts weiter als ein Tuch, ein paar Gläser und die Geschichten der Menschen am Tresen.

In jener Gegend von County Tipperary war die traditionelle Musik fast so selbstverständlich wie der Regen – und Paddy liebte die Musiker, die Irlands Geschichte mit Gitarren, Bodhráns, Geigen, Quetschkommoden, Bouzoukis, Mandolinen und Gesang erzählten. Es dauerte nicht lange nach meinem Start im Pub, bis ich mein erstes »Lock-in« erlebte. Niemand hatte mir gesagt, dass es passieren würde; es war ein Sonntagabend, ich hatte am nächsten Tag Schule, weshalb ich mir vornahm, möglichst früh nach Hause zu gehen. Aber Weggehen war keine Option.

Ein »Lock-in« bedeutet: Wenn die Glocke zum letzten Mal läutet, leert der Ahnungslose sein Glas und verschwindet. Die Eingeweihten hingegen bleiben sitzen, schweigen und warten – bis die Lichter gedimmt und die Türen verschlossen sind.

Gegen sieben Uhr abends tauchten ein paar unbekannte Gesichter in der Front Bar auf. Sie schoben Koffer und Kisten unter die Tische, legten ihre Jacken darüber und tranken ihre Pints so langsam, als ginge es um eine Wette. Ich ahnte, dass da was im Busch war. Als Sohn eines Polizisten spürst du solche Dinge. Leise fragte ich Paddy. Er brummte nur: »Geh deiner Arbeit nach und sei nicht so neugierig.« Damit war mir klar, dass er Teil des Plans war – und sobald ich das wusste, war ich eher neugierig als beunruhigt.

Ich habe immer geglaubt, dass man den Dingen ihren Lauf lassen sollte – was kommen will, kommt sowieso.

Zwischen 22 und 23 Uhr herrschte die höchste Anspannung. Die Leute wurden nervös, und mit der Sperrstunde um 23 Uhr im Blick, dachte ich mir: Egal, was auch passiert, es müsste in den nächsten Minuten geschehen.

Doch das stimmte nicht.

Paddy läutete die Glocke, die Stammkunden leerten ihre Gläser und verließen den Pub. Dann zog er die Vorhänge zu und dimmte die Lichter. Ein paar der übrig gebliebenen Gäste zogen die Kisten unter den Tischen hervor und begaben sich in den Lounge-Bereich. Paddy schob die schweren Riegel in die Türen – es klang wie das Zuschlagen von Gefängnistoren. Bevor er auch die Seitentür verriegelte, sah er mich an.

»Bleibst du oder gehst du? Letzte Chance.«

Paddy wusste, dass ich der Sohn eines Garda war, und er wusste ebenso gut, dass das, was er tat, illegal war. Sperrstunde war um elf, ohne Ausnahme. Wurde man beim Bierausschenken danach erwischt, war die Lizenz sofort futsch. Aber in diesem Moment ging es nicht um ihn – es ging um mich. Würde ich mich auf die Seite meines Vaters stellen und damit nichts zu tun haben wollen? Oder würde ich Paddy die Treue halten und meinen Mund halten?

In Wahrheit stellte Paddy nie meine Loyalität zu meinem Vater infrage. Er wusste genau, dass mein Dad – ein Freund von Musik und Craic – selbst gern dabei gewesen wäre. Nein, Paddy prüfte meinen Mut, wollte sehen, welche Farbe mein Herz wirklich trug.

»Ich dimme die Lichter in der Lounge«, sagte ich. Und so begann mein erster Lock-in.

In der Lounge befanden sich kaum mehr als zwanzig Leute. Zwei Tische wurden zusammengeschoben und die Kisten und Koffer ausgepackt. Sie enthielten Instrumente, die aussahen wie Ritterrüstungen. Die Musiker stimmten kurz an, bevor sie sich setzten. Einer der Herren nahm den Hut ab und stellte sich vor als Frankie Gavin, Gründer und Geiger der traditionellen irischen Band Dé Dannan.

Plötzlich verstand ich. Frankie war gekommen, um von den Einheimischen zu lernen – von Männern und Frauen, die ihre Melodien von Eltern und Großeltern geerbt hatten, über Generationen weitergegeben. Und dann geschah Magie. Die lokalen Helden spielten Tunes, Frankie lauschte, und dann – als hätte er sie sein Leben lang gekannt – stieg er ein. Ein irisches Orchester aus dem Nichts.

Noch nie war ich so vom Klang einer Musik verzaubert gewesen wie an diesem Abend. Egal, ob ein langsames *Air* oder ein Tanzstück, wie ein *Reel* oder das noch schnellere *Jig*: Der ganze Raum war vereint, es war, als würden die Musiker einander einatmen; die Wellen der Musik flossen, drehten sich, jagten dahin, wirbelten, pirouettierten und verschmolzen schließlich zu einer erstaunlichen spirituellen Erfahrung.

Ich stand hinterm Tresen, zapfte Pints und sah, wie Paddy selig dasaß. Er sog nicht nur die Musik auf, sondern auch das, was sie bedeutete: Humor, Lebensfreude, instinktive Kraft – und das Wissen, dass Tradition nur lebendig bleibt, wenn man sie im Dunkeln, hinter verschlossenen Türen, weiterspielt.

Obwohl Paddy schon über dreißig war, so war er doch noch immer ein etwas orientierungsloser junger Mann. Seine Eltern waren früh gestorben und hatten ihm die Aufgabe hinterlassen, den

Pub weiterzuführen. Wie so viele vor ihm, tat Paddy nicht das, was er selbst wollte, sondern das, was man von ihm erwartete. Doch in diesem Moment, eingetaucht in diese Musik, vergaß er all das. Vielleicht dachte er an seine Eltern, die ihn zu früh verlassen hatten, und an seine schwindende Jugend, an die er sich einsam klammerte. Tradition und traditionelle Musik waren für Paddy nicht nur Leidenschaft – sie erinnerten ihn auch an all jene, mit denen er sie einst geteilt hatte, bevor das Schicksal ihm die Verantwortung auf die Schultern legte. Ich beobachtete, wie er immer wieder glücklich lächelte. Ich hatte keinen Bruder, aber in Paddy fand ich einen Wegweiser – älter als ich, aber jung genug, um sich noch zu erinnern, wie es war, ein Teenager zu sein.

Die Nacht endete mit Frankie Gavin. Er hob seine Geige, legte den Bogen sanft auf die Saiten und ließ den ersten Ton erklingen. Der Klang verzauberte uns alle. Niemand wagte, ihn zu begleiten. Jeder verstand, dass jetzt der Moment war, um zuzuhören. Frankie spielte für sie, es war ein Dank, ein Gruß, eine kleine Verbeugung vor den Traditionen und Menschen, die ihn eingeladen hatten. Frankie spielte vollkommen, atemberaubend, wunderschön. Der letzte Ton schwebte so leise davon, wie der erste gekommen war. Stille. Dann wurde lange applaudiert.

Das war also ein Lock-in, ein illegales Treffen in einem Pub, wo man (in Paddys Worten) »entweder dablieb oder ging«. Und in meinen Worten? Ich hatte keine mehr. Ich war sprachlos.

Paddy schob die Riegel zurück, spähte hinaus, und die Musiker und Dorfbewohner gingen paarweise in die Nacht hinaus. Ich sprang auf mein Fahrrad, fuhr nach Hause und begrüßte die ersten morgendlichen Sonnenstrahlen. Durch die Hintertüre schlich ich mich ins Haus und schlief eine Stunde, bevor ich wieder für die Schule aufstehen musste.

Ich war überrascht, dass niemand etwas zu meiner späten Heimkehr sagte. Doch jetzt, da ich das niederschreibe, fällt mir ein, dass Paddy wahrscheinlich meinem Vater gesagt hatte, »dass es spät wird«. Wie ich meinen Vater kenne, hat er mit seinem Polizeiauto einen großen Bogen um das *Dowling's* gemacht, um definitiv *nicht* mitzubekommen, was dort nach der Sperrstunde passierte. Mein Vater – selbst einst Barmann und Türsteher – wusste genau, wie sich ein verschlossener Pub nach Mitternacht anfühlt. Vielleicht wollte er nur, dass sein Sohn denselben Atem der Tradition einatmet.

In jener Nacht habe ich verstanden: Musik ist kein Schatz wie Gold oder Silber – sie hat nur den Wert, den du ihr selbst gibst. Wer sich im Dickicht aus Tradition, Heimlichkeit und Melodie verliert, dem mag sie nichts bedeuten. Doch wer wie ich ehrfürchtig staunend im Klang das große, wortlose Erzählen erkennt, der weiß: Musik ist unbezahlbar.

Leaving

Mein Vater war beim Erklimmen der Karriereleiter kaum zu bremsen. Nach mehr als einem Jahrzehnt in Templemore hatte er sich durch diverse Ränge hochgearbeitet und wurde nun zum Polizeipräsidenten befördert. Er war eine Führungsnatur und schreckte weder vor schwierigen Entscheidungen noch persönlichen Konflikten zurück. Zwar hatte er durchaus Freunde bei der Polizei, doch es gab gewisse Grenzen, die er nie überschritt. Er hielt sich an die Befehlskette und erwartete von seinen Freunden, dass sie das Gleiche taten. Einen Namen hatte er sich vor allem mit der Gründung und dem Aufbau des Garda College im Ausbildungszentrum von Templemore gemacht. Gemeinsam mit seinem Vorgesetzten und Freund, Chief Superintendent PJ Moran, half er dabei, ein Vermächtnis zu schaffen: dass Gardaí innerhalb des Dienstes eine Hochschulausbildung erhielten. Damit verschafften sie der irischen Polizei internationale Anerkennung. Ihre Ausbildung in Terrorismusbekämpfung war unübertroffen – und weil mein Vater einige seiner Freunde im Dienst verloren hatte, fühlte er sich verpflichtet, seine Männer bestmöglich auf den Ernstfall vorzubereiten.

In Templemore hatte sich meinem Vater die Chance geboten, in seiner Karriere zügig voranzukommen. Die rasante Metamorphose vom Sergeant zum Inspector und dann zum Polizeipräsidenten zeigt, aus welchem Holz er geschnitzt war.

Meine Mutter hielt ihm den Rücken frei und sorgte dafür, dass er sich ganz ehrgeizig auf seine Karriere konzentrieren konnte, ohne die Last der Familie auf seinen Schultern zu spüren. Sie bildeten eine wunderbar funktionierende Symbiose: Meine Mutter, eine schöne, junge Frau mit Hochschulabschluss, heiratete einen ehrgeizigen, jungen Polizisten vom Lande, voller Tatendrang. Als Paar waren sie mehr als die Summe ihrer Teile. Meine Mutter erinnerte meinen Vater auf ihre Weise an seine Verantwortung und ermutigte ihn, beruflich nach den Sternen zu greifen, während mein Vater meine Mutter vor seinen Kindern auf ein Heiligenpodest stellte. Er erinnerte uns täglich daran, was für eine wunderbare Mutter wir hatten, die obendrein seine geliebte Frau war. In Templemore vervollständigte sich unsere Familie auf zehn: Mutter, Vater, Sohn und sieben Schwestern. Die eine Hälfte von uns erlebte hier die Pubertät, die andere lernte laufen, sprechen und kreischen – während sie die Roscrea Road auf und ab rannten.

In meinen jungen Jahren liebte ich Templemore – so viele unvergessene Abenteuer erlebte ich dort, so viele schöne Kindheitserinnerungen sind mit diesem Ort verknüpft! Als Kind wuchs man hier wohlbehütet auf, es gab so gut wie keine Gefahren (darüber wachten 500 Gardaí!), man fühlte sich sicher gebettet, als Teil einer Gemeinschaft. Erst später im Leben erkannte ich, dass Templemore für junge Erwachsene leider auch eine Sackgasse war: Wer nicht in der Landwirtschaft oder bei der Polizei arbeitete, für den hatte es wenig zu bieten.

Als Dad zum Polizeipräsidenten befördert wurde, bedeutete das, dass wir eigentlich umziehen mussten. Nach seiner letzten Beförderung zum Inspector war mein Vater nach Dublin versetzt worden, um mit dem Commissioner zu arbeiten, seinem dortigen Chef. Meine Eltern beschlossen, dass es besser sei, als Familie in Templemore zu bleiben, als uns Kinder zu entwurzeln und nach Dublin zu ziehen. Folglich verließ mein Vater zwei Jahre lang jeden Morgen um sechs Uhr das Haus, um mit dem Zug in die Hauptstadt zu fahren. Nach einem langen Arbeitstag kehrte er mit dem letzten Zug nach Hause zurück, kaum rechtzeitig zum Abendessen.

Nach dieser Zeit in Dublin wurde er dann wieder ans College in Templemore zurückbeordert – alles in allem bestimmt keine leichte Zeit für meine Eltern. Die Verantwortung war gewachsen, da sie nun eine Hypothek zu bedienen und eine große Familie zu ernähren hatten. Da mein Vater die meiste Zeit unterwegs war, konzentrierte meine Mutter ihre ganze Kraft auf die Familie. Mit der neuen Beförderung war ein Umzug jedoch unvermeidlich. Wochenlang wussten wir nicht, wohin es gehen würde. Ich erinnere mich daran, wie meine Eltern spätabends zusammensaßen und über den Umzug sprachen – und man sah ihnen an, dass es eine enorme Aufgabe war, zehn Personen umzusiedeln. Die Polizeiführung hatte meinen Vater noch nicht über seinen neuen Einsatzort informiert. Unter allen möglichen Optionen war Tralee im Süden Irlands der Favorit meiner Eltern – eine lebendige Stadt. Meine Mutter hatte dort als Jugendliche die Sommer bei Verwandten verbracht, um zu Hause Platz für jüngere Geschwister zu machen – damals in Irland üblich, da große Familien oft in kleinen Häusern lebten.

Nach einigen angespannten Wochen wurden unsere Gebete erhört: Superintendent Frederick Garvey wurde in Tralee, County Kerry (bekannt als »The Kingdom«) stationiert. Templemore war über zehn Jahre unser Zuhause gewesen – und nun war es Zeit für den nächsten Abschied.

Damals war ich siebzehn Jahre alt, wog weniger als ein Sack Kartoffeln, hatte einen niedrigen BMI und noch weniger Muskelmasse. Beim Versuch, mir die Haare zu schneiden, hatte meine Schwester Colette versehentlich am Hinterkopf eine kleine, aber auffällige kahle Stelle geschnitten. Meine Mutter sah sich das Dilemma an und bat meinen Vater kurzerhand, mit mir zum Friseur am Marktplatz zu fahren, wo sich auch die jungen Gardaí die Haare schneiden ließen. Als er dort ankam, wurde mein Vater – noch in voller Uniform – respektvoll begrüßt. Er war erst kurz zuvor von der Arbeit nach Hause gekommen und hatte sich noch nicht umziehen können. Alle jungen Kadetten erkannten sofort den Rang meines Vaters und bestanden darauf, dass ich den nächsten freien Platz in dem aus drei Stühlen bestehenden Friseursalon bekommen sollte.

Die Friseure waren alle männlich, jenseits der vierzig und trugen weiße Kittel. Sie waren gut genährt, hatten wulstige Finger, mit denen sie kaum die Schere halten konnten, und man hatte den Eindruck, sie seien allesamt in Kölnisch Wasser getaucht worden, um den unangenehmen Geruch von Zigarettenrauch zu überdecken.

Bald war ich an der Reihe, und als der Friseur die Misere sah, zückte er ohne jede weitere Erklärung seinen Rasierapparat und begann, meinen Hinterkopf ratzekahl zu rasieren. Die meisten Rasierer haben vier Einstellungen. Einstellung 4 war für junge Polizisten, die noch einen Hauch von ihrem zivilen Aussehen beibehalten wollten, wenn sie einmal keine Uniform trugen. Einstellung 3 kam bei ehrgeizigen Polizisten zum Einsatz, die wenig Zeit für den Friseur hatten und es vorzogen, jeden zweiten Friseurtermin zu überspringen, indem sie sich, wenn sie sich mal die Zeit dafür nahmen, die Haare direkt kürzer schneiden ließen. Einstellung 2 war für den Garda-Kadetten, der zu viele amerikanische Kriegsfilme wie *Apocalypse Now* oder *Full Metal Jacket* gesehen hatte. Er wollte eigentlich ein Soldat in Polizeiuniform sein, der für jeden sichtbar das Gesetz vertritt, egal ob mit oder ohne Uniform – »Gung Ho« (der Ruf, mit dem sich eine Eliteeinheit der US-Marine anfeuert), bereit zum Einsatz! Die Einstellung 1 war für diejenigen reserviert, die versucht hatten, sich die Haare selbst zu schneiden (oder die sich die Haare von ihrer Schwester hatten schneiden lassen), und dabei ein irreparables Desaster angerichtet hatten. Es war die Einstellung, die missglückte Haarschnitte spurlos verschwinden ließ und einen Neustart erlaubte. Einstellung 0 setzte einen wieder zurück auf die unterste Stufe der Frisurenleiter, frei nach dem Motto »Gehe zurück auf Los«.

»Lass oben noch ein bisschen stehen, Mick«, sagte mein Vater, als der Fußboden im Friseursalon zunehmend dem Rücken eines Bären ähnelte. Mick nickte. Mein Vater saß da und las die Zeitung. Er schielte ab und zu hinter den Seiten zu mir herüber und grinste seinen inzwischen halb kahl geschorenen Sohn an. Nicht, um sich über mich lustig zu machen. Er genoss es lediglich, zuzusehen, wie sein Sohn einen Junge-Männer-Haarschnitt verpasst bekam, es gefiel ihm zu sehen, wie schnell ich von einem Bürschlein, dem die Haare in die Augen und über die Ohren hingen, zu einem Jugendlichen mit ordentlich rasierten Seitenpartien und einem Flat Top wurde. Ich sah immer noch etwas jünger aus als die Kadetten, die ebenfalls interessiert meiner wundersamen Verwandlung im Friseursalon folgten, aber in den Augen meines Vaters hatte sich dieser Altersabstand sichtlich reduziert. Er lächelte, denn obwohl der schockierte Ausdruck auf meinem Gesicht wahrscheinlich zum Brüllen war, freute er sich, seinen Jungen reifen zu sehen. Für ihn war es ein stolzer Moment, den er durchaus genoss.

Um die Qualität seiner Frisur zu beweisen, hatte Mick seine ganz eigene Methode. Er drehte mich auf dem Friseurstuhl zu meinem Vater gegenüber. Als letzte Maßnahme, um die perfekte Länge der Stoppeln zu überprüfen, die nun zwei Drittel meines Kopfes bedeckten, zündete er ein Streichholz an meinem Hinterkopf an. Ehrlich gesagt bin ich mir nicht ganz sicher, ob es tatsächlich mein Kopf oder doch eher der Stuhl war, an dem er das Streichholz anzündete, aber das war nun auch vollends egal. Das Resultat war ein Raum voller lachender, junger Männer in der gleichen Situation wie ich – damit war meine Initiation abgeschlossen.

Zuhause angekommen, fiel beim Anblick meiner neuen Frisur der Begriff »Fairway« (der kurzgeschnittene Rasen auf einem Golfplatz). Meine Mutter würdigte meinen Vater keines Blickes und signalisierte ihm damit auch, dass sie ihn gerne einmal kurz unter vier

Augen sprechen würde. Der einzig mögliche Haarschnitt, um den missglückten Haarschneide-Versuch meiner Schwester zu retten, war das, was Colette einen »Stufenschnitt« nannte, andere würden es wohl eher als einen »Buzz Cut« bezeichnen. In meinem Fall war es jedoch nicht nur ein zackiger Soldaten-Haarschnitt, sondern präziser ein »Special Forces«-Haarschnitt! Meine Mutter war mit meinem Look nicht wirklich zufrieden. Sie fand, ich sähe damit wie ein Verbrecher aus. Für mich war es dagegen ein gutes Gefühl, auf diese Art gereift zu sein. Ich fühlte mich nun mehr wie ein Mann und war froh, auch optisch endlich etwas mehr Schneid zu haben. Im Pub fanden es die Damen besonders amüsant, wenn ich mich über den Tresen beugte, damit sie mit der Hand über meine Stoppeln fahren konnten. »Fühlt sich gut an!«, sagten sie – und so blieb ich dem raspelkurzen Haarschnitt bis zu meinem Abschied aus Templemore treu.

Bald schon bereitete ich mich auf meine Abschlussprüfungen in der Schule vor – der Tag, an dem es losging, war der Albtraum eines jeden Kindes: *The Leaving Cert.* Das »Leaving Certificate« war der Höhepunkt von zwölf Jahren Schulbildung und das Härteste, worauf ich mich je vorbereitet hatte.

Uns jungen Erwachsenen wurde von Lehrern, Mitschülern und sogar unserem Land vermittelt, dass ein gutes »Leaving Cert« der einzige Weg sei, es im Leben zu schaffen. Ein schlechtes Ergebnis fühlte sich an wie eine Schlinge um den Hals – der Beginn vom Ende. Es war für alle schwer, und das schuf Solidarität. Bottles, mein bester Freund, und ich erhielten zusammen zusätzliche Mathe-Nachhilfestunden bei unserem Lehrer zu Hause. Keine Garantie für ein gutes Ergebnis, aber die beste Vorsorge, um nicht durchzufallen.

Ich hatte Glück mit meinen Eltern. Mein Vater war kein Bücherwurm – er war ein Macher, kein Grübler –, und meine Mutter war Lehrerin, im Beruf wie im Herzen. Sie halfen mir zu begreifen, dass es nicht um das Potenzial oder die Ziele anderer ging, sondern um meines. Wenn ich mein Bestes gab, wurde das gelobt, selbst wenn die Note nicht hervorragend war. Wichtig war, dass es *mein* Bestes war. Und wenn ich von Mädchen, Akne, Musik oder der Welt abgelenkt war, dann sagte meine Mutter, den Blick auf das Zeugnis geheftet: »Ich glaube, du bist mehr als das.« Ich stimmte zu – vielleicht nicht sofort, aber irgendwann doch.

Meine Schwester Edele machte zur selben Zeit das *Intermediate Certificate*, das dem *Leaving Certificate* zwei Jahre später ähnelte. Edele war fleißig und gut in der Schule, sie stand nicht unter demselben Druck wie ich. Doch diese gemeinsame Zeit hat uns beide zusammengeschweißt. Die ganze Familie packte Hab und Gut zusammen und machte sich auf den Weg zu unserem neuen Zuhause in Tralee, während Edele und ich zurückblieben, um unsere Prüfungen zu schreiben. Als das schließlich geschafft war, stiegen wir in den Zug und folgten dem Rest der Familie in den Süden. Ich erinnere mich noch gern an diesen Tag. Wir fühlten uns beide irgendwie erwachsen, weil man uns zutraute, allein durchs halbe Land zu reisen. Dabei hatten meine Eltern in Wahrheit wahrscheinlich gar keine andere Wahl gehabt.

Nachdem ich meinen Abschluss gemacht hatte, dauerte es ein paar Monate, bis ich die Noten bekommen und sich entscheiden sollte, welches der vielen Colleges, bei denen ich mich beworben hatte, mich aufnehmen würde. Das war alles sehr aufregend. Ich wollte den Sommer über in Tralee in irgendeiner Bar arbeiten, um Geld zu verdienen für mein bevorstehendes Studium.

Ich war sorglos und freute mich auf die aufregende Zeit als Student, doch das änderte sich mit einem Schlag, als ich mein Zeugnis erhielt. Ich hatte zu wenig Punkte, um von irgendeinem der Colleges, für die ich mich beworben hatte, angenommen zu werden – von keinem einzigen! Ich war enttäuscht, frustriert und etwas beschämt. Ich hatte mein Bestes gegeben, oder das, was ich dafür hielt, doch das hatte nicht gereicht. Vielleicht hätte ich nicht ganz so viele Stunden damit verbringen sollen, über meinen Büchern immer wieder einzunicken, während ich Country-Musik und jede Menge ausländische Radiosender hörte. Ich wusste, dass ich nicht besonders fleißig gewesen war, ich war eher ein Typ wie mein Vater, redselig – ein Macher, aber kein Bücherwurm.

Nachdem ich mich etwas berappelt hatte, rief mich meine Mutter in die Küche, um gemeinsam zu überlegen, wie es nun weitergehen sollte. Dass ich von den Universitäten, bei denen ich mich beworben hatte, nicht angenommen worden war, bedeutete ja nicht, dass ich nichts mit meinem Hochschulabschluss anfangen konnte, sondern nur, dass ich nun eben woanders studieren musste. Meine Mutter war fest entschlossen, uns Kindern alles mitzugeben, was wir für ein gutes Leben brauchten. Für ihre Generation war ein Studium keineswegs selbstverständlich – es war ein seltenes Privileg, meist reserviert für die oberen Gesellschaftsschichten. Doch sie hatte sich geschworen, uns das zu ermöglichen, wofür sie selbst als junge Frau so hart hatte kämpfen müssen.

So kam ihr eine Idee. Sie kannte die Leiterin der Zulassungsstelle am College in Tralee und schlug vor, mit ihr zu sprechen – vielleicht würde sich dort ja doch eine Tür für mich öffnen. Wo ich nur das Scheitern sah, sah sie eine Chance. Sie nahm meinen Stolz, meine Enttäuschung und stellte etwas viel Größeres dagegen: ihren Glauben, dass es immer einen Weg gibt. Dennoch hatte ich Zweifel, denn ein Studentenleben in genau der Stadt zu beginnen, in der meine Eltern lebten, fühlte sich eher nach Arrest als nach Aufbruch an. Jeder Garda kannte mein Gesicht, und ich wusste: Jeder Fehltritt, und sei er noch so harmlos, würde garantiert seinen Weg an unseren Frühstückstisch finden – serviert zwischen Porridge und Marmelade, garniert mit väterlichem Kopfschütteln und mütterlicher Predigt. Freiheit hatte ich mir anders vorgestellt.

Mein Glaube und mein unerschütterliches Vertrauen in Gott gaben mir Halt, und ich redete mir immer wieder ein: *»Es ist, wie es ist – also komm klar.«* Ich habe nie etwas vom Suhlen im Selbstmitleid gehalten, das kostet nur Kraft und bringt nichts. Schon damals wusste ich, es hat keinen Sinn, mit Entscheidungen zu hadern, die längst gefallen und nicht mehr zu ändern sind. Man kann nur das Herz beruhigen, tief Luft holen – und Schritt für Schritt weitergehen.

Die Zeit, die ich eigentlich hatte nutzen wollen, um mir ein Zimmer in der überbevölkerten Welt der Studentenwohnheime zu sichern, verbrachte ich nun damit, mir das Kursangebot vom Tralee College anzuschauen. Auch die örtlichen Unternehmen ging ich durch, nur für den Fall, dass mir das Schicksal endgültig einen Strich durch die akademische Rechnung machen würde. Ich versuchte, das Ganze positiv zu nehmen: Tralee war schließlich eine lebendige Stadt, und – so redete ich mir ein – ich war schon dabei, hier Freunde zu finden. Vielleicht war das kein großes Abenteuer in der Ferne, aber es war zumindest ein Anfang.

»Shakey«, der Barkeeper in dem Nachtclub, in dem ich inzwischen jobbte, wurde schnell zu meinem wichtigsten Gesprächspartner, wenn es um meine Zukunft ging – und bald auch zu einem echten Freund. Er war mein Anker in Tralee: Er zeigte mir, wo ich hingehen konnte und wo ich besser die Finger von ließ, mit wem es sich lohnte zu reden und mit wem nicht – und vor allem, wie man eine Tanzfläche erobert, selbst wenn man eigentlich hinter der Bar arbeiten sollte.

Es war nicht alles schlecht. Das Gefühl aber, nicht gut genug für meine selbstgesetzten Ziele zu sein, schmerzte noch immer. Die Colleges, an denen ich mich beworben hatte, waren interessant, und die Vorstellung, von zu Hause wegzugehen, hatte sich angefühlt wie der Beginn eines spannenden Abenteuers.

Ein paar Wochen später wachte ich morgens spät auf, nachdem ich in der Nacht zuvor im Club gearbeitet hatte. Meine jüngeren Schwestern waren schon unterwegs, es waren Ferien. Meine Mutter bereitete in der Küche gerade etwas Leckeres zu. Verschlafen ließ ich mich aufs Sofa fallen. Sie warf mir einen Blick zu, der alles sagte, und deutete mit den Augen auf den Küchentisch, während sie einen Topf in der Spüle abwusch. Ich stand auf und entdeckte den Brief, adressiert an »Mr Raymond Michael Garvey«. Er sah so offiziell aus, dass mein erster Gedanke war: *Hoffentlich ist das keine Vorladung von der Polizei.* Ich wühlte fieberhaft in meinem Gedächtnis, um mir irgendeinen Anlass auszumalen, der mich vor Gericht bringen könnte – aber da war nichts.

College of Marketing, Art and Design (COMAD), Dublin, stand fett gedruckt auf dem Briefkopf.

»Sehr geehrter Mr Garvey,

wir freuen uns, Ihnen mitteilen zu können ...«

Ich plumpste auf die Couch, die Worte begannen in meinem Kopf zu kreisen. Ich verstand zwar jedes einzelne Wort, aber ich konnte nicht glauben, was sie bedeuteten! Die Hochschule akzeptierte nun doch meine Bewerbung und bot mir einen Studienplatz in Dublin an.

Das irische Punktesystem für Universitätsbewerber war simpel: Für jede Note in jedem Fach des »Leaving Cert« bekam man Punkte. Je besser die Note, desto mehr Punkte. Wer nicht genug Punkte für den gewünschten Studiengang erreichte, wurde nicht aufgenommen – es sei denn, wie in meinem Fall, dass nicht genügend Bewerber die erforderliche Punktzahl geschafft hatten. Dann wurde der notwendige Wert gesenkt. So kam es, dass ich nun einen Platz am Dublin Institute of Technology hatte. Das Abenteuer war zurück!

Ich las das Startdatum – es war bereits der kommende Montag. Heute war Samstag. In zwei Tagen würde ich am College sein! Ich konnte es nicht fassen.

Meine Mutter verfolgte mein Auf- und Abspringen auf der Couch und meine wilden Jubelschreie mit sichtlicher Belustigung. Ich hielt ihr den Brief hin, sie überflog ihn, sah mich an – und entschied in der Art, wie nur sie das konnte, blitzschnell und ohne jedes Zögern: »Ab nach oben, pack deine Sachen!«

Mit drei großen Sprüngen war ich die Treppe hinaufgestürmt und begann, meine Sachen zusammenzuraffen. Keine Minute später stand ich wieder unten – Tasche gepackt, Herz voller Aufregung. Dad war längst im Bilde und brachte mich noch am selben Tag zum Bahnhof. Zeit durfte ich jetzt keine verlieren, denn schließlich wartete meine neue Zukunft auf mich.

Ich erinnere mich an so viele Details aus meinem Leben – an Momente, die mich geprägt, geformt oder fast zerbrochen haben. Doch dieser eine Augenblick liegt wie in Nebel gehüllt. Ich weiß nicht mehr, ob ich meine Mutter beim Abschied umarmt habe, ob ich meinen Schwestern aus dem Auto zugewinkt habe. Ich habe keine Erinnerung an die Fahrt mit meinem Vater zum Bahnhof, nicht an eine Minute der sechs langen Stunden im Zug. Auch die Ankunft in der Wohnung meiner Schwestern Colette und Maria, wo ich zunächst unterkommen sollte – ein einziges Loch. Schwarz. Nichts.

Heute weiß ich, wie wichtig diese Weichenstellung in meinem Leben war, und ich bin so dankbar, dass ich diese Reise und das damit verbundene Abenteuer beginnen konnte.

Hätte ich in Tralee bleiben müssen, wäre mein Weg bestimmt nicht so erfüllend gewesen wie jener, auf dem ich mich heute befinde. Was ich bedaure, ist nicht das Gehen, sondern das Ungesagte: dass ich meine Mutter damals nicht so fest umarmt habe, damit sie meine ganze Dankbarkeit spüren konnte, und dass ich meinem Vater am Bahnhof nicht die Umarmung gab, die er verdient hätte – als Dank für seine Stärke und seine leise Weisheit. Aber das Leben ist lang. Und auch wenn mir diese Erinnerungen fehlen, habe ich seitdem unzählige Male innegehalten, um neue zu schaffen – Augenblicke, in denen Dankbarkeit und Liebe spürbar wurden, so echt, dass sie die Lücken der Vergangenheit füllen.

November Summers

Es fällt schwer, dieses Kapitel zu beginnen – zu wissen, wie sehr sich mein Leben von hier an verändern sollte. Ich war gerade achtzehn geworden, frisch aus dem Nest gefallen, und lebte zum ersten Mal fernab von zu Hause. In meiner Einbildung hielt ich mich für stark – doch die Wahrheit war, ich war weich wie nasses Papier, formbar und hungrig nach Zugehörigkeit. Um nicht außen vor zu bleiben, war ich bereit, mich zu verrenken wie ein Fisch in der Pfanne. Meine ersten Freunde im College taten mir nicht gut. Sie merkten, dass ich ein naiver und leicht zu manipulierender Teenager vom Land war. Also fütterten sie mich mit falscher Coolness, während sie meine Taschen leerten, indem sie mich ihre Drinks bezahlen ließen. Eine armselige Initiation in eine Welt, die vorgab, groß und glänzend zu sein, aber in Wahrheit nur klein und hohl war.

Damals dachte ich, das sei der Preis, den man zahlen müsse, um dazuzugehören. Heute weiß ich: Es war nur der Anfang einer langen Reihe von Lektionen. Und vielleicht war genau diese erste die wichtigste – dass Zugehörigkeit niemals etwas ist, das du dir erkaufen kannst, sondern etwas, das dir geschenkt wird, wenn du endlich wagst, du selbst zu sein.

Ich suchte die hippen und coolen Studenten, von denen ich hoffte, dass sie mich unter ihre Flügel nehmen würden. Und tatsächlich nahmen sie mich auf – allerdings weniger fürsorglich, eher wie in einem Würgegriff. Ich glaubte, wenn ich mit denen herumhing, die man wegen ihrer Haltung, ihres Stils oder ihrer Verweigerung von Konventionen für cool hielt, dann würde auch ich ein Stück weit cool sein.

Es war wie in diesen Filmen der 80er, *The Breakfast Club*, wo die Rebellen in ihrem gemeinsamen Kampf vereint sind, einfach so akzeptiert zu werden, wie sie sind. Typisch für meine Tagträumerei: Ich sah meine Realität durch die rosarote Brille, die mir all diese Hollywood-Blockbuster verpasst hatten – wo am Ende immer alles gut ausgeht und die Heldenpose Pflicht ist.

Aber meine Kommilitonen waren nicht aus dem *Breakfast Club*, mein Leben war kein Blockbuster, und diese Freunde waren auch keine echten Freunde. Es war eine Gruppe junger Erwachsener, die die Gutgläubigkeit eines Teenagers vom Land ausnutzten. Sie ließen das Ganze geschehen, bis ihnen der Spaß daran verging, was früher oder später passieren musste.

Zu begreifen, dass ein Partner oder eine Partnerin untreu ist, ist schon schwer genug – aber den Verrat mit eigenen Augen zu sehen, sticht tiefer und bleibt länger schmerzhaft. Freundschaften funktionieren ähnlich, denn auch sie leben von Vertrauen: Man glaubt, jemanden zu kennen, verlässt sich auf dieses Bild – und merkt dann, dass es brüchig ist.

Ein paar Wochen, nachdem ich mit der »Cool Crew« abhing, stand ich am Eingang des Colleges am Mountjoy Square im Herzen von Dublin. Versteckt aus dem Blickfeld, sah ich, wie meine »Freunde« meinen Rucksack – den ich am Abend zuvor im Pub vergessen hatte – aus einem fahrenden Auto auskippten. Sie kreischten dabei wie Höllengestalten. Sie wussten nicht, dass ich sie beobachtete. In ihren Köpfen war es wohl ein anonymes Strafritual: für den »Neuen«, für den »Schwachen«. Es war keine Initiation, denn das hätte bedeutet, dass ich weiterhin in dieser Gruppe von Außenseitern bleiben sollte, aber das wollte ich nicht. Es war schlicht eine Tat von Arschlöchern, die bewiesen, warum sie Arschlöcher waren.

Nachdem sie meinen Rucksack ausgeleert hatten, fanden sich meine Notizen überall in den Straßen in Dublins Norden. Wer auch immer eine Seite davon aufhob und versuchte, das Geschriebene zu entziffern, dachte wahrscheinlich, dass das die Notizen eines Arztes waren – die Schrift war komplett unleserlich. Als meine »Freunde« außer Sichtweite waren, hob ich meinen leeren Rucksack auf der anderen Straßenseite auf und ging zurück in meine Studentenbude. Ich musste nachdenken.

Am nächsten Tag war ich erleichtert – nicht, weil mir klar geworden war, dass ich Idioten zu meinen »Freunden« erklärt hatte, sondern weil ich nun endlich nicht mehr ein Bild bedienen musste, das nie meins war. Ich war noch weit davon entfernt zu wissen, wer ich wirklich war, doch ich wusste nun wenigstens, wer ich nicht sein wollte.

Die selbst ernannten Eliten waren in Wahrheit nichts anderes als eine Selbsthilfegruppe füreinander. Ihr ständiges »Lasst uns in Ruhe« war in Wirklichkeit ein Schrei nach Aufmerksamkeit und Zugehörigkeit. Ihre Geringschätzung für Lernen und Erfolg hatte ihren Ursprung darin, dass sie schlicht nicht mithalten konnten – sie stemmten sich gegen etwas, während sie gleichzeitig längst an den Rand gedrängt waren.

Ich wusste, dass ich anders war. Fast mein ganzes Leben lang war ich ein *»Blow-in«* gewesen – jemand, der nicht dazugehörte. Ich hatte nie zu einer Clique oder Gang gehört, und je älter ich wurde, desto klarer wurde mir: Diese Haltung war längst ein Teil von mir geworden, etwas, das mich ausmachte – und wohl auch für immer ausmachen würde.

Im Collegeflur sah ich »Greg«, den selbst ernannten Anführer der Truppe, die am Vorabend meine Unterlagen quer über den

Platz verteilt hatte. Ich richtete mich auf, atmete tief durch und ging mit festen Schritten auf ihn zu.

»Hey, Greg«, sprach ich ihn in einem leicht aggressiven Ton an. Manchmal wünschte ich, ich hätte mir, statt zu reden, auf die Zunge gebissen, aber das war nie eine Stärke von mir.

»Hey, Fred!« Er schien etwas überrascht. (FRED war mein Spitzname während meiner Teenager-Jahre. Meine Schulfreunde und ich hatten eines Tages beschlossen, die Vornamen unserer Väter anzunehmen. Meiner blieb hängen, bis ich Irland verließ.)

»Du bist früher gegangen, Mann, bei uns ging's grade richtig los, als du verschwunden bist. Was war los mit dir?«

Greg war ein dünner, hochgewachsener Zwanzigjähriger mit schütterem Haar, schwarzem Kapuzenpulli, T-Shirt einer obskuren Underground-Metalband, das perfekt zu seiner Haltung passte: *Gegen alles sein – solange man nichts dafür tun muss.* An den Füßen natürlich: 14-Loch-Dr.-Martens.

»Ja, tut mir echt leid, Greg«, antwortete ich. »Ich musste zurück in meine Bude, weil ich mein Marketing-Projekt fertig machen wollte … Ich muss es nächste Woche abgeben. Dann ist mir eingefallen, dass ich meinen Rucksack im Pub vergessen hatte, also bin ich zurück – aber da wart ihr schon weg … Hast du die Tasche zufällig gesehen? Ich war mir ziemlich sicher, dass sie unter dem Tisch lag.« Ich kannte die Antwort natürlich schon, aber ich wollte genau wissen, was für ein Typ Greg war.

»Nee, Mann, deinen Rucksack hab ich nicht gesehen. Frag doch mal die anderen. Ja, wir mussten uns, mussten … Ja, wir mussten … mussten … Wir sind abgehauen, weil Hugh das Auto von seinem Vater zurückbringen musste, aber danach haben wir bei Gerry in der Wohnung noch richtig losgelegt … D-d-du hast echt was verpasst!«

Sein Stottern und die Tatsache, dass er mir nicht in die Augen schauen konnte, waren für mich schon Geständnis genug, dass er wahrscheinlich derjenige gewesen war, der die Idee hatte, den Inhalt meines Rucksacks beim College auf die Straße auszuleeren. Ich hatte genug von seinem Bullshit.

»*Du* hast meinen Rucksack genommen«, widersprach ich ruhig, innerlich kochte ich.

»Greg, *du* warst das. Und *du* hast ihn auch aus Hughs Auto ausgeleert, als ihr am College vorbeigefahren seid.« Ich war immer noch ruhig, gerade noch so. Ich zitterte nur innerlich ein kleines bisschen, wie das oft passiert, wenn man jemanden konfrontiert. Es fühlte sich aber gut an.

»Wer zur Hölle glaubst du eigentlich, wer du bist, mich so zu beschuldigen? Ein verdammter Erstsemestler? Du hast hier nichts zu melden, also verschwinde gefälligst aus meinem Gesichtsfeld. Ich habe deine verdammte Tasche nicht angerührt.« Greg schäumte. Ich ließ mich nicht beirren.

»Du weißt ganz genau, dass das nicht stimmt! Aber du hast recht: Ich hab hier nichts zu sagen. Du und deine tollen Freunde, ihr seid viele, ich bin allein. Aber du bist ein Idiot, und wenn ich meine Notizen wieder in Ordnung gebracht habe, dann habe ich diesen Mist hier hinter mir und bin ein besserer Mensch. Aber du, lieber Greg, du bist immer noch ein verdammter Volltrottel.«

Ich ließ ihn stehen und ging weiter. Vielleicht schlug er nach mir, aber ich drehte mich nicht um.

Damit war das Seil gekappt. Ich war nicht länger das weiße Lamm für die Opferbank. Nach ein paar höhnischen Kommentaren in der Mensa, ein paar Blicken voller Verachtung, gefolgt von gekünsteltem Gelächter, erlosch ihr Interesse. Ich war mehr Ärger, als es wert war, mich fertigzumachen. Also ließen sie mich schließlich in Ruhe. Eigentlich taten mir die meisten von ihnen sogar leid, weil sie gar nicht so übel waren, wenn man sie einzeln antraf. Aber sie fühlten sich verpflichtet, einem bestimmten, gnadenlosen Bild zu entsprechen. Sie mussten jemand anderes sein, um bloß nicht dazuzugehören. Ironisch, eigentlich.

Und so war nach drei Monaten College eines offiziell: Ich hatte keine Freunde. Null. Und das fühlte sich verdammt gut an. Es war wie ein Neustart.

Meine Klasse war ein bunt zusammengewürfelter Haufen: Einser-Schüler, Tüftler und künftige Geldmacher. Manchmal fühlte ich mich wie ein Voyeur, wenn ich ihnen zusah, so sicher und überzeugt von dem Weg, der vor ihnen lag. Ich hingegen war mir einhundertprozentig sicher, dass ich absolut keine Ahnung hatte, wohin mein Leben gehen sollte. Ich war einfach in einen Zug gestiegen, der mir die Flucht vor dem ländlichen Dasein bot, das ich immer mehr verabscheute – und als er hielt, stieg ich aus, und mein Leben in Dublin begann.

Viele meiner Kommilitonen rackerten sich begeistert mit Überstunden, Projekten und Extra-Aufgaben ab, überzeugt davon, dass sie bald die großen Nummern ihrer Branchen sein würden. Sie waren beschäftigt mit den feinen Unterschieden zwischen einer glatten Eins und einer Eins mit Sternchen. Ich hingegen war damit beschäftigt, wenigstens sieben von neun Fächern zu bestehen – in der Hoffnung, dann im Sommer nur zwei nachholen zu müssen, statt durch drei zu rasseln und das ganze Jahr zu wiederholen (oder, noch schlimmer, den gesamten Kurs). Die Ehrgeizigen trösteten ihre weniger glücklichen Kolleginnen und Kollegen mit oberflächlichem Mitgefühl, doch innerlich hielten sie das Scheitern für gerechtfertigt.

Ich fiel jedes Jahr in zwei Prüfungen durch. Damit will ich mich nicht rühmen, aber es ist eine Tatsache. Jeden Sommer lernte ich dann fleißig, wiederholte die Prüfungen und wartete gespannt auf die Ergebnisse, um zu sehen, ob ich bestanden hatte und zurück ans College gehen konnte – was mir zum Glück zuverlässig gelang.

Bedauerlicherweise musste ich mein komplettes Abschlussjahr jedoch wiederholen, sonst hätte ich mein Marketing-Diplom nicht bekommen. Ich tat es meiner Mutter zuliebe und nicht, weil ich glaubte, ohne Abschluss sei man nichts wert. Rückblickend bin ich froh, dass ich das Studium abgeschlossen habe, auch wenn meine Mutter später das Diplom, eingerollt in einem Papprohr, versehentlich im Müll entsorgte. Vielleicht war das eine hellsichtige Vorahnung meiner Zukunft. Denn auf dem Weg, den ich einschlagen würde, brauchte man keine Diplome und Urkunden. Man brauchte Glauben an das Unmögliche – und den hatte ich bewiesen, indem ich mein Studium schließlich doch mit Bravour abschloss. Für mich ging es nie darum, mit den Prüfungen meine Intelligenz zu beweisen. Es ging darum, mir das Ticket für ein weiteres Jahr Studentenleben in der großen Stadt zu sichern. Jeder bestandene Test war ein Schritt mehr in meinem geliebten Dubliner Leben. Jeder Misserfolg hätte bedeutet: zurück aufs Land, hinein in die Polizei oder in eine Bank. Anfangs klang das noch wie ein Sicherheitsnetz – irgendwann aber verwandelte sich diese Vorstellung in den reinsten Albtraum. Mir war klar, dass ich für einen Job als Angestellter nicht geschaffen war. Ich brauchte die Freiheit, mich selbst auszudrücken, und die Vorstellung, lediglich die Erwartungen von anderen erfüllen zu müssen, war furchtbar.

Selbst die strengsten Regeln beim Studieren oder bei Prüfungen fühlten sich an, als würden sie nicht für mich gelten. Oft fühlte ich mich wie ein Tourist unter Gleichaltrigen, während ich ihnen dabei zusah, wie sie Informationen aufsogen, in der Hoffnung, dass es ihnen später beim Aufstieg auf der Karriereleiter helfen würde. Ich war ein Voyeur, neugierig darauf herauszufinden, warum Menschen so sind, wie sie sind, warum sie immer das Bedürfnis haben, konkurrieren zu müssen, um erfolgreich zu sein.

In meinem Leben ging es um Abenteuer – darum, Herausforderungen anzunehmen und keine billigen Ausreden zu suchen, wenn man auf die Nase fiel.

Ich glaube fest daran, dass wir unser Potenzial sehr früh erreichen und dass wir in dem Moment vollkommen sind, in dem wir unsere Unvollkommenheiten umarmen. Perfekt war ich sicher nicht – im Gegenteil, ich hatte angefangen, meine Macken zu kultivieren: Ich war laut, direkt und nahm vieles nicht allzu ernst – nicht mein Leben, nicht die Liebe und schon gar nicht mich selbst. Es störte mich nicht, Zweiter zu sein, solange ich darin Weltmeister war, einfach ich selbst zu sein. Ich hatte Monate darauf verwendet, mich anzupassen, bis ich schließlich erkannte, dass es viel besser für mich war, Konformität zu vermeiden. Ich war nicht cool und würde es auch nie sein. Ich war Rea (Fred), und das musste fürs Erste reichen.

Das Sprichwort *»Wenn sich eine Tür schließt, öffnet sich eine andere«* traf auf mein Leben wie ein Volltreffer. Freunde zu verlieren bedeutete auch, Platz für neue zu schaffen. Alleinsein war nie meine Stärke, also dauerte es nicht lange, bis neue Gesichter und neue Geschichten in mein Leben traten. Und diese neuen Freunde sollten bald sehr wichtig werden – vor allem für meine Musik. Nach ein paar Studentenpartys und langen Jamsessions lernte ich Gleichgesinnte kennen, die wie ich gerne Musik machten. Wir trafen uns samstagvormittags in der Grafton Street im Zentrum von Dublin. Die Fußgängerzone war ideal für »Buskers« (Straßenmusiker). Wir spielten Songs, die wir alle kannten, und mit einer Geige als Begleitung bekam unser Klang etwas Eigenes, etwas Unverwechselbares. Ich habe dort gelernt, kraftvoll zu singen, denn wir besaßen keinen Verstärker.

Nach einem guten Tag Busking hatten wir genug Geld für ein paar Pints, und zum ersten Mal in meinem Leben fühlte ich mich, als wäre ich dort angekommen, wo ich hingehörte: in einer Band. Keine Masken, keine Allüren – nur Ehrlichkeit und die gemeinsame Sprache der Musik.

Brendan war wie ich ein Countryboy, nur noch ein Stück ursprünglicher. Mit seinem dicken Kilkenny-Akzent und einer Vorliebe, Bier zu essen und Essen zu trinken, war er der beste Musiker unter uns. Wenn er die Violine spielte, sang sie Geschichten, die Herz und Seele Irlands in einem Atemzug erzählten – Freude und Trauer, Trost und Schmerz. Sie öffnete die Herzen, ließ die Mauern einstürzen, ließ uns lachen und weinen zugleich. Brendan spielte, als sei er selbst nur Bote einer größeren Macht, und jedes Mal war es, als würde Asgard sein Horn blasen. Colm dagegen war ein echter Lebemann – gebildet, wortgewandt, ein Absolvent der Jesuiten in Belvedere. Für ihn war das Leben ein Festmahl, das er bis auf den letzten Krümel auskostete: Wein, Essen, Stout und Diskussionen, in beliebiger Reihenfolge. Er war ein Connaisseur der großen wie der kleinen Dinge, und seine Begeisterung für das Leben war ansteckend. Mit Colm an deiner Seite konnte selbst ein trüber Tag wie ein Hochamt wirken.

Und dann war da Dave, der stille Dubliner aus Ballinteer. Ein Mann der leisen Töne, der selten lauter sprach als nötig, bedacht in seinen Worten und zurückhaltend im Auftreten. In den ersten Jahren unserer Band war er mehr Mitfahrer als Steuermann, aber einer, der jedes Detail der Musikwelt studiert hatte. Er kannte die Tragödien der großen Helden und meinte einmal ernsthaft, ich solle den Weg von Drogen und Alkohol in Betracht ziehen, um »authentisch« zu sein. Ich lachte nur und schlug vor, lieber Songs zu schreiben. Wenn Dave jedoch lachte, dann lachte die Welt mit – meist über irgendeine Dummheit von mir, die er köstlich fand, und das war mir Grund genug, mitzulachen.

Als Band waren wir damals jedoch noch nicht komplett. Nach ein paar Samstagen als Straßenmusiker wussten wir, dass wir dort zwar genügend Geld für unser Bier verdienten, aber wir wollten etwas Handfesteres – wir wollten eine Band sein, eine richtige Band, mit Gigs und Fans und eigenen Songs. Jeden Samstag juckte es uns mehr in den Fingern, endlich einen Proberaum zu buchen – bis wir es irgendwann tatsächlich taten. Und plötzlich standen wir da, mitten zwischen Schlagzeug, Kabeln und leeren Kaffeebechern, sahen uns ratlos an und dachten: Und jetzt? Wie sind wir da bloß reingeraten – und vor allem: Was genau hatten wir eigentlich vor?

Unser erster Schlagzeuger (auch bekannt als »Schlagzeuger Nummer 1«) war Damien O'Connor aus der Stadt Tralee im County Kerry. Wir teilten uns eine Wohnung, während er an einem anderen Campus Hotelmanagement studierte. Er war ein fröhlicher, junger Mann, der ebenfalls viel lachte. Was seine Kleidung anging, war er Perfektionist, und wenn er sich etwas vornahm, war er normalerweise überragend darin. Zu den Proben kam er mit einer kleinen, aber schlagkräftigen Ausrüstung: Snare, Hi-Hats und ein paar riesige Becken, deren Frequenzen direkt ins Innenohr krochen und dort die feinen Härchen kitzelten – nicht im lustigen, sondern im *taub machenden* Sinn. Doch Damien konnte spielen. Was die Geige an Emotion und Zartheit brachte, glich das Schlagzeug mit Wucht und Zerstörung aus. Traf der Beat aber ins Schwarze, schmiegte er sich wie ein Handschuh an den Song – fest, stimmig, unverzichtbar. Für mich war es das erste Mal, in einem echten Proberaum Musik zu machen, und doch entwickelte sich alles fast von selbst. Wir schrieben unseren ersten Song, »I Know Your Name«. Der Text war kindlich und eigentlich Unsinn – aber es war unser Text, unser Song. Wir waren nicht länger nur Straßenmusiker, wir waren eine Band. Eine echte Band.

Es dauerte nicht lange, bis wir selbstbewusst genug waren, um vor Publikum aufzutreten. Wir hatten Songs geschrieben und geprobt. Nun waren es nur noch wenige Stunden bis zu unserem ersten Auftritt. Selbstvertrauen ist relativ. Wenn man ein Flugzeug betritt und behauptet, der Pilot zu sein, aber nicht die geringste Ahnung hat, wie man die Triebwerke startet, spielt es keine Rolle, ob man selbstbewusst genug war, den Pilotensitz zu übernehmen.

Selbstvertrauen ist nicht der Schlüssel, der alles in Gang setzt. Sondern Wissen. Aber diese Regel gilt nicht für Musiker. Wären Bob Dylan, Michael Stipe von R.E.M., Ian Brown von den Stone Roses oder Joey Ramone von den Ramones – oder irgendeiner der zahllosen gefeierten Sänger aus den letzten Jahrzehnten des Rock 'n' Rolls – jemals vor der Aufnahmekommission des Berklee College of Music aufgetreten, wäre uns Großes vorenthalten geblieben. Kompetenz kann man infrage stellen – Selbstbewusstsein jedoch nicht. Diese Sänger – und Hunderte mehr – beherrschten die Bühnen, auf denen sie standen, mit unerschütterlicher Präsenz.

Diese Sänger beherrschten die Bühne wie Prediger ihre Kanzel, ihre Worte waren Evangelium und die Hallen voller Gläubiger.

Wir hingegen waren mittelmäßige Songwriter – Instrumente in der Hand bedeuteten schließlich nicht automatisch, dass man sie auch beherrschte.

Man kann an der Kompetenz zweifeln, aber nicht an der Zuversicht. Denn der Unterschied zwischen gut und fantastisch liegt meist in der eigenen Überzeugung.

Unser Vertrauen in uns selbst war nicht ganz berechtigt, denn obwohl wir – gemessen an der Leistung – eigentlich einen Misserfolg hätten einstreichen müssen, gelang uns ein kleiner Erfolg. Nicht genug, um reich und berühmt zu werden, aber genug, um den nächsten kleinen Schritt zu wagen.

Unzählige Male hätten wir die Instrumente an den Nagel hängen sollen. Stattdessen bekamen wir jedes Mal ein dünnes, silbriges Fünkchen Hoffnung hingeworfen – genug, um weiterzumachen und zu glauben, dass das große Ding gleich hinter der nächsten Ecke auf uns wartete.

Unser erstes Konzert spielten wir im *Slattery's* in der Capel Street. Der Laden war für viele Bands das Sprungbrett – warum also nicht auch für uns? Wir spielten ein fünfundvierzigminütiges Set vor einem kleinen, aber wohlwollenden Publikum. Es fühlte sich gut an – bis wir merkten, dass der Großteil der Zuhörer aus der Hauptband und ihren Freundinnen bestand.

Wir hatten keinen großen Knall zum Einstieg, kein Debüt, bei dem plötzlich die gesamte Musikindustrie Schlange stand, um uns Verträge unter die Nase zu halten. Aber wir hatten Applaus. Wir hatten Spaß. Und wir hatten ein paar aufmunternde Worte, die uns das Gefühl gaben, vielleicht gerade eben erst an der Oberfläche von etwas Großem zu kratzen.

Wir haben uns gegenseitig motiviert, hielten einander aufrecht im Glauben an die Musik, an den Traum. Vielleicht waren wir noch Straßenmusiker, die sich fragten, was hinter dem Vorhang der »echten« Bands passierte – aber je mehr wir sahen, desto neugieriger wurden wir. Wir waren gefesselt. Süchtig.

Nach unserem ersten Konzert wuchs unser Selbstvertrauen so sehr, dass wir plötzlich überzeugt waren: *Das ist es, was wir tun – und niemand wird uns aufhalten.* Die Frage war nicht mehr wie, sondern nur noch wann wir berühmt werden würden. Während wir uns also gegenseitig zu einer monumentalen Performance gratulierten, erklärte Damien auf einmal, dass er die Band verlassen würde. Ich war völlig vor den Kopf gestoßen – wie konnte jemand nicht mehr von genau dem wollen, was wir gerade erlebt hatten?

Er sah zerknirscht aus, als er erklärte, dass er sich auf sein Studium konzentrieren müsse. Die Entscheidung sei ihm nicht leichtgefallen, aber er habe schon seit der ersten Probe darüber nachgedacht und wollte es uns erst nach dem Auftritt sagen. Er blickte zu Boden und dann in unsere schockierten Gesichter und wartete auf eine Reaktion.

Ich hatte zuvor das Gefühl gehabt, vor uns lag etwas Großes. Ich freute mich auf Draufgängertum und Rock 'n' Roll – und er hatte das alles mit einem Satz zerstört, weil er »das Richtige tun« wollte. Eine Sekunde lang fühlte ich mich betrogen, in der nächsten wünschte ich ihm alles Gute (was einen kleinen dramatischen Beigeschmack hatte, da wir ja im selben Haus wohnten).

Ein gutes Ende ist mir grundsätzlich wichtig. Selbst wenn Damien nicht mehr in unserer Band spielte, so blieb er doch mein Freund. Musiker verbindet ein Vertrauen, das größer ist als eine normale Freundschaft: Sie erleben miteinander Höhen und Tiefen, das schafft eine tiefe Verbundenheit. Wer jemals hinter die Bühne tritt, spürt sofort, dass man sich dort wie ein Fremdkörper fühlt, wenn man *nicht* dazugehört. Damien hatte nun den inneren Kreis verlassen, das Band zerschnitten – ab jetzt war er raus.

Wir wohnten weiter zusammen, er brachte mich noch oft zum Lachen, doch mit der Zeit gingen unsere Wege auseinander: Er wurde ein professioneller Hotelmanager, und wir gingen weiter – in eine unbekannte Zukunft, als eine Band ohne Schlagzeuger.

Wir hatten unsere eigenen Songs und nannten uns November Summers. Wir hatten den Adrenalinkick von Livemusik erlebt und gierten nach mehr. Nur waren wir kein Quartett mehr, verdammt! Wir brauchten einen neuen Schlagzeuger! Und genau in dem Moment, als uns die Hall of Fame schon fast den Trostpreis »Band, die beinahe ein zweites Konzert gespielt hätte« gravieren wollte, trat das Schicksal auf den Plan und brachte uns Alan – Schlagzeuger Nummer zwei.

Ich mochte Alan sofort. Er war jünger als ich, aber viel selbstbewusster. Dazu sah er auch noch gut aus, was uns allesamt begünstigte, weil plötzlich Mädchen auftauchten, die bereit waren, Tickets zu kaufen – *nur um ihn zu sehen.* Außerdem besaß er ein Auto und einen Führerschein, was ihn zum kompetentesten Erwachsenen machte, den ich bis dahin in Dublin kannte. Wir hatten Fahrräder und Bustickets – das war eindeutig ein Nachteil, wenn man quer durch Irland touren wollte. Alan änderte das.

Mit ihm am Schlagzeug spielten wir ein paar Gigs in Dublin und einen größeren Auftritt in der Mensa des Colleges. Dabei wurde uns klar, dass unser damaliger Bandname – November Summers – eher nach einer 80er-Jahre-Revivalband mit tiefgründigen Texten und Typen mit Dauerwellen klang, als nach dem, was wir eigentlich waren. Die Beauftragte für studentisches Wohlbefinden – eine glühende Verfechterin und ebenso eifrige Konsumentin von LSD – hatte uns für das Konzertplakat in der Mensa kurzerhand umgetauft: The Smouldering Erections. Das, erklärte sie später, sei ihre ganz persönliche Übersetzung der Emotion, die sie beim Hören des Namens November Summers verspürt habe. Dass das Konzert zufällig von den Produzenten von Durex-Kondomen gesponsert wurde, könnte ihre kreative Umbenennung zusätzlich beflügelt haben.

Den Grund konnten wir nachvollziehen, den Namen weniger. Also tauften wir uns um in – *The Reckless Pedestrians.* Aus Straßenmusikern waren wir in die Live-Clubs Dublins gestolpert, dorthin, wo einst Thin Lizzy Grenzen sprengten und U2 Maßstäbe setzten. Mit reichlich Alkohol und der Unfähigkeit, etwas Besseres zu finden, nahmen wir den Namen an, den Daves Kumpel Brian vorgeschlagen hatte. Ab sofort waren wir also eine Indie-Band – die Reckless Pedestrians.

Mit Alans Führerschein und dem Lieferwagen seiner Eltern kamen wir bald über die Grenzen Dublins hinaus. Durch meine Kontakte ins Tralee Festival Committee bekamen wir die Chance, beim *Rose of Tralee* aufzutreten – einem der größten Festivals des Landes. Ich war Feuer und Flamme, meiner Familie zu zeigen, was ich im ersten Jahr als Student in Dublin gelernt hatte. Mit meinen Uni-Ergebnissen konnte ich jedenfalls kaum Eindruck schinden – die mussten im Sommer nachgeholt werden.

Wir bepackten also den Renault Transporter. Alan und Colm saßen vorne (Alan musste natürlich fahren, und Colm behauptete, ihm werde hinten im Auto regelmäßig schlecht). Dave, Brendan und ich saßen deshalb auf dem Boden, denn der Transporter hatte nur eine Ladefläche. Sobald wir drei hinten drinsaßen, packten Colm und Alan das Schlagzeug, die Verstärker und Musikinstrumente um uns herum dazu. In bester Laune fuhren wir so durch die Quays in Dublin, Richtung Süden nach Tralee – als uns die Gardaí stoppte.

»Na, Jungs?« Der Polizist war alt, neugierig und entspannt. Er lugte nach hinten. »Ganz schön vollgeladen. Deinen Führerschein und die Papiere bitte.« Alan, völlig ruhig, reichte sie raus.

Der Garda grinste.

»Habt ihr eigentlich eine Versicherung für das Vieh, das ihr da hinten spazieren fahrt?« Drei Köpfe lugten zwischen Gitarrentaschen hervor. Dave winkte freundlich. Der Garda winkte zurück, allerdings nur halb überzeugt.

»Hab ich«, nickte Alan ernsthaft. Colm nickte eifrig mit, als wolle er die pure Ehrlichkeit von fünf aufrechten jungen Männern unterstreichen.

»Ahh …«, der Garda machte eine Pause, und wir ahnten, dass Unheil drohte. »*Niemand* hat eine Zusatzversicherung, um Passagiere im hinteren Teil eines Firmentransporters zu transportieren!«, sagte er mit erhobener Stimme. »Niemand!«

Er hatte uns eine Falle gestellt, und Alan hatte einen olympiareifen Kopfsprung mit einem dreifachen Salto kopfüber in das Bassin der Schuld gemacht. Colm formte den Mund zu einem perfekten ›O‹, während zwei Finger den Daumen gegen die Unterlippe pressten – eine stille Geste zwischen Staunen und Schock. Er beobachtete, wie sein Bandkollege sich vor dem Ordnungshüter wand wie Houdini in Ketten.

»Habe ich mich klar ausgedrückt?« Damit unterbrach der Garda mit einer gewissen Schärfe in der Stimme das angespannte Schweigen.

»Ja, Herr Garda«, sagte Alan. »Wissen Sie, ich bringe gerade die Jungs zum Bahnhof in Heuston mit ihrem ganzen Geraffel. Sie spielen bei der *Rose of Tralee* und brauchen Hilfe, ihre Ausrüstung irgendwie dorthin zu schaffen. Tut mir echt leid, soll nicht wieder vorkommen!«

Heuston war der Hauptbahnhof, den alle Züge passierten, von und nach Dublin und in den Süden von Irland. Alan setzte ein unschuldiges Lächeln auf – das gleiche, mit dem er sonst Mädchen anflirtete, nur ließ er diesmal den obligatorischen Anmachspruch weg. Zum Glück. Das Lächeln allein wirkte schon wie Magie.

»Setzt die Jungs ab und sorgt dafür, dass ich euch so nicht noch einmal erwische!« Mit einer Handbewegung ließ er uns durch, und fünf Stunden später, in meiner Heimatstadt Tralee, kletterten wir mitsamt Instrumenten wieder aus dem Van.

Schon nach dem Checkpoint wurde klar: Alan hatte nicht die geringste Absicht, beim Bahnhof zu halten. Stattdessen zündete er sich gemütlich eine Zigarette an, öffnete das Fenster und fuhr weiter Richtung Süden. Colm starrte ihn noch immer an, halb entsetzt, halb ehrfürchtig. Schließlich grinste er und sagte: *»You're an awful man, Alan, an awful man!«* – was in Irland so viel bedeutet wie: *»Das hättest du nicht tun sollen – aber du hast es getan, und irgendwie feiere ich dich jetzt dafür. Also: Fair play to ya!«*

Wir waren zwar das genaue Gegenteil von Gesetzlosen, aber streng genommen waren wir gerade in den Club der Regelbrecher aufgenommen worden. Die Polizei würde uns deswegen nicht gleich zur Fahndung ausschreiben, aber der Mann hatte es deutlich gesagt: *»Wenn sie euch noch einmal so erwischen, habt ihr ein Problem.«* Damit waren wir so etwas wie Bewährungs-Sünder – und fühlten trotzdem dieses leise Knistern von Freiheit, das man spürt, wenn man außerhalb des Gesetzes steht.

Vielleicht war es genau diese kleine Begegnung mit der Polizei, die uns aufs Gaspedal treten ließ – denn das Konzert, das wir anschließend spielten, war das Konzert unseres Lebens. Auf der Ladefläche eines Lkw, mitten im Stadtpark, bei strahlendem Tageslicht. Es ist eine Herausforderung, im vollen Sonnenschein so richtig aus sich herauszugehen – vor allem, wenn Mum und Dad irgendwo im Publikum stehen und zuhören. Aber wir gewannen die Leute für uns, und ich lernte, alles um mich herum zu vergessen und in der Musik zu verschwinden.

Wir feierten unseren ersten Auftritt auf einem nationalen Festival – und auch wenn wir uns eingestehen mussten, dass wir den Gig wohl vor allem meinem Vater, dem Polizeipräsidenten, zu verdanken hatten, fühlten wir uns so, als hätten wir ihn nicht nur verdient, sondern auch erspielt. Nepotismus ist nur dann unfair, wenn man den Job nicht draufhat. Und nach diesem Konzert konnte mein Vater erhobenen Hauptes nach Hause gehen – und ich ebenso. Es war nicht Wembley, aber Tralee Park mit ein paar Hundert Zuschauern war für uns das Größte, was wir bis dahin erlebt hatten. Wir spürten neuen Mut. Noch einmal hatte der Glaube sein Licht über uns gelegt.

Nach einer langen Nacht voller Bier, Musik und überschwänglicher Freude landeten wir alle in meinem Elternhaus. Platz war kaum vorhanden, aber mit genug Alkohol im Blut wird jeder Tisch, jede Couch und jede freie Ecke zum Bett für müde Krieger. Wir fühlten uns wie Helden, die aus einer Schlacht heimgekehrt waren – und hatten gewonnen.

Am nächsten Morgen allerdings verkündete Alan, dass er die Band verlässt. Sein Vater hatte ihm klargemacht, dass er nur dann das Familiengeschäft übernehmen könne, wenn er die Musik sofort aufgibt. Sofort. Es war fast eine Wiederholung von Damien: Zuerst Euphorie, dann dieser tiefe Stich. Mein erster Impuls war Verrat zu spüren, mein zweiter, ihm alles Gute zu wünschen. Ich begriff in diesem Moment etwas Wichtiges: Die Tiefe, mit der dich ein Messer trifft, hängt davon ab, wie viel Bedeutung du der Sache gibst. Wenn ich explodiert wäre, weil Alan mein Freund war, weil er Spaß brachte, weil er wichtig für unsere Band war, dann hätte seine Entscheidung wie eine Niederlage gewirkt, die uns zerreißen könnte. Aber ich beschloss: Ich würde mich nicht von den Entscheidungen anderer brechen lassen.

Bis heute fällt es mir schwer, mich von anderen abhängig zu machen. Jeder Mensch trägt die Pflicht in sich, größer zu denken, weiter zu wollen. Dass der falsche Schritt eines anderen mein Ziel verschiebt, widerspricht allem, woran ich glaube.

Ich blieb also in Tralee, während der Rest der Band mit Alan zurück nach Dublin fuhr. Ich brauchte Zeit zum Nachdenken.

Die Band war für mich Lebenselixier. Wir verbrachten so viel Zeit miteinander, dass wir uns kannten wie Brüder; unsere Familien nahmen uns auf wie Söhne und Brüder, und unsere Freundinnen kannten sich untereinander wie Schwestern. (Ich könnte euch jetzt Geschichten erzählen über die Mädchen, die ich mochte und von denen ich glaubte, sie zu lieben – aber mal ehrlich: Das wäre eher Stoff für ein ganz anderes Buch.) Ohne Ausnahme galt: Wer zur Band gehörte, gehörte zur Familie. Und immer, wenn wir kurz davor waren, aufzugeben und zu akzeptieren, dass es einfach nicht sein sollte mit der großen Karriere, hielt unser Beistand von oben seine schützende Hand über uns und bewegte ein paar Schachfiguren.

Einige Wochen später, zurück in Dublin, fanden wir einen Manager, Peter.

Und dann kam ein neuer Schlagzeuger dazu – Ako. Getreu der Statistik war er Schlagzeuger Nummer drei.

Peter machte uns Feuer unter dem Hintern. Er sprach mit uns, als wären wir schon eine richtig gute Rockband, und überzeugte uns davon, dass wir mit seinen Management-Fähigkeiten groß werden könnten. Er hatte ein Haus mit Büro in einer teuren Gegend der Stadt, trat geschmeidig auf, besaß eine eigene, gut bestückte Bar samt angrenzendem Billardtisch. Es war immer ein Vergnügen, lange Nächte mit ihm zu verbringen, über die Pläne der Band zu reden, während wir die Pegelmarken auf den Wodkaflaschen senkten und die Musik aufdrehten, um eines meiner bis heute unentdeckten Talente zu unterstreichen (Billard, nicht Wodkatrinken).

Wir konnten in jedem beliebigen Club in Dublin spielen und durften – mit massiver und schamloser Eigenwerbung – immerhin hundert Leute erwarten, die durch die Tür kamen und ein Ticket kauften. Sie applaudierten uns, feierten mit uns nach den Auftritten, und in diesen Momenten glaubten wir: Vielleicht hatte Peter recht.

Wir schrieben bessere Lieder, probten wöchentlich, und es gab immer wieder Artikel über uns in den beiden irischen Musikzeitschriften *Hot Press* und *In Dublin.* Ich glaube nicht, dass wir je große Wellen in der Dubliner Musikszene geschlagen hätten. Wir gehörten keiner Clique an, standen bei den etablierten Indie-Bands nicht hoch im Kurs – aber wir hatten unseren Platz, unseren kleinen Fußabdruck in der irischen Musiklandschaft.

Ich war inzwischen an der Uni als Entertainments Officer der Student Union (SU) für das Booking zuständig und setzte ständig die Reckless Pedestrians aufs Programm – vor allem weil wir nicht so teuer waren. Oder wenn andere Bands absagten, genügte ein Anruf und wir sprangen ein.

Doch wir machten echte Fortschritte. Ako war der beste Schlagzeuger, den wir je hatten. Auch wenn sein Herz für Alternative Music schlug, trommelte er unser Indie-Pop-Repertoire – nicht, weil es seine Leidenschaft war, sondern weil es die einzige Option war. Er sah sich als den fortschrittlichsten Musiker in unserer kleinen Truppe – und doch war er nicht besser, nur anders. Vielleicht aber blieb er auch, weil wir ihm Halt gaben.

Coolness war für Ako selbstverständlich. Eîn Asiate mit rot gefärbtem Haar, der seine Drumsticks wirbelte wie Samurai-Schwerter. Mit seiner spitzen Zunge konnte er uns mit wenigen Worten unsere eigenen Unsicherheiten unter die Haut treiben. Beim Poker war er ein Hai und versuchte ständig, Partien auf oder neben der Tour zu organisieren, um seine Einnahmen in der Band aufzubessern. Außerdem rauchte er gern Gras und probierte andere Substanzen. Uns war damals nicht klar, dass er bei unserem ersten Konzert in Deutschland ein Jahr später unter Ecstasy-Einfluss trommeln würde – das 90-Minuten-Set verkürzte er so auf 70. In der Pause zwischen erstem und zweitem Set verschwand er zehn Minuten lang in einer Telefonzelle im Pub, wo er seiner Freundin in Dublin lauthals erklärte, »alle sind hier verdammt noch mal komisch, die ganze Kneipe ist voller verdammter Freaks«. Wir redeten ihm gut zu, und glücklicherweise ließen die MDMA-Effekte bald nach. Was erst wie Vorspulen wirkte, wurde zu Zeitlupe. Doch bevor all das passierte, saßen wir noch in Dublin und schmiedeten mit Peter Pläne zur Weltherrschaft.

Peter, unser Manager, war ein Yuppie, der Inbegriff des aufstrebenden 80er-Jahre-Jungkarrieristen. Er hatte ein großartiges Lächeln, und wenn er sprach, hörte man ihm gebannt zu. Man wollte seinen Prophezeiungen glauben, seinen Versprechen großer Dinge, die kommen würden. Er skizzierte einen Plan, und wenn man die Augen schloss, sah man sich selbst vor Tausenden kreischender Fans auf die Bühne treten. Meist jedoch, wenn man die Augen wieder öffnete, spielte man auf der Hochzeit seines besten Freundes – weil dieser beste Freund Alkoholiker war, dessen AA-Sponsor aber ein berühmter Sänger, der vielleicht zufällig auftauchen könnte. Der Glaube setzte kleine Lichtzeichen an jede Weggabelung, die schrie: *»Nimm die nächste Ausfahrt!«*

Inzwischen hatte Brendan, unser Geiger, eine deutsche Freundin: Katja aus Gummersbach, einer Stadt in der Nähe von Köln. Da sie nun zu unserer Familie gehörte, beschlossen wir, sie zu ihrer Familie zu begleiten.

Ako musste in einem Schallplattenladen arbeiten und konnte deswegen nicht auf unserer ersten Abenteuerreise in Deutschland dabei sein, aber wir versprachen ihm, ein paar Souvenirs mitzubringen. In Grunde hielten wir es für besser, das neue Territorium erst etwas zu erkunden, bevor wir unseren durchgeknallten Bruder dort mit hinbrachten. Vor unserer Abreise eigneten wir uns wichtige deutsche Sätze an wie …

»Ich möchte bitte ein Bier bestellen.«

»Sind Sie ledig?«

»Ich bin ein Student des Lebens, der hofft, etwas Deutsch zu lernen wie zum Beispiel Ihre Telefonnummer.«

Es waren die frühen Neunziger. Bei unserer Ankunft – wir fünf, dazu noch Brian, ein guter Freund von Dave – stellten wir fest, dass die meisten Deutschen in Köln, Bonn (und überall sonst, wo wir hinkamen) erstaunlich gut Englisch sprachen. Katjas Eltern fragten sich bestimmt, warum ihre Tochter gleich so viele Iren mit nach Hause bringen musste, aber wir waren dankbar für eine Gastfreundschaft, die man nur als erstklassig bezeichnen konnte. Frühstück bedeutete Aufschnitt, Käse und kleine Brötchen – wir aßen wie Könige, während wir Sprudelwasser probierten, etwas, das es in Irland damals noch nicht gab. Spätestens da war klar: Wir waren in einem fremden Land.

In der Hoffnung, ein paar Deutsche Mark für die Reise aufzutreiben, packten wir die Gitarren und zogen los nach Bonn, um in den Fußgängerzonen zu spielen. Wir wollten eine Woche bleiben, aber ich hatte nur hundert Mark, von denen die Hälfte bereits für Zugtickets von und nach Gummersbach draufgegangen war. Also stellten wir uns vor ein Bekleidungsgeschäft und spielten ein paar bekannte Lieder, um zu sehen, wie die Passanten reagieren würden. *Buskers* waren hier offenbar keine Tradition – nach zwanzig Minuten und ein paar Münzen Dankbarkeit erschien der Ladenbesitzer. Noch zehn Minuten, dann müssten wir weg. Leider sprach er perfektes Englisch, also konnten wir uns nicht dumm stellen. Außerdem erklärte er, Musiker dürften an einem Ort nur 30 Minuten spielen – dann müssten sie weiterziehen oder riskieren, wegen Ruhestörung festgenommen zu werden.

Wir schauten etwas verdutzt. Das war so viel strenger als in Irland. Aber wir akzeptierten es – *When in Rome, do as the Romans do.* Der Ladenbesitzer, ein Mann mit grau-schwarzer Dauerwelle, weißen Chinos und einem Hemd wie ein Gemälde, musterte uns. Ich fragte ihn, wie weit wir nach den 30 Minuten eigentlich wegmüssten. »Wie meinen Sie?« Er legte den Kopf schief, verstand meinen Akzent nicht. Ich wiederholte es, betont deutlich.

Er grinste schlau: »Außer Hörweite meines Ladens.« Für mich klang das nicht gerade nach der juristisch präzisesten Definition der Stadt Bonn. Also hakte ich nach: »Außer Hörweite Ihres Ladens, sagen Sie?« Er bekräftigte: »JA.«

»Aber was, wenn Sie taub wären?« Pause. »Bin ich aber nicht.«

Mir gefiel das kleine Pingpong. Ein zweiter Mann steckte den Kopf aus der Tür. »Und wenn Sie im Urlaub wären und Ihr Vertreter taub wäre?«

»Ich fahre nicht in Urlaub, und Gerald ist nicht taub!« Gerald nickte, dass er bestens höre. Ich gab mich scheinbar zufrieden, konnte aber nicht widerstehen:

»Würde es also genügen, wenn wir nur zum nächsten Laden weiterziehen?« Ich redete einfach weiter. »Wäre es nicht sogar möglich, dass wir in den nächsten zwei Stunden nur vier Läden weiter sind – und Sie nichts dagegen tun könnten? Wenn wir also unsere sieben Songs runterspielen, vier Schritte weiterziehen und die gleichen sieben Songs wiederholen … dann könnten Sie nichts anderes tun, als die Musik zu genießen?«

Er wurde langsam nervös, versuchte mich zu unterbrechen, doch ich hatte noch Luft. »Und wenn wir das Ganze fünfmal wiederholen, über zweieinhalb Stunden hinweg, dann wird zweierlei geschehen: Erstens – wir haben so viel Spaß, dass wir es die nächsten fünf Tage wiederholen. Und zweitens – Sie haben die sieben Songs so oft gehört, dass Sie keine Wahl mehr haben, als in die Band einzusteigen.«

Ich beendete meinen kleinen Monolog mit einem Lächeln, und

der grau-schwarze Don Johnson von Bonn griff in die Tasche, zog einen 20-DM-Schein und warf ihn in den Gitarrenkoffer. Die Jungs grinsten zufrieden – er hatte die Botschaft verstanden. Wir packten die Gitarren ein, zogen ein Stück weiter (aus dem Blick, aber nicht unbedingt aus seinem Hörbereich). Die Gastfreundschaft der Deutschen wollten wir ja nicht überstrapazieren. Doch Busking bringt dir ein paar Regeln bei, egal in welcher Sprache du singst. Am Ende hatten wir rund 50 DM eingespielt und beschlossen, unseren ersten Kasten deutsches Bier im Supermarkt zu kaufen.

Der Prozess, einen Kasten Bier auszuwählen, darf nicht unterschätzt werden. Wir waren fünf junge Iren, alle durstig, alle gespannt darauf, unser erstes weltberühmtes deutsches Bier zu probieren! Wir schlenderten durch den Laden, bis wir plötzlich vor dem standen, was aussah wie das Hauptquartier sämtlicher Biere, die im Umkreis von zwanzig Kilometern gebraut worden waren. Wir waren sprachlos. In Irland war Bier teuer, die Auswahl beschränkte sich auf ein oder zwei Lager und Stout. Und hier? Ein Berg aus Dosen und Flaschen in allen Farben und Größen. Kein »Wall of Happiness«, sondern eine schiere Felswand, die uns überwältigte. Wir schmiedeten eine Strategie: Fokus auf Preis und Alkoholgehalt pro Milliliter. Zwischen Hefeweizen, Pils, Lager und Alt verloren wir den Überblick. Ich beschloss, die Auswahl einzuschränken – Hefe und Kristallbiere fielen raus, schließlich hätten wir dazu Gläser gebraucht, und die waren für unsere Zwecke überflüssig. Dank meiner Erfahrung hinter irischen Tresen reduzierte ich die Wahl auf drei Sorten. Mit der ganzen Verantwortung der Welt griff ich schließlich zu einem blau-weißen Kasten mit 300ml-Pilsdosen, hob ihn vom Regal und stellte mich an die Kasse.

19 DM für einen Kasten Bier – ein Fünftel dessen, was wir daheim bezahlt hätten. Aber: War das Bier nun flüssiges Gold oder nicht? Wir schleppten es in den Park vor dem Laden, legten die Instrumente ab und starrten die Dosen an, während wir versuch-

ten, das Etikett zu entziffern. Dann – *kksssssshhhhh* – das vertraute Geräusch einer sich öffnenden Dose. Aber unsere Dosen waren noch unversehrt. Wir schauten uns um – und sahen zwei Obdachlose, die sich begrüßten und anschließend genau die gleiche Biersorte hinunterkippten, die wir gerade gekauft hatten. *»YEESSSS!! SCORE!!«*, brüllte ich. Wir grinsten uns an. Wenn Männer mit knappem Geld und viel Durst genau dieses Bier gewählt hatten, konnte es nur ein Gewinner sein. Die Formel war simpel:

Preis × Alkohol % × Menge = Flüssiges Gold.

Wir tranken uns satt und kehrten nach Gummersbach zurück – bemüht, die Dorfbewohner nicht zu wecken. Vergebens.

Am nächsten Tag entschieden Brian und ich weiterzuziehen und seine Schwester in Köln zu besuchen.

Brian war von kleiner Statur, hatte ein lautes Lachen und war intelligent. Auf dem Weg in die Stadt war unsere Unterhaltung gespickt mit Ironie und leichtem Sarkasmus. Wir waren froh, einmal allein unterwegs zu sein. Wir begannen den Abend so, wie die meisten Nächte beginnen – in einer ruhigen Kneipe mit einem einfachen Glas Bier.

Es ist wichtig, den Weg ins Delirium nicht im Sprint zu nehmen. Die Erfahrung lehrt: Man kommt sowieso dort an, also lieber die Aussicht genießen. Wir fanden uns in einem Irish Pub wieder – betrieben von Deutschen. Brauchte etwas, bis wir uns daran gewöhnt hatten. Aber als »echte Paddies« hatten wir einen touristischen Mehrwert: Wir machten die Kneipe authentischer. Das versuchten wir auszunutzen und verhandelten mit dem Barmann ein paar Gratis-Pints, wenn wir uns mit den Gästen unterhielten. Leider waren wir nicht die ersten Iren mit dieser Geschäftsidee. Die Exil-Community hatte bereits bewiesen: Mit deutschen Kunden macht man mehr Gewinn als mit irischen Gästen.

Alkohol kann Mut verleihen, aber irgendwann ist er nur noch die weiße Fahne in einem aussichtslosen Kampf. Doch wir standen noch ganz unten auf der Lebensleiter, überzeugt, dass je größer der Mann, desto härter der Fall. Anders gesagt: Wir waren jung und mussten erst noch ein paar Fehler machen, bevor wir uns selbst in die Luft jagten. Wir tranken also weiter. Bald gesellten sich Einheimische an unseren Tisch, erzählten von Begegnungen mit Feen und Kobolden und dem Naturwunder Giant's Causeway. Wahr ist: Je weiter man sich von der Heimat entfernt, desto größer wird die Liebe zu ihr – und desto blumiger beschreibt man sie. Mit Alkohol im Spiel steigert sich dieses Phänomen ins Unermessliche. Irische Geschichte, die man in der Schule ignoriert hatte, wird plötzlich zur scharfen Munition, mit der man die Herzen der Zuhörer trifft.

Und während die Pints kamen und gingen, stellten wir fest: Seit einer Stunde hatten wir selbst nichts mehr bestellt. Unser Tisch war übervoll mit vollen Gläsern – die Locals wussten genau, wie man die Geschichtenerzähler bei Laune hält. Ich wusste, wie ich jede Anekdote bunt ausmalen konnte – das Interessante wurde fantastisch, das Unmögliche plötzlich plausibel. Nach einer letzten Runde entschieden wir, den Pub zu verlassen, bevor die Magie nachließ.

Denn es gilt eine goldene Regel des Showbiz – auch beim Kneipenabend: Immer das Publikum zurücklassen, wenn es noch mehr will. Besonders dann, wenn es die Rechnung zahlt.

Draußen auf der Straße entdeckten wir – *Achtung, Baby!* – gleich gegenüber noch eine Irish Bar. Dort wollten wir noch ein letztes Guinness trinken, bevor wir uns zum Übernachten auf den Weg zur Wohnung von Brians Schwester machten.

Die positive Seite des Alkohols ist, dass er die Grenzen der Gewohnheit aufhebt. Die Dinge verändern sich, man fühlt sich lebendig und zu allem fähig. Man will an das Unmögliche glauben, und für den Bruchteil einer Sekunde kann man sich selbst mit seinen eigenen Argumenten überzeugen. Das Problem ist nur, dass man in dem durch den Alkohol hervorgerufenen Zustand der Klarheit bleiben müsste, um weiterhin seinen eigenen Argumenten zu glauben. Dies ist jedoch nur von kurzer Dauer, denn je mehr Alkohol man konsumiert, desto mehr wird dieser Zustand der Klarheit zu einem Zustand der Ausweglosigkeit. Man verliert die Kontrolle, und stattdessen übernimmt der Alkohol die Kontrolle, und man interessiert sich nicht mehr für die Argumente, sondern nur noch dafür, woher der nächste Drink kommt. Kurz gesagt: Man wird zum Aasfresser.

Wir tranken mehr als genug in der zweiten Bar und fühlten uns nach kurzer Zeit heimisch – wir hatten Freundschaft mit dem Personal geschlossen. Natürlich tranken wir weit über unsere finanziellen Möglichkeiten hinaus, aber unsere neuen Bekannten feuerten unser Gerede an, weil es sie an eine Heimat erinnerte, die sie lange nicht gesehen hatten. *»Last orders!«* wurde gerufen, Glocken läuteten, und die meisten Gäste wurden freundlich hinauskomplimentiert. Brian und ich waren schon dabei, mit Mänteln und Schals zu ringen, als die irische Barmaid Siobhán uns zuflüsterte: »Sitzt still und wartet auf mein Zeichen.«

Wir kannten »Lock-ins« von zu Hause, aber wir hatten nicht damit gerechnet, dass wir in Deutschland einen erleben würden. Als sie die Bar für einen, wie wir dachten, letzten Drink vorbereitet hatten, forderte Siobhán uns auf, unsere Jacken zu schnappen und ihr die Treppe hinunter in den Keller zu folgen.

Wir begaben uns vom Erdgeschoss des Pubs hinunter in einen Raum, der sich als eine unterirdische Karaoke-Bar entpuppte. Etwa zwanzig Stammgäste saßen in dunklen Sitzecken mit schummrig-fluoreszierender Beleuchtung, das Barpersonal erwachte zu neuem Leben und bediente mehr sich selbst als die Gäste, die durch die Tür hereinkamen. Der Lock-in war professionell und genau geplant. Die Musik war zwar laut, aber der Pub war akustisch so gut isoliert, dass uns draußen niemand hören konnte. Die Stammgäste waren Iren und Engländer, die wussten, was zu tun war: Wenn man sich anständig benahm, konnte der Traum, in einem Pub nach Zapfenstreich so viel zu trinken, wie man wollte, noch stundenlang weitergehen. Wenn man sich nicht benahm, dann stand man ziemlich schnell draußen auf der kalten Straße und fragte sich, wo die Eintrittskarte und der Eingang zur magischen Bierfabrik von Willy Wonka hingekommen waren.

Ich war im Himmel. Hinter der Bar, zapfte für alle – und natürlich für Brian und mich. Ein Lottogewinn: Glück ohne Geld.

Doch plötzlich wechselte die Stimmung. Jemand fixierte mich. Ein Glatzkopf, groß und kräftig, starrte mich über die Spiegel im Raum an. Alle anderen jubelten Siobhán zu, die »*The Boys Are Back in Town*« von Thin Lizzy schmetterte. Aber sein Blick galt mir. Ein elektrischer Schlag – Nüchternheit. Ein Reflex, den ich mir als Barmann, Polizistensohn und nächtlicher Heimgeher durch Dublin antrainiert hatte: Gefahr erkennen.

Der Mann ging an mir vorbei zur Toilette. Siobhán erklärte mir, dass William auf der Flucht war – nach einer Prügelei mit einem Polizisten in Birmingham. Außerdem Ex-Profiboxer. »So viel Aggression in einem jungen Mann«, seufzte sie. »Er ist wie eine geladene Waffe.« Als William zurückkam, nahm ich das Heft in die Hand. »Sorry, kennen wir uns?« – »Nein, wer zum Teufel bist du?« – »Dein Gesicht kommt mir bekannt vor … Hast du mal geboxt?«

Treffer. Er entspannte sich, lächelte sogar. Ich erkannte ihn angeblich aus einem Kampf, den er verloren hatte. Doch ich drehte es so, dass er wie ein ungekrönter Champion dastand. William war geschmeichelt – und lud mich auf ein Bier ein.

Eine Stunde später lagen wir uns in den Armen. Aus Feind war Freund geworden. Der Lock-in endete, William verschwand, die Türen öffneten sich.

Brian und ich blieben zurück, halfen beim Aufräumen, plauderten über das Leben, bis uns die Morgenluft und Vogelgezwitscher begrüßten. Doch in Köln fanden wir die Wohnung von Brians Schwester nicht sofort. Als wir sie dann schließlich doch ausfindig machen konnten, öffnete uns niemand die Tür. Deswegen beschlossen wir, uns mit Zeitungen, die wir in der Nähe gestapelt gefunden hatten, gegen die Kälte zu schützen. Wir steckten sie in unsere Hosen und Jacken und schliefen im Korridor, bis Brians Schwester schließlich auf dem Weg zur Arbeit ihre Wohnungstür öffnete. Sie sah schockiert aus, weil sie zuerst dachte, zwei Obdachlose hätten in ihrem Hausflur ihr Lager aufgeschlagen. Als sie jedoch erkannte, dass es ihr Bruder und sein Loser-Freund waren, wandelte sich der Schock in Abscheu. Ich war immun gegen Kritik zu so früher Stunde. Immerhin ließ sie uns herein, damit wir unseren Rausch ausschlafen konnten, während sie weg war. Ich fühlte mich wie ein König, der seinen Kopf auf weichen Kissen ausruhte – ein Gefühl, das sich fünf Stunden später ändern sollte, als sie nach der Arbeit zurückkam, um uns hinauszuwerfen.

Der Kater danach: legendär. Irland kennt viele Worte dafür – *destroyed, scuttered, polluted, bolloxed, haunted* ... alle passten. Brendan war wütend. Katjas Eltern hatten uns aufgenommen, in keinem Hostel, in keinem Hotel, sondern in ihrem Zuhause. Wir rochen nach Bier, Zigaretten, Desaster. Katjas Eltern müssen ihre Wahl an Freunden hinterfragt haben – und Brendan wusste: Wir hatten ihm den ersten Eindruck ruiniert.

Zurück in Irland, war die Stimmung gedrückt. Wir hatten Brendan und Katja geschadet. Menschen lieben die Iren für Charme, Witz, Lebenslust. Doch es gibt auch die andere Seite: das Chaos, das Nachspiel, das Dunkle. Ich war selbstzerstörerisch, auf der Suche nach einem Rockstarleben – und verletzte die, die ich Familie nannte. Es sollte nicht das letzte Mal sein, dass Brendan, Katja und ich wegen meines gedankenlosen Verhaltens aneinandergerieten.

Wir standen als Band noch ganz am Anfang, und diese ersten Auseinandersetzungen gingen am tiefsten.

Als wir uns trennten, war unklar: noch eine Band – oder schon eine Band ohne Geiger? Vielleicht nur ein Sänger ohne Band? Doch am nächsten Tag hob der Glaube wieder seine Fackel und warf ein Licht auf unseren Weg: Katja bot an, für uns eine Tour in Deutschland zu organisieren.

The Reckless Pedestrians gingen international.

Techno

Nachdem ich mich nach den ersten schwierigen Wochen im College selbst bemitleidet hatte, beherzigte ich den Rat meines Vaters: »Nicht das Problem an sich, sondern wie du damit umgehst, macht dich aus!«

Ich schüttelte also mein Selbstmitleid ab und kam wieder richtig auf die Füße, als ich neue Freunde fand. Umgeben von tollen Leuten schaffte ich es schließlich, das Studentenleben in vollen Zügen zu genießen mit allem, was dazugehörte.

In meinem dritten Studienjahr wurde ich zum Vizepräsidenten der Studierendenvertretung gewählt. Als studentischer Vertreter war ich verantwortlich für das Wohlergehen von über dreitausend Studierenden. Das war teilweise ironisch, denn ich war mir nicht sicher, ob ich überhaupt für mein eigenes Wohlergehen sorgen konnte – geschweige denn für das der anderen.

Ich sage teilweise, weil ich glaube, dass die Leute wussten, dass ich mich kümmerte. In den ersten Studienjahren war ich immer stärker in die Hochschulpolitik hineingeraten. Nicht, weil ich besonders politisch war – sondern weil ich einen starken Gerechtigkeitssinn besaß. Ich fühlte mich oft verpflichtet, für jene einzustehen, die nicht für sich selbst sprechen konnten. Wir demonstrierten für Studierendenrechte, Mietrechte, Informationsrecht zum Thema Abtreibung oder die Rechte von Homosexuellen. Ich war weder homosexuell, noch würde ich jemals abtreiben müssen, doch ich war der Meinung, dass die Gesellschaft imstande war, gut informierte Entscheidungen zu treffen – anstatt Verbote zu bekommen.

Wir – als junge Generation – hatten das Bedürfnis, gegen ein überholtes System aufzubegehren. Ein System, das sich weigerte, den Vorhang zu lüften: vor den Verfehlungen der Kirche, vor der dysfunktionalen Politik, die unsere Zukunft zu ersticken schien. Wir fühlten uns unterdrückt und wütend. Wir wollten das Muster durchbrechen, das man unseren Vätern und Großvätern aufgezwungen hatte.

Die Grundpfeiler unserer Gesellschaft waren Politiker und Gesetze, Priester und Kirche, Lehrer und Bildung, Banker und Geld. Sie gaben uns die Regeln vor – und wir hatten uns an sie zu halten. Doch wie jede Generation spürten auch wir die Kraft, alles infrage zu stellen, was uns nicht gerecht erschien. Wir wollten für eine Zukunft kämpfen, die *unsere* sein würde – und nicht die ihre.

Ich habe nicht an alles geglaubt, wofür wir kämpften. Doch wer etwas einreißt, entscheidet nicht, was stehen bleibt. Manchmal geht es nur darum, das Alte zu erschüttern – in der Hoffnung, dass daraus etwas entsteht, das uns endlich zuhört.

Als studentischer Vertreter war ich bereits festgenommen worden – wegen der Besetzung staatlicher Gebäude, dem Anbringen eines Kondomautomaten in den Toiletten der Universität und dem Anführen von fünftausend wütenden Studierenden gegen die Fahrtrichtung einer Einbahnstraße.

Ich mochte meine Rolle aus vielen Gründen. Ich fühlte mich wichtig – und ich hatte das Gefühl, dass meine Arbeit wichtig war. Es war allerdings schwierig für mich, mit einem Präsidenten zusammenzuarbeiten, der das Ganze nicht annähernd so ernst nahm wie ich. Also trat ich zurück – als Protest gegen seine Gleichgültigkeit gegenüber dem Amt und der Verantwortung.

Er war zwar ein netter Kerl. Und ich definitiv zu ernst für mein

Alter. Aber ich fühlte mich wie auf einer Mission und stand mir im Weg. Im Nachhinein bin ich ihm dankbar, dass er meine »Karriere« als studentischer Anführer vorzeitig bremste – denn wäre das nicht passiert, wäre ich vielleicht in die Politik gegangen (und ich bin wirklich froh, dass mir das erspart geblieben ist!).

Der Job des SU fühlte sich an, als sei man im Dschungel eines Experimentes mit Studierenden gelandet: Privatleben und die persönlichen Probleme von Kommilitonen wurden besprochen, analysiert und gecoacht. Kaffeetrinken in der Mensa konnte sich in einen katholischen Beichtstuhl verwandeln. Ein kurzes »Kann ich dich kurz sprechen?« im Flur wurde plötzlich zur juristischen Beratung in moralisch fragwürdigen Dingen.

»Ich hab mich von meinem Freund getrennt und weiß nicht, wo ich heute Nacht schlafen soll.«

»Ich bin schwanger – und ich weiß nicht, was ich tun soll.«

»Ich hab für zehn Pfund Gras gekauft – war aber nur getrockneter Torf.«

Alle hofften auf Antworten, und manchmal hatte man zumindest einen guten Rat. »Wenn ihr beide die Miete zahlt, müsst ihr auch beide das Problem lösen. Warum sollte er bleiben dürfen, während du gehen musst? Ich ruf ihn an.«

»Hast du es dem Vater gesagt? Er war schließlich beteiligt. Vielleicht sollte er mitentscheiden, was das Beste ist. Und vergiss nicht: Du bist nie allein – auch wenn es sich manchmal so anfühlt.«

»Drogenhändler nehmen nichts zurück. Du lebst, du lernst. Und immerhin war's kein Kuhdung.«

Ich mochte dieses Leben – als Helfer, als Problemlöser. Und oft half es mir auch, mein eigenes Leben zu sortieren.

Wenn mir mal wieder alles über den Kopf wuchs, ging ich auf die nächste Studentenparty und genoss meine Popularität, die mit dem Amt einherging.

Ich war nicht gut darin, lange über Dinge nachzudenken, es machte mich traurig, ich musste mich ablenken.

Es waren viele, die an meine Tür klopften – junge Menschen in Angst und Not, mit Problemen, die ich nicht lösen konnte: Ausgestoßene, Verwirrte, Überforderte. In all diesen Gesichtern spiegelte sich Hoffnungslosigkeit. Hätte ich mich dem ohne Abstand gestellt, wäre ich selbst im Dunkel versunken. Doch ich wollte nicht dieser Mensch sein. Also suchte ich Orte zum Lachen, zum Feiern, zum Leben. Ich klammerte mich an die Momente, die mir Kraft gaben – bis zum nächsten Tag. Und bis zum nächsten Klopfen an der Tür.

Ich studierte am College of Marketing, Art and Design (COMAD), einem von fünf Campus, die zum Dublin Institute of Technology (D.I.T.) gehörten. Es war nichts Ungewöhnliches, dass die Studierendenvertretungen dieser fünf Colleges gemeinsame Veranstaltungen organisierten – das sparte Kosten, und da wir uns ohnehin alle kannten, lautete die Devise meistens: Warum nicht? *The more the merrier!*

Einmal beschlossen wir, gemeinsam an einem sogenannten Welfare Weekend der Queen's University in Belfast teilzunehmen. Ein Workshop zur Stärkung von Beratungskompetenzen mit Schwerpunkten Verhütung, gleichgeschlechtlicher Sex, Leben mit AIDS, Frauenrechte, Mietrecht – und vieles mehr. Klang spannend. Ein intensives Programm für eine eintägige Konferenz, von Mittag bis 19 Uhr.

Die Busse sollten frühmorgens in Dublin abfahren und rechtzeitig zum ersten Programmpunkt mittags in Belfast eintreffen.

Durch meine Brille geschaut las sich aber das Programm folgendermaßen.

9:00 Uhr – Abfahrt des Busses in Dublin
13:00 Uhr – Ankunft in Belfast (inkl. einer Toilettenpause)
13:15 Uhr – Die Student-Bar öffnet
0:00 Uhr – Letzter Bus zurück nach Dublin

Wir hatten also fast zwölf Stunden in Belfast – einer Stadt, in der das Bier enorm viel billiger war als bei uns im Süden. Ich war »in der ZONE«, könnte man sagen. Und auch wenn das Wort »Zone« leicht militärisch klang – durchaus passend –, so war es doch genau das: Wir fuhren in eine Stadt, in der wir Bier und Zigaretten fast geschenkt bekamen.

Belfast und Queen's University waren nicht nur angesehene Bildungsorte, sie waren auch das reinste Paradies für jeden Studenten aus dem Süden, der sich dort zum ersten Mal finanziell in der Lage sah, eine Runde für alle zu spendieren.

Drei Worte: *Let us go!*

Vielleicht zerstöre ich mit dieser Erzählung ein wenig den Respekt, den ich mir mit der ehrlichen Schilderung meiner Arbeit als Welfare Officer zuvor verdient habe. Aber sei's drum.

Ich wurde vermutlich zum Welfare Officer gewählt, weil ich selbst den ganzen Wahnsinn durchlebt hatte, den das Uni-Leben mit sich bringt. Ich war gesellig, kannte fast jeden auf dem Campus – vom Professor bis zum Portier, vom Student bis zum Kantinenpersonal. Ich war der Typ, zu dem man kam, wenn etwas kaputt war – sei es die Heizung oder das Herz. Tagsüber versuchte ich, das Leben der anderen zu reparieren. Und abends war ich in der Bar präsent, um beim kollektiven Kummertrinken Beistand zu leisten.

Aber bei dieser Reise ging es nun um mich. Klingt egoistisch? War es wahrscheinlich.

Es war der Zeitpunkt, in der das Wohlergehen anderer hinter mein eigenes zurücktreten musste.

Belfast war eine Stadt, in der man besser *streetsmart* war. Man wollte nicht versehentlich in der falschen Kneipe mit dem falschen Akzent landen.

Ich wusste damals nicht viel, aber ich wusste, dass die Bürgersteige in Belfast farblich codiert waren. In den katholischen Vierteln waren sie grün, weiß und gold – ein Bekenntnis zur Republik Irland (und oft auch zur IRA). In den royalistischen Gebieten hingegen waren sie in Blau, Weiß und Rot gestrichen – die Farben des Union Jack, der britischen Flagge und dem Versprechen der Union mit der britischen Krone.

Belfast ist eine wunderschöne Stadt – aber damals war sie vom Krieg gezeichnet, voller Narben. Wer es nicht selbst erlebt hatte, konnte auch nicht wirklich begreifen, welchen Schmerz diese großartigen Menschen durchgestanden hatten – und wie viel Mut, Vergebung und Zeit es brauchen würde, diese Wunden zu heilen.

Wir kamen an der Student Union der Queen's University Belfast (QUB) an – voller Freundlichkeit und Dankbarkeit gegenüber dem Team, das die Konferenz organisiert hatte. Wir zeigten unsere Wertschätzung, indem wir alle gemeinsam an der ersten Vorlesung teilnahmen.

Ich gebe offen zu: In meinem Kopf kreiste vor allem der Gedanke an das erste Bier, das ich bald wie einen alten Freund in Empfang nehmen würde. Doch Konversation war mein zweitliebstes Hobby, und so ließen wir uns ablenken, gingen am Student Pub vorbei und tauschten auf dem Weg zum Hörsaal weiterhin Geschichten aus.

Ohne zu aufdringlich oder taktlos wirken zu wollen, fragte ich nach, wie die »Spannungen« – ein gesellschaftlich akzeptierter Begriff für das, was man nicht offen »den Krieg« nennen wollte – aktuell seien.

Ein Vertreter der Queen's Student Union sagte uns, dass es wieder unruhig sei. Vor Kurzem war eine Studentin erschossen worden – sie war Mitglied der Partei Sinn Féin und Sympathisantin der IRA.

»Sie wurde auf dem Heimweg von der Uni erschossen«, sagte er.

Er sprach diesen Satz ohne jede Betonung, ohne Pathos, ohne erkennbare Erwartung auf Mitgefühl. Als würde er das Wetter für den nächsten Tag vorlesen.

Ich weiß nicht mehr, mit wem ich aus Dublin genau dort im Flur stand – aber das war auch nicht wichtig. Ich war geschockt. Jemand hatte ein Mädchen erschossen. Vor ihrer Haustür. Wegen ihrer politischen Überzeugung.

Ein Mensch war ausgelöscht worden, und plötzlich erschien mir mein eigenes Leben unbedeutend im Vergleich zu dem eines Menschen, der für seinen Glauben und für seine Freiheit kämpfte.

Ich lebte im Süden, weit entfernt vom täglichen Konflikt, den die Menschen in Belfast und im Norden durchlebten. Mein Vater verhaftete manchmal IRA-Mitglieder, weil es sein Job war. Aber in diesem Moment war ich dem Sympathisantentum näher, als ich es je zuvor gewesen war.

Meine Gedanken waren nicht politisch, nicht logisch – sie waren emotional.

Wir gingen weiter. Sprachen weiter.

Und auch wenn es keine Möglichkeit gab, ein solches Gespräch positiv zu beenden, wussten wir: Unsere Freunde im Norden waren froh, dass wir da waren – um für einen Moment die Schwere ihrer Erfahrungen mitzutragen.

Im Konferenzsaal angekommen, sah ich all die vertrauten Gesichter aus ganz Irland, und sie taten mir gut.

Der Schock über den Mord an der Studentin hielt an – aber das erste Thema des Tages – Sicherer Analverkehr – brachte uns abrupt wieder auf andere Gedanken.

Wir arbeiteten uns durch das Thema »Leben mit AIDS«. Wir nickten zustimmend bei den Vorträgen über Verhütung. Wir buhten laut bei neuen Gesetzen, die die Rechte der Vermieter stärkten. Wir spendeten großen Beifall für Frauenrechte. Aber – ach du meine Güte – ich sah, wie mein persönlicher Zeitplan dahintrieb. Langsam begann sich, die magnetische Anziehungskraft zwischen einem irischen Mann und der nächstgelegenen Bar aufzubauen – und wurde immer stärker.

Wir saßen nun seit über vier Stunden im Konferenzsaal. Da blieben nur noch etwa fünf Stunden zum Trinken und sozialen Austausch.

Zieht man Toilettenpausen, Zigarettenpausen und die unvermeidlichen fettigen Fish-and-Chips-Tüten ab, die man vor dem Einsteigen in den Bus unbedingt brauchte (ganz zu schweigen vom Zeitaufwand, einen Haufen betrunkener irischer Studierender in eine halbwegs gerade Linie zu bringen), hatte ich ausgerechnet, dass der eigentliche Zeitplan nur dann eingehalten werden konnte, wenn wir sofort den Konferenzsaal verließen und innerhalb der ersten 30 Minuten drei Bier tranken.

Es war machbar – aber mussten wir los. Jetzt!

Die verbleibenden Themen lauteten Körperhygiene und Homosexueller Sex – zweifellos wichtige Inhalte. Aber stellten sie wirklich ein größeres Bedürfnis dar als Drinks und eventuell möglicher Sex? Die Delegation aus Dublin stimmte mit den Füßen ab – und marschierte zur Bar.

Gott im Himmel, diese ersten Gläser Guinness waren unbeschreiblich, besonders in Kombination mit Gelächter, Tayto Chips (oder dem nordirischen Äquivalent), Zigaretten und der Gesellschaft von Freunden.

Die Vertreter der SU waren sich ihrer Vorteile bewusst: Sie wussten, nicht allen Studenten waren die Privilegien vergönnt, die mit dem Amt verbunden waren. So waren die Dozenten bei uns eher bereit, ein Auge zuzudrücken, wenn wir unpünktlich waren. Oder wir wurden auch nur hinzugezogen, wenn es nötig war, mit Studenten außerhalb der üblichen, formalen Kommunikationskanäle zu sprechen. Drohte ein Student in einem oder mehreren Fächern durchzufallen und der Dozent wusste, dass der Grund dafür war, dass der- oder diejenige ein Familienmitglied verloren hatte oder es andere private Probleme gab, wandte er sich an den SU-Vertreter, um den oder die Betroffene trotzdem zu einem akzeptablen Abschluss zu verhelfen (oder falls das nicht möglich war, zu raten, das Jahr zu wiederholen). Diese Kommunikationskanäle waren wichtig, um die Harmonie in einem kleinen College wie dem COMAD zu gewährleisten und zu fördern.

Vertreter der SU konnten außerdem in der College-Mensa anschreiben lassen und hatten freien Zugang zu allen Events auf dem gesamten Campus. Bei jeder Veranstaltung kamen wir unkompliziert an kostenlose Getränke. Der Portier der Uni sprach uns normalerweise mit dem Vornamen an. Wenn man sich auf diesen »Gravy Train« begab, war das Wichtigste, dass man den Geschmack von Süßem liebte, denn man bekam alles ohne Mühe und Not hinterhergeschmissen. Und genau das war an diesem Abend an der Queen's der Fall! Nach den ersten herrlichen Pints gingen wir in den Club innerhalb der Universität (richtig, die Queen's hatte eine eigene Bar und einen eigenen Club – das war keine Universität, das war ein Vergnügungspark!). Und dort hat es mich dann erwischt.

Der DJ stand mitten im Raum und wurde von mehreren Strahlern angeleuchtet, was für mich ungewohnt war. Bis dahin hatte ich nur DJs erlebt, die irgendwo am Rand des Raumes oder in einer schummerigen Ecke platziert waren. Es begann wie bei einer Kirchenprozession, mit Orgel, Dudelsack und Gesang, und dann kamen … Rhythmus und Bässe … Techno … und dann? Whhooooshh!

Ich brauchte einen Moment, um zu begreifen, was gerade in meinem Inneren – und in meinem Kopf – passierte. Ich wurde aus meinem Sitz gehoben – nicht freiwillig, nicht absichtlich, sondern wie von einer unsichtbaren Kraft getragen. Ich schwebte in den leeren Raum vor mir. Ich begann zu tanzen. Ich habe schon immer gern getanzt – auch wenn es normalerweise eher aussah, als würde jemand versuchen, eine Mücke in einem dunklen Schlafzimmer zu erschlagen. Aber diesmal war es anders. Die Musik übernahm die Kontrolle. Ich tanzte nicht, um zu beeindrucken – nicht mit Moves, nicht mit Posen. Ich nahm kaum noch wahr, wer um mich herum war. Unglaublicherweise verlor ich sogar das Interesse an der Bar und an den Drinks. Zeit verlor jede Bedeutung.

Was war geschehen? Ich war verloren. Verloren in Techno-Musik.

Dieser erste Moment schien stundenlang anzuhalten. In Wirklichkeit kehrte ich nach einer Stunde mit einer Studentin, die ich auf der Tanzfläche kennengelernt hatte, wieder an meinen Platz zurück. Es kam mir vor, als hätte ich sie schon mein ganzes Leben gekannt. Im Tanz, ohne, dass wir uns berührten, schien es, als hätten wir uns unsere Lebensgeschichten erzählt.

Die Musik wurde immer lauter und besser und noch anregender. Und dann übernahm sie völlig die Kontrolle. Die Tanzfläche zog mich zurück, und ich tanzte und tanzte, vergaß, wo ich war, vergaß einfach alles. Ich war völlig verzaubert – himmlische Techno-Verzauberung. Irgendwann klopfte mir jemand auf die Schulter, ich ignorierte es. Dann klopfte es noch einmal und noch einmal, bis ich kapierte, dass es einer meiner SU-Kollegen war, der mich darauf aufmerksam machen wollte, dass wir schon spät dran waren für den letzten Bus. Sosehr ich es auch genoss, mich in der Musik zu verlieren, musste ich jetzt vernünftig sein.

Die Realität holte mich ein mit einer recht prägnanten Stimme.

»Du willst heute Abend bestimmt nicht durch Belfast spazieren auf der Suche nach einer Bleibe für die Nacht, oder?«

Meine Fantasie spann schon die Vorstellung.

»Hallo, ich komme aus dem Süden Irlands und suche für heute Nacht ein Bett. Könnten Sie mir bitte eine Unterkunft anbieten – oder würden Sie es vorziehen, mich wegen meines Glaubens und meines schlecht platzierten Akzents von der Erdoberfläche zu tilgen?«

In meinem Kopf klang das lustig – aber es schlug auf mich ein wie ein Vorschlaghammer. Ich durfte auf keinen Fall den letzten Bus verpassen. Es war Zeit zu gehen! Ich erinnerte mich, dass ich dem Fahrer des letzten Busses gesagt hatte, er solle ohne mich nicht abfahren – immerhin war ich derjenige, der die Schecks für die Bezahlung unterschrieb. Das war mein Glück – er wartete.

Es ist nicht übertrieben, wenn ich behaupte, dass ich einen erstaunlichen Orientierungssinn habe – eine weitere Eigenschaft, die ich von meinem Vater geerbt habe. So wurde ich zum Hirten der betrunkenen Herde von Studentenvertretern ernannt, um uns zum Bus zurückzuführen, der uns zurück nach Dublin bringen sollte.

Wir alle lachten und feierten unser großes Belfast-Abenteuer. Ich ging rückwärts, während ich mit beiden Armen wedelte, um die Nachzügler zu dirigieren, die in alle Richtungen zu laufen schienen.

Waren wir alle komplett betrunken? Ja.

Waren wir alle sehr laut? Ja.

Könnte man mit Fug und Recht behaupten, dass wir zu sehr später Stunde eine Art nächtliche Ruhestörung verursachten? Ja.

Plötzlich fühlte ich den Lauf eines Maschinengewehrs in meinem Rücken – ein kalter, ernüchternder und trotzdem für mich nicht allzu überraschender Moment. Warum und wie konnte ich wissen, dass es ein Maschinengewehr war? Ich musste mir nur meine Kommilitonen anschauen. Sie standen vor mir und schienen wie am Boden festgefroren vor lauter Schreck, die pure Angst in den Augen. Zu meiner Rechten stand ein bewaffneter Polizist der Royal Ulster Constabulary (RUC), zu meiner Linken ein weiterer. Das bedeutete, hinter mir stand der dritte, derjenige, der das kalte Ende seines Maschinengewehrs in meinen Rücken bohrte. Ich nahm beide Hände hoch und machte einen Schritt nach vorne, bevor ich mich umdrehte.

»Guten Abend, Officer. Wir sind gerade auf dem Weg zum Bus, der uns wieder nach Dublin bringt …« Ich zeigte vorsichtig auf den wartenden Bus mit dem Fahrer. » … nach einem großartigen Tag in Ihrer wunderschönen Stadt. Kann ich sonst noch irgendwie behilflich sein?«

Das soll den Ernst der Lage nicht herunterspielen oder den Eindruck erwecken, dass ich nicht zu Tode erschrocken war. Das war ich ohne Zweifel. In Stresssituationen tendiere ich aber zu Übersprungshandlungen. Worte sprudelten nur so aus mir heraus.

Zum Glück war es nicht das erste Mal, dass mich eine uniformierte Person in einem weniger als nüchternen Zustand zur Rede stellte. Ich hatte gelernt, dass Höflichkeit einen entwaffnenden und hilfreichen Effekt hatte in derartigen Umständen. Dummerweise hatte ich bis dahin noch keine Erfahrung gesammelt mit Uniformierten, die bewaffnet waren.

Ich war betrunken, aber gespannt wie ein Flitzebogen, wie sich die Situation entwickeln würde.

Die Gardaí in Irland würden einen auf den Rücksitz eines Streifenwagens verfrachten und aufs Revier bringen, wenn sie den Eindruck hatten, dass man eine Bedrohung darstellte. War man betrunken und verhielt sich trotzdem manierlich, dann gab es in der Regel nur einen kleinen Verweis. Die RUC war anders, die Krempe ihrer Kopfbedeckung verdeckte ihre Augen, man konnte sie nicht lesen. Mein Großonkel Neddy pflegte in all seiner Weisheit zu sagen: »Man kann die Seele eines Menschen durch seine Augen sehen.« Vielleicht trugen sie deshalb ihre Kappen so tief über die Augen gezogen, um ihre Seelen zu schützen. Wie auch immer, es war schwer zu erkennen, was in dem Polizisten vorging.

»Dann haut schon ab«, sagte er schließlich mit diesem netten, nordirischen Akzent. Ohne zu zögern geleitete ich die Gruppe von Studenten zum Bus.

Der Vorfall beschäftigte uns nicht weiter, vor allem, weil alles so schnell passierte.

Außerdem übernahm die alkoholbedingte ausgelassene Stimmung wieder, mit Gegröle und Gesang, die durch die Sitzreihen brach. Unser wiederbelebter Rauschzustand löschte jedes Erinnerungsbild an Gewehre und Uniformen.

Der Bus verließ den Campus der Queen's, und schnell wurde uns klar, dass Tom, unser Busfahrer, während er auf uns gewartet hatte, auch den Preisunterschied beim Alkohol genossen hatte.

Die Räder vom Bus gingen nicht nur *»round and round«*, wie in dem niedlichen Kinderlied, sondern fuhren quietschend in diese und jene Richtung, und zwar ziemlich unberechenbar. Wir überlegten kurz, den Bus zu stoppen und beim Busunternehmen anzurufen, um einen Ersatzfahrer zu verlangen. Doch die drohende Wartezeit und die Umstände (der Fahrer, der extra aus Dublin hätte herfahren müssen, während wir – es war bereits nach Mitternacht – in einem Bus am Straßenrand im Stadtzentrum von Belfast auf ihn warteten) ließen uns nur eine Option.

Wir beschlossen, ihn an der nächsten Tanke auszunüchtern.

Nach etwas lallendem Hin und Her drängten wir Tom, eine Kaffeepause einzulegen. Um ihn wach zu halten – und den Bus möglichst in der Mitte der Straße zu lenken –, blieb ich neben ihm sitzen und kaute ihm ein Ohr ab. Doch während die Stunden verstrichen und die Reifen ihr endloses Lied auf dem Asphalt sangen, hörte ich ein gleichmäßiges, dumpfes Brummen in meinem Kopf Und nein – es hatte nichts mit dem Alkohol zu tun.

Wir erreichten den Stadtrand von Dublin im ersten Licht des Morgens. Ich hatte kein Auge zugetan. Immer und immer wieder ließ ich den Tag Revue passieren. Ich dachte an die Konferenz und daran, wie weit die besprochenen Themen entfernt waren von der Welt, in der ich aufgewachsen war. Ich musste leise lachen, als ich mir die Gesichter in Tempelmore vorstellte – wie sie wohl reagiert hätten, wären solche Inhalte damals Teil des Schulstoffs gewesen.

Dann dachte ich an das Mädchen, das sterben musste. Ich hatte kein Bild von ihrem Gesicht – also rief ich mir die Gesichter vieler Mädchen ins Gedächtnis, die ich kannte, und hoffte still, dass keiner von ihnen je so etwas widerfahren würde.

Den Moment mit der RUC spielte ich ebenfalls noch einmal durch – in meiner Vorstellung war ich natürlich der Held, allein schon dafür, dass ich mir nicht auf offener Straße in die Hosen gemacht hatte. Ich lachte innerlich, als ich mir das vorstellte. So viele Eindrücke an einem einzigen langen Tag.

Doch der eine Gedanke, der immer wiederkehrte, war der an den DJ– dieser schillernde Prediger des Klangs. Der Bass riss an mir, der Beat jagte durch mich hindurch wie ein unverschämtes Versprechen. Er war noch da, laut, wild, unsterblich in mir. Und ich wusste: Diese Liebe zum Techno würde mich nie mehr loslassen – geboren in dieser schönen, furchtlosen, ein bisschen verrückten Stadt namens Belfast.

Faith

Ich erinnere mich noch gut an den Moment, als ich aufwachte und mich plötzlich erwachsen fühlte. Nicht weil ich das so wollte, sondern weil ich musste. Der Tag, als ich die Nachricht vom Tod meiner Cousine Michelle erhielt, ist immer in meiner Erinnerung präsent. Sie hatte seit ein paar Jahren an Leukämie gelitten und starb als junge Frau – mit nicht einmal einundzwanzig Jahren.

Vivienne, die Leiterin der Student Union, informierte mich eines Tages, dass mich jemand am Telefon sprechen wolle. Sie führte mich in ihr Büro und ließ mich dann allein. Ich war etwas überfordert, so allein in ihrem Zimmer zu sein. Ich setzte mich auf den Schreibtischstuhl und lehnte mich zurück.

»Rea?« Mein Vater war dran. »Michelle hat uns für immer verlassen …« Er wartete auf eine Reaktion. Ich konnte nichts sagen. Ich war zu schockiert und sprachlos. Ich atmete tief durch und versuchte, nicht zu weinen. An den Rest des Gespräches kann ich mich nicht mehr erinnern. Wahrscheinlich ging es vor allem darum, wann die Beerdigung stattfindet. Um ein Aufwallen an Gefühlen zu vermeiden, konzentrierten wir uns auf Organisatorisches.

Michelle war noch so jung gewesen, nur ein bisschen älter als ich. Als Teenager war sie überzeugt gewesen, dass sie ihr Alter ändern könnte, weil ihr die Ärzte bescheinigt hatten, sie sei viel reifer, als ihr Geburtsjahr verriet. Ich erklärte ihr, dass das nicht ginge, aber dickköpfig, wie sie war – beharrte sie darauf.

Später, als sie krank wurde, besuchte ich sie regelmäßig im Krankenhaus. Ich erinnere mich, wie ich ihr Haar betrachtete und ihr bestimmt mehr als einmal sagte, wie schön es glänzte, bevor sie herausplatzte: »Das sind doch nicht meine echten Haare, du Blödi. Das ist eine Perücke!« Sie sagte das irgendwie liebevoll, und ich fühlte mich ziemlich dumm, weil ich das nicht selbst bemerkt hatte.

»Rea, kannst du kommen?« Die Stimme meines Vaters holte mich wieder zurück in die Gegenwart.

»Ich versuch's, Dad«, antwortete ich einsilbig und legte auf. Die Tür ging auf, und Vivienne schaute mich an. Sie hatte gewusst, worum es ging.

»Alles okay bei dir?«, fragte sie mich vorsichtig.

»Große Jungs weinen nicht«, antwortete ich und strengte mich an, meine Trauer so gut wie möglich zu überspielen.

Ich ging nach draußen, rauchte eine und weinte mir dann die Augen aus.

Als ich mit meiner Band, den Reckless Pedestrians, gerade in Limerick war – einer Stadt, die in den Achtzigern und Neunzigern einen eher zweifelhaften Ruf trug –, stand leider erneut eine Beerdigung an: Margarets, die Schwester meines Vaters und Michelles Mutter. Auch sie war an Krebs gestorben. Jahrelang hatte sie gegen die Krankheit angekämpft und ihre Schmerzen unterdrückt, um für ihre älteste Tochter da sein zu können. Nun hatte auch sie den Kampf verloren.

Dass meine Cousine in unserem Alter gewesen war, als sie starb, machte es besonders schwer. Es fühlte sich an, als hätten wir eine von uns verloren. Mit Tante Margaret war es nun wieder schwer – aber auf eine andere, fast grausamere Weise. Denn diesmal musste ich mit ansehen, wie ihre Lebenskraft Tag für Tag, Stück für Stück, abnahm. Und ich sah meinen Vater, den stärksten Mann, den ich kenne, hilflos an ihrem Bett sitzen, gezwungen, dabei zuzusehen, wie seine Schwester uns langsam, unausweichlich verließ. Beim letzten Besuch meines Vaters bei ihr im Krankenhaus war ich dabei gewesen. Sie war schon mehr oder weniger auf der anderen Seite, nur noch ihr Herz schlug in ihrem zerbrechlichen Körper. Sie lag da im Todeskampf und klammerte sich an das Leben. Doch man spürte, dass ihre Seele schon über diesem Körper schwebte und sie ermutigte, loszulassen.

Später saß ich mit meinem Vater in seinem Auto vor meiner Studentenwohnung. Er sprach darüber, warum das Leben so ist, wie es ist, und wie wichtig es sei, dankbar zu bleiben. Dazu kamen noch ein paar weitere Lebensweisheiten – diese altbekannten Klischees, die manchmal, im richtigen Moment, plötzlich wie eine Glocke klar und wahr klingen. Doch dann hatte ich das erste Mal in unserer Beziehung das Gefühl, *ihm* einen guten Rat geben zu können. »Du musst aufhören, gegen die Tränen anzukämpfen, Dad. Es ist wichtig, sie zuzulassen.«

Wir saßen schweigend nebeneinander, starrten hinaus ins Leere, als könnten wir uns in der Ferne verlieren – und doch waren wir ganz gefangen in diesem chaotischen Strudel aus Gedanken, der in unseren Köpfen tobte.

»Es ist okay zu weinen, Dad. Sie war deine Schwester. Es ist okay.«

Er tippte sanft mit der Hand auf mein Knie, dann hielten wir uns kurz im Arm, bevor ich ausstieg. Er weinte nicht. Zumindest nicht vor mir.

An diesem Abend hatte Dad seine Schwester verloren. Doch wenn ein Mensch aus der Familie geht, hält man sich nicht an den letzten Sekunden seines Lebens fest. Man denkt an die Jahre, die man miteinander geteilt hat, an das gemeinsame Aufwachsen. An Missverständnisse, Streitereien – und an diese einzigartigen, liebevollen Umarmungen, wie es sie nur zwischen Geschwistern gibt.

Dad stammt aus einer Familie mit sieben Kindern, vier Jungen und drei Mädchen. Er war der viertälteste nach zwei Brüdern und Margaret.

Sie standen sich sehr nahe. Allen war klar, dass ihr Abschied bevorstand – Krebs ist ein grausamer Tod, er nimmt sich Zeit. Genug Zeit, um zu begreifen, was kommt. Genug Zeit, um darüber nachzudenken.

Ein paar Monate zuvor hatte ich noch mit Margaret in der Küche ihrer jüngeren Schwester Mary gesessen – die jünger war als mein Vater, der inzwischen Ende vierzig war. Während jeder beschäftigt war, irgendetwas schnippelte oder herumwerkelte, nahm Margaret plötzlich meine Hand.

»Bitte versprich mir, dass du dich um Mark kümmerst«, sagte sie. Mark war ihr ältester und einziger Sohn. Sie lächelte, doch ihr Griff um meine Hand war fest, eindringlich.

»Was redest du denn da?«, entgegnete ich. »Du wirst noch auf seiner Hochzeit tanzen.«

Ich wusste selbst, dass ich daran nicht glaubte. Aber es schien mir wichtig, dem Tod keinen Platz am Tisch zu lassen.

Sie sah mich liebevoll an, beinahe geduldig.

»Sei still und tu, was ich dir sage. Versprichst du mir das?«

Ihre Augen ruhten auf mir, warteten auf eine ehrliche Antwort.

»Okay, Mag …«

Ich schaffte es kaum, mich um mich selbst zu kümmern, und jetzt sollte ich Verantwortung für einen jungen Mann übernehmen, der keine Ahnung hatte, wie sehr sich seine Mutter um seine Zukunft sorgte, weil sie wusste, dass ihr nicht mehr viel Zeit blieb.

Margaret hatte ihre eigene Krankheit in der Zeit, in der sie sich um Michelle gekümmert hatte, bewusst in den Hintergrund gedrängt. Als hätte sie dem Krebs gesagt: »Ich habe im Moment keine Zeit für dich, es gibt gerade Wichtigeres zu tun.« Und Margarets Krebsleiden wartete tatsächlich, bis Michelle gestorben war. Doch als sie starb, war es, als hätten sich alle Knoten und Fäden, die Margaret noch mit uns verbanden, gelöst. Viel zu schnell begann sie, uns zu entgleiten.

Am Tag der Beerdigung, im Zug von Limerick nach Dublin, versuchte ich, ein wenig zu schlafen, normalerweise hatte ich damit nie ein Problem, aber die Gedanken, die Stimmen und das Rumpeln der Räder auf den Gleisen machten es mir unmöglich. Draußen war es immer noch dunkel. Die Klänge des Reckless-Pedestrians-Konzerts vom Vorabend hallten in mir nach, doch sie wurden überlagert – von den schweren Gedanken an das, was nun unausweichlich auf meine Familie und mich wartete. Ich öffnete ein Auge und sah unseren Schlagzeuger Ako Okamura, der sich unter seine Jacke gekuschelt hatte und fest schlief. Die Sitze waren unbequem, aber Ako hatte die Gabe, ungeachtet der Umstände überall schlafen zu können, egal, wo er lag. Ich liebte ihn dafür, denn seine angeborene Positivität erfüllte mich immer mit Hoffnung. Ich dachte, wenn jemand so einen großen inneren Frieden hat, dass er die Geräuschkulisse einer Zugfahrt einfach ausblenden konnte, dann hatte er diesen besonderen Ort gefunden, an dem alles in Ordnung war. Es war nicht wichtig für mich, auch diesen Ort zu finden, sondern nur zu wissen, dass es ihn irgendwo gibt. Gerade an diesem Tag.

Wir kamen in Dublin an, und jeder ging ohne viele Worte seines Weges. Die Jungs wussten, dass ich zur Beerdigung einer Verwandten ging und ließen mir Raum.

Ich kam in meiner Wohnung in Ranelagh an, einem Vorort von Dublin, wo viele Studierende lebten. Es war noch früh am Morgen, und meine Mitbewohner schliefen noch. Die Sonne schien ins Badezimmer, wo ich mir den Staub von der Reise und den Schweiß vom Nachtclub am Vorabend abwusch.

Ich besaß genau einen Anzug – er war silbergrau und hatte

früher meinem Vater gehört. Zu jener Zeit war ich Punk. Ein zehn Zentimeter langer Ziegenbart und ein kurzer Irokesenschnitt schmückten mein Äußeres. Nur selten gab es für mich Anlässe, diesen Anzug zu tragen. Voller Optimismus hatte ihn mir meine Mutter für Vorstellungsgespräche geschickt, falls ich jemals zu einem solchen gehen müsste. Nun, da ich mich im zweiten Jahr meines Studiums befand, hätte ich mich eigentlich so langsam auf die Berufswelt vorbereiten können. Wie man sich leicht vorstellen kann, war ich allerdings noch nicht so ganz von dieser Idee überzeugt. So war es nun das erste Mal seit meiner Firmung, dass ich eine ordentliche Hose, ein dazu passendes Jackett, ein Hemd und eine Krawatte trug.

Ich begann, mit dem Spiegel zu sprechen, als würde ich mich mit Margaret unterhalten – als stünde sie mir gegenüber, mich von oben bis unten musternd, mit diesem vertrauten Lächeln auf den Lippen. Ich lächelte zurück.

»Ich würde das nicht für jeden tun, Mag«, sagte ich.

»Hand aufs Herz«, war die Antwort, »du bist doch mehr der Draufgänger als der brave Typ.« Ich wusste, Margaret hätte es auf ihre eigene Art gesagt, aber so oder so: Es hätte dir garantiert die Sprache verschlagen.

»Ach was«, antwortete ich gespielt empört, »im Anzug sehe ich doch richtig zivilisiert aus.«

Sie lachte, legte den Kopf schief.

»Zivilisiert? Du? Du siehst eher aus wie ein Elefant, der versucht, Gänseblümchen auszuweichen, während er durch den Stadtpark rennt.«

Ich musste laut lachen, fast Tränen lachen, weil ich sie genau so vor mir sah – wie sie mich neckt, mit diesem Blick, der alles durchschaut.

Die Verstorbenen sehen uns so, wie wir wirklich sind – mit all unseren Schwächen und unseren schiefen Blickwinkeln. Sie können unsere Gedanken lesen und kennen die ganze Wahrheit, auch wenn es nicht dieselbe ist, die wir Lebenden für wahr halten. So viel jedenfalls zu meinem kleinen Beitrag zur Lebensweisheit.

Ich verließ das Badezimmer mit ordentlich Rückenwind und lief direkt meinem Mitbewohner in die Arme. Er starrte mich an – sichtlich irritiert vom ungewohnten Anblick: ein Punk mit Ziegenbart und Irokesenfrisur im Hemd und mit Krawatte. Dabei versuchte er gleichzeitig, über meine Schulter zu spähen, auf der Suche nach der zweiten Person, mit der ich offenbar gerade gesprochen hatte.

»Wo zur Hölle willst du in diesem Aufzug eigentlich hin?«

Lachend antwortete ich: »Zu einer Beerdigung.« Verwirrt musterte er mich.

»Wessen Beerdigung? Und mit wem hast du verdammt noch mal gerade gesprochen?«, fragte er mich verwundert, während er sich darauf konzentrierte, im Stehen nicht daneben zu pinkeln.

»Mit meiner Tante Margaret!« Das Plätschern des Urins stoppte plötzlich, während er sich verwirrt im Bad nach meiner Tante umsah. Ich ließ ihn mit einem Fragezeichen im Gesicht stehen, zog die Tür zu und ging.

Kurz darauf stand ich an der Haltestelle und wartete auf den Bus nach Malahide, einer Stadt nordöstlich von Dublin im County Fingal, wo Margaret beerdigt werden sollte. Auf der Busfahrt betete ich den Rosenkranz, was früher die letzte Verteidigung eines Iren oder einer Irin gegen drohendes Übel war.

Ich betete, um nicht daran denken zu müssen, dass mir gleich mein Vater und sein Schmerz begegnen würden. Er hatte eine seiner Schwestern verloren. Und ich ahnte, welche Fragen ihn quälten: Warum konnten wir sie nicht beschützen? Warum musste sie sterben? Eine ganze Reihe von *Warums*, auf die es keine tröstliche Antwort gab – oder vielleicht gar keine.

Dad war zwar nicht der älteste Sohn der Familie, aber als sein Vater früh gestorben war, war er derjenige, der für seine Schwestern da war. Er nahm Nebenjobs an, um die Kleider für ihre Abschlussbälle zu finanzieren, er begleitete sie zum Tanzen und hielt sich dann höflich als ihr *Chaperone* im Hintergrund.

Ich konnte seinen Schmerz nachempfinden. Mir war klar, dass es für ihn nicht leicht werden würde, diesen Tag zu überstehen.

Ich schaute aus dem Fenster, als wir in Malahide ankamen. Die nächste Haltestelle war die Kirche, und ich wusste, dass sich dort alle meine Verwandten in die Kirchenbänke drückten, Schulter an Schulter, verzweifelt schluchzend. Mir war mulmig. Ich war eigentlich nur gekommen, um meinem Vater in seiner Trauer beizustehen. Margaret lebte nicht mehr, und meine Anwesenheit würde nichts daran ändern. Ich wollte meinen Vater stützen und ihn fühlen lassen, dass es mir wichtig war, hier zu sein für ihn und für unsere Familie. Einem spontanen Impuls folgend, blieb ich sitzen, um erst an der Haltestelle nach der Kirche auszusteigen, dem Friedhof. Ich ging zu der Stelle, wo Margaret beerdigt werden sollte. Es war dasselbe Grab, in dem ihre Tochter kurz vorher beerdigt worden war.

Dort stand ich nun und sprach mit beiden, Margaret und Michelle, als würde ich gemeinsam mit ihnen am Küchentisch sitzen. Ich war nicht übergeschnappt, es war nur mein Versuch, mit dem Verlust von diesen geliebten Menschen umzugehen.

Als ich vor dem tiefen Loch stand, blickte ich auf. Ich erinnere mich, wie in diesem Moment zwei Schwäne über mich hinwegflogen. Es kam mir vor wie ein wunderschönes, Trost spendendes Zeichen. Kurz darauf machte sich die Trauergemeinde auf den Weg von der Kirche zum Grab. Mein Vater sah mich, und ich spürte, wie stolz er war, dass ich quer durchs Land gereist war, um bei ihnen zu sein.

Mein Aussehen war ihm nicht wichtig. Irgendwie fand er meine nicht konforme Kleidung und mein Auftreten wohl gut – er mag in sich hineingeschmunzelt haben, wenn ich in Dreadlocks oder mit rosa Extensions aufkreuzte, aber er hat nie darüber gespottet. Ich liebe ihn dafür.

Wir standen gemeinsam da, während Margaret zu Grabe getragen wurde. Ihr Schmerz war vorbei, wir hatten getrauert – und wie es üblich war, sollten wir jetzt ihr Leben feiern, wie es nur die Iren können! Wir trafen uns alle im örtlichen Cricket-Club. Bob, Margarets Ehemann, war dort Mitglied und hatte entschieden, dass es der beste Ort sei, um die Trauergäste zu empfangen. Einer nach dem anderen machte sich auf den Weg dorthin. Nachdem wir der engsten Familie unser Beileid ausgesprochen hatten, begannen wir – wie es unsere Art ist – unseren Kummer in Alkohol und Erinnerungen zu ertränken.

Ich weiß noch, wie ich mich ein wenig unwohl fühlte unter den Blicken einiger Verwandter. Es war, als würden sie mich kritisch gegen den Namen Garvey aufwiegen – und ich schnitt dabei nicht allzu gut ab. Fairerweise muss man sagen: Ich sah auch wirklich aus wie ein Studienabbrecher in einem viel zu großen Leihanzug. Und wenn meine Prüfungsergebnisse ein Ausblick auf meine Zukunft waren, dann würde ich diesem Bild bald noch gerechter werden, als mir lieb war.

Während ich versuchte, mich zwischen den Stühlen der älteren Verwandten hindurchzuschieben, konnte ich ihr Geflüster hören, ihr missbilligendes Stirnrunzeln sehen und mitzählen, wie viele den Kopf schüttelten.

»Er kommt so gar nicht nach seinem Vater.«

»Die Erwartungen an ihn waren einfach zu hoch.«

»Er war doch so ein liebes Kind …«

»Ich habe gehört, er soll mit Drogen zu tun haben …«

»Der sorgt schon dafür, dass sein Vater reichlich Arbeit hat …«

Dieser letzte Kommentar war eine Anspielung darauf, dass mein Vater Polizist war – und ich scheinbar mit einem One-Way-Ticket

Richtung kriminelle Laufbahn unterwegs war. Die meisten meiner älteren Verwandten gingen grundsätzlich vom Schlimmsten aus – ohne konkreten Anlass. Es schien ihnen einen zusätzlichen Grund zum Beten, Tuscheln und Grübeln zu geben.

Nicht alle waren so. Aber bei einer Beerdigung, da schlossen sich die Über-Siebzigjährigen gerne zusammen – wie Planwagen in einem alten Westernfilm – und suchten sich ein Thema, über das sie zischend durch die Zähne reden konnten (egal ob mit echten Zähnen oder nicht). Ernst gemeinte Blicke des Unglaubens wurden von enttäuschten Blicken abgelöst. Meine bloße Anwesenheit bot zu viel Stoff für Gespräche. Und auch wenn das alles ein bisschen schmerzte – ich nahm mein Schicksal an.

Doch plötzlich, wie aus dem Nichts, hörte ich: »Komm mit mir!«

Eine meiner Tanten packte mich am Ziegenbart und zog mich entschlossen in Richtung Margarets früherer Nachbarin. Das Erste, was diese zu mir sagte, war: »Jetzt schau ihn dir um Himmels willen doch einmal an! Mit so einem Bart und der Frisur und dem Ohrring – der sieht doch wirklich missraten aus.« Ich spürte, wie sich diese Frau an ihrem Kommentar ergötzte, als ob sie mich irgendwie heilen könnte, indem sie das in Worte fasste, was ihr an mir nicht passte.

»Was macht man denn mit so einem Sohn? Oh mein Gott, Raymond, du findest nie einen ordentlichen Beruf, wenn du nicht mehr auf dein Aussehen achtest.«

Solche verbalen Rundumschläge gehörten bei Beerdigungen fast schon zum Standard. Wer sein Leben schon größtenteils hinter sich hat, glaubt halt gern, er müsse die nächste Generation vor den ganzen Pleiten und Enttäuschungen bewahren.

Offenbar war jemand mit rasiertem Schädel, Ziegenbart und einem Wirtschaftsstudium nicht gerade auf dem Weg zu einer glänzenden Karriere.

Das ideale Bild irischer Männer in meinem Alter war simpel: Job, Auto, Haus, Frau und Kinder … fertig.

Alles, was nicht in die Schablone passte, wurde direkt kritisch beäugt. Wenn eine ältere Person einen Jugendlichen sah, der ganz bewusst seine Chancen auf ein Leben voller Erfüllung aufs Spiel setzte, dann war es ihr gottgegebenes, irisches Recht, dieses Ärgernis öffentlich zu kommentieren. Die vermeintliche Schande, die man über die Familie brachte, gehörte laut ausgesprochen – nicht hinter vorgehaltener Hand, sondern am besten mitten in den Raum, wo auch andere mithören konnten. Wer vermeiden wollte, so an den Pranger gestellt zu werden, musste eigentlich nur sagen, er wolle in das Priesterseminar eintreten. Das war sozusagen der Freifahrtschein zur gesellschaftlichen Absolution.

Wer ins Priesteramt ging, konnte nichts falsch machen. Nie. Punkt.

Ich jedoch war nicht gemacht für »das Gewand«. Ich passte einfach nicht in diese engen Schuhe – im übertragenen wie im wörtlichen Sinn. Und so musste ich lernen, mit der öffentlichen Bloßstellung zu leben. Sie war selten böswillig gemeint – aber meistens doch ziemlich demütigend.

Die Abneigung stand mir quer übers Gesicht wie ein blinkendes Leuchtschild auf dem Jahrmarkt. Sobald es nicht mehr zu übersehen war, schaltete die Stimmung um – und man kam endlich zum Punkt.

»Wir machen uns Sorgen um dich«, sagte meine Tante. Sie ließ endlich meinen Bart los und schaute in die vielen enttäuschten Gesichter, die mich anstarrten. Man kämpft nicht gern, wenn das Selbstvertrauen kleiner ist als die Wucht der Worte. Ich entschied mich, nicht zu kämpfen, und verließ den Ring.

Auf der anderen Seite des Raumes sah ich meinen Vater mit seinen Geschwistern, wie sie versuchten, sich gegenseitig über den Verlust ihrer Schwester zu trösten. Ich wusste, dass mein Vater stolz auf mich war, trotzdem hatte ich das Gefühl, dass es wohl besser wäre, jetzt zu gehen. Egal wohin. Ich ging, ohne mich zu verabschieden, und machte mich auf den Weg ins Stadtzentrum.

Dort kaufte ich mir ein Sixpack Guinness, eine Schachtel Zigaretten und schlenderte in Richtung Meer.

Der Geruch von Salz in der Nase erfüllt mich jedes Mal mit Freude. Die Meeresluft pustet die Lungen durch, macht den Kopf frei und bläst den ganzen Mist beim Ausatmen einfach raus. Man will nur noch tiefer ziehen – so gut fühlt sich das an. Man möchte so viel Luft wie möglich einatmen, so heilsam fühlt sich die Meeresluft an.

Wir bewegen uns auf diesem Planeten, als wären wir Magnete für alles, was uns verletzen kann: Hass, Enttäuschung, Versagen, Frustration. Es gibt kein Heilmittel, das vollkommene Harmonie schafft, ohne zugleich an anderer Stelle ein Ungleichgewicht hervorzurufen. Doch wenn man auf dem höchsten Punkt einer Düne steht, den Wind im Gesicht spürt und Salz, Meer und frische Luft so tief wie möglich einatmet, dann entsteht für einen Moment ein unsichtbarer Schutzwall – gegen die ungreifbaren Feinde von Gesundheit, Hoffnung und Glück.

Weiter unten am Strand fand ich einen Ort, wo ich allein sein konnte. Ich öffnete eine Dose, zündete mir eine Zigarette an und bemitleidete mich. Der wundervolle Anblick der Wellen und der endlose Himmel waren Balsam für mein verletztes Ego, ich fühlte wieder Harmonie. Dann sah ich, wie zwei Personen langsam, ganz ohne zu hetzen, den Strand entlang auf mich zukamen. Auch wenn ich mich jetzt nicht mehr so schlecht wie im Cricket-Club fühlte, so hatte ich trotzdem kein Bedürfnis, mit jemandem zu sprechen. Ich wollte allein sein.

Die beiden kamen immer näher. Es ist schwierig, das Gefühl in diesem Moment in präzise Worte zu fassen. Irgendwie hatten sie eine starke Präsenz, ich spürte ihre Gegenwart sehr intensiv.

Ich empfand plötzlich ein Gefühl des tiefen Glücks und vertrauten Trost.

Auf einmal erkannte ich sie.

Margaret trug eine lilafarbene Mohair-Strickjacke und einen rosa Rock mit weißer Bluse. Sie sah jung aus und hatte einen sorglosen Gesichtsausdruck. Michelle lief neben ihr, sie gingen Hand in Hand.

Zu gern würde ich sagen, ich war schockiert, sprachlos, verwirrt, aber das stimmt nicht. Stattdessen empfand ich einen tiefen inneren Frieden. Sie zu sehen machte mich gleichzeitig glücklich und traurig. Ich lächelte, während mir eine Träne über die Wange lief – was bei mir selten vorkommt –, und schwieg. Die Erscheinung meiner toten Tante wandte sich an mich.

»Sag ihnen, sie sollen sich keine Sorgen machen, wir sind zusammen.« Und dann verschwanden sie so ruhig, wie sie gekommen waren.

Die großen Zweifler dieser Welt hätten den beiden vermutlich tausend Fragen gestellt. Wie ist es dort, wo sie jetzt sind? Wo genau sind sie überhaupt? Gibt es einen Gott? Gibt es eine Hölle? Lebt Elvis dort auch? Und unzählige weitere, schwer zu beantwortende Fragen. Aber ich stand einfach nur da – und versuchte zu verarbeiten, was ich gerade erlebt hatte. Manche Erlebnisse sind unbeschreiblich, und das war genau ein solcher Moment. Zuerst fühlte ich mich erfüllt. Dann war ich glücklich. Und schließlich wurde ich traurig. Ich war glücklich, weil ich wusste, dass Margaret und Michelle nun frei von Schmerz und Leid waren – und dass sie einander gefunden hatten. An einem Ort, den ich nicht annähernd beschreiben konnte, aber von dem ich sicher war, dass man ihn nicht fürchten muss. Ich war traurig, weil man mir eine Verantwortung mit auf den Weg gegeben hatte, der ich unmöglich gerecht werden konnte. Ich war schließlich der Typ, über den die anderen heimlich lachten. Der, dem man nichts zutraute. Keiner würde mir glauben. Wenn überhaupt, würden sie sich nicht einmal die Mühe machen, höflich zu bleiben – sie würden mir direkt ins Gesicht lachen. Ich konnte ihre Stimmen schon hören:

»Jetzt ist er komplett übergeschnappt, der Rea.«

»Sag mal, hast du wieder von diesen lustigen Zigaretten geraucht, Rea?«

»Blasphemie!«

Ich konnte niemandem einen Vorwurf machen, der mich nach dieser Geschichte mit anderen Augen sehen würde. Es gibt eben Dinge, die sich nicht beschreiben lassen – zumindest nicht so, dass jemand, der zuhört, sie wirklich verstehen kann. Ehrlich gesagt: Ich glaube nicht einmal, dass ich selbst wirklich verstanden hatte, was ich gerade erlebt habe.

Ich kam zurück zum Cricket-Club und schlich mich an den trauernden Gästen vorbei. Leise ging ich auf meine Mutter zu und nahm sie sanft am Arm. Ich zog sie an mich heran und flüsterte mit zitternder Stimme:

»Mum, ich gehe jetzt – aber ich muss dir vorher noch etwas sagen.«

Zunächst wollte sie sich abwenden, schaute mich an, verwundert darüber, was mich so offensichtlich aufgewühlt hatte. Dann beugte sie sich wieder zu mir vor und hörte zu.

»Ich war am Strand … und ich habe Margaret und Michelle gesehen. Sie waren zusammen.«

Sie wich erneut ein Stück zurück – leicht verwirrt, aber nicht erschrocken. Ich zog sie noch einmal näher an mich heran.

»Sag's Dad bitte nicht. Noch nicht. Bitte.«

Ich sah sie an – so, wie nur ein Sohn seine Mutter ansehen kann: in der Hoffnung auf bedingungsloses, stilles Verstehen … und ihren Segen.

Dann glitt ich zurück durch die Familie, vorbei an den fragenden Blicken. Denen, die wissen wollten, wohin ich ging, sagte ich beiläufig, ich würde nur kurz rausgehen, um eine zu rauchen. Stattdessen ging ich zur nächsten Bushaltestelle und stieg in den Bus, der mich zurück in die Stadt und in meine Wohnung brachte.

Eigentlich hätte mich das alles komplett aus der Bahn werfen müssen. Aber die Erklärung ist simpel: Wir sind in einem Haus großgeworden, in dem die Toten dazugehört haben – als Schutz, als leise Wegweiser. Jeden Abend beteten wir gemeinsam den Rosenkranz und baten Gott um Vergebung. Und danach wandten wir uns an die Verstorbenen – jene, die wir gekannt und geliebt hatten – und baten sie, für uns zu beten. Denn wir gingen davon aus, dass sie näher bei Gott waren als wir. Und dass Er auf sie hörte.

Als kleines Kind sprach meine älteste Schwester Colette in der Küche zum Beispiel oft mit einer jungen Frau. Wir anderen Kinder konnten sie nicht sehen, aber wir wussten: Sie unterhielt sich mit der Schwester meiner Mutter, die von den Klippen von Tramore im County Waterford in den Tod gestürzt war. In Knock, einem kleinen Pilgerdorf im County Mayo, steht eine Statue der Muttergottes, die die Gemeinde dort verehrt, weil Maria sie mit ihrer Gegenwart gesegnet hatte. Viele Leute in Irland glauben an Wunder und Erscheinungen.

Mein Großonkel Neddy schwor Stein und Bein, dass ihn mal eine Banshee heimsuchte (ein weiblicher Geist, der aus der irischen Folklore stammt und die den Tod von Familienangehörigen vorhersagt).

Und was macht Neddy? Er schaut sie nur an und sagt: »Hau ab, Mädchen! Ich bin noch nicht fertig hier.« Die Banshee zog beleidigt von dannen.

In meiner Kindheit erlebte ich die meisten Iren als sehr gläubig, sie liebten das Leben unbändig und feierten es entsprechend. Unser Glaube stützte sich auf die Opfer der Heiligen, zu denen wir beteten – Menschen, die mit ihrem Leben Brücken zwischen Himmel und Erde geschlagen hatten. Und wenn man daran glaubt, dass Gott der große Schöpfer ist, dann wirkt es gar nicht so verrückt, sich vorzustellen, wie zwei Seelen am Strand entlanggehen, nur um ihren Lieben zu sagen: »Macht euch keine Sorgen um uns.«

Glaube heißt für mich zu wissen, dass die, die gegangen sind, uns trotzdem nicht allein lassen.

Glaube heißt zu spüren, dass sie über uns wachen und uns helfen, wenn wir mal wieder ins Straucheln geraten oder vor einem Abgrund stehen.

Und Glaube heißt auch zu merken: Je mehr wir mit ihnen reden, desto stärker reden sie zurück.

In meinem Leben gab es so unendlich viele Momente, in denen ich mich nicht allein fühlte, sondern sicher beschützt von jemandem oder etwas, das größer ist als das Leben Das konstante Gefühl, dass die, die ich liebte und die nicht mehr bei mir waren, vor mir wandelten und mir den Weg sicher bereiteten, mag unerklärlich sein, gibt mir aber Zuversicht.

Ich hab schon einiges erlebt, was mich gelehrt hat, mich auf das Leben zu verlassen, und die Erkenntnis ist, dass Schweres im Leben nicht immer eine Strafe ist, sondern Teil des Lebenstrainings.

Ich bin schon oft von Menschen enttäuscht worden, aber noch nie vom Leben. Auch wenn das Leben zuweilen schmerzhaft sein kann, kann es auch heilen.

Eine Woche später klingelte das Telefon. Es war mein Vater. Wir hatten seit der Beerdigung nicht miteinander gesprochen.

»Wie geht's?«, fragte er.

Ich sagte, dass es mir gut ginge – aber ich wusste, weshalb er anrief. Er wollte Fragen stellen. Also ließ ich ihn.

»Also …« – eine Pause – »wir haben mit dem Bischof in Waterford gesprochen, er sagt, es wäre möglich, dass du Margaret und Michelle am Strand in Malahide gesehen hast.«

Mein Vater wollte glauben, was ich erzählt hatte. Doch bevor ihn alle für verrückt erklärten, brauchte er die Rückendeckung der katholischen Kirche. Er war der Polizeichef von Süd-Kerry – und es war für ihn völlig in Ordnung, wenn die Leute dachten, sein Sohn sei ein leicht durchgeknallter Spinner. Aber bevor dieselben Leute anfingen, seine Fähigkeit infrage zu stellen, war es ihm lieber, das Ganze mit einem ökumenischen Gütesiegel abzusichern. Man könnte sagen: Er wollte den brennenden Dornbusch gegen Regen abdichten.

»Was hatte meine Schwester an, Rea, als du sie gesehen hast?«

Als professioneller Vernehmer spürte ich sein Bedürfnis nach Bestätigung. Und obwohl ich es verstand, nervte es mich trotzdem.

»Ich mach hier jetzt kein Zwanzig-Fragen-Spiel, Dad.«

»Was hatte sie an, Rea? Bitte, komm schon.« Seine Stimme war plötzlich nicht mehr die des Vaters, sondern die ihres Bruders – voller Zärtlichkeit und Trauer. Ich beschrieb ihre Kleidung und alles, was ich gesehen und gespürt hatte, als ich dort am Strand von Malahide saß.

»Warum bist du überhaupt an den Strand gegangen?«, fragte er. Nicht aus Neugier, sondern aus dem Bedürfnis heraus, zu begreifen, wie real das Ganze für mich gewesen war.

»Ich weiß nicht, Dad … Ich musste einfach raus aus dem Cricket Club.«

Es entstand eine Stille – aber ich fühlte nicht den Drang, sie zu füllen. Dann sprach mein Vater wieder:

»Sie trug genau das, was du beschrieben hast. Aber das konntest du gar nicht wissen – du warst doch gar nicht am Sarg.«

Eine weitere kurze Pause. Dann sagte er leise:

»Das Letzte, was sie gesagt hat, bevor sie starb, war, dass sie sich nichts sehnlicher wünschte, als am Strand in Malahide spazieren zu gehen. Schreib alles auf, Rea. Alles, was du gesehen und gefühlt hast. Es ist wichtig, nichts zu vergessen. Und noch wichtiger, sie nicht zu vergessen.«

Als mein Vater auflegte, fühlte sich der Hörer plötzlich kalt an. Er würde später Trost finden in dem, was ich ihm erzählt hatte – aber zuerst würde er, unausweichlich, mit dem Verlust leben müssen. Und je mehr Zeit verging – langsam, vielleicht schmerzhaft langsam –, desto mehr würde Margaret vom Gefühl einer innigen Umarmung zu einer warmen Erinnerung werden.

Primal Scream

Mein Studentenleben drehte sich im Wesentlichen um meine Arbeit in der Studierendenvertretung und irgendwie die Jahresprüfungen zu schaffen, damit ich überhaupt am College bleiben konnte. Letzteres war deutlich schwieriger. Während viele meiner Kommilitonen im Sommer ins Ausland gingen, um zu jobben, blieb ich in Irland. Es war 1992, und wir machten uns auf den Weg von Dublin in das kleine Städtchen Thurles im County Tipperary – zum »Trip to Tipp«-Festival, besser bekannt als »Féile an Phobail«, das größte Musikfestival Irlands damals, mit Tausenden Besuchern, egal, ob bei Sonne, Regen oder Hagel.

Dave, der Gitarrist der Reckless Pedestrians, hatte uns Jobs hinter der Hauptbar des Festivals besorgt. Unser Lohn, so wurde uns mitgeteilt, würde an die Workers Party, die irische Arbeiterpartei, gehen – deren marxistische Tendenzen angeblich gut zu unserem politisierten Studentenimage passten. Ich wünschte, ich könnte euch erzählen, mein politischer Antrieb sei tief in der irischen kommunistischen Bewegung verwurzelt gewesen. Ich wünschte, ich könnte euch überzeugen, dass wir mit unserer Hingabe eine rote Fahne von der Größe des Empire State Buildings über dem jugendlichen Menschenmeer in Thurles gehisst hätten. Aber das wäre gelogen. Ich war ein junger Student und angehender Musiker, dessen größte Interessen Frauen und gute Zeiten waren – und wenn beides zusammenkam, umso besser. An diesem Wochenende hatte ich ein goldenes Ticket: Zugang zum größten Musikfestival des Landes, All-you-can-eat-Catering und kostenloses Camping direkt neben dem Stadion. Wenn das Kommunismus war – dann nennt mich Ivan! Ob ich nun Bier für die Workers Party ausschenkte oder mich bei einer Studentenkonferenz in Belfast im Techno verlor – ich lief gern dorthin, wo das Vergnügen am lautesten klang. Ich mochte die Idee, Teil einer Bewegung zu sein. Und insgeheim war ich bereits Teil einer Bewegung – einer Bewegung, die gehört werden wollte. Einer Bewegung, deren Slogan hätte lauten können: »Frei, einfach das zu machen, wonach uns ist.«

Am Stadion angekommen, wurden wir beim Catering von einem Vertreter der Workers Party empfangen, der uns erklären sollte, wie das Wochenende ablaufen würde. Wichtiger war ihm jedoch, uns die politische Agenda nahezulegen: unsere Rolle als verlängerter Arm der Partei klarzumachen und uns zu erklären, wie unsere Arbeit das politische Vorankommen in Irland stützen würde. Nach einer ordentlichen Portion ideologischer Fütterung öffnete sich der Raum für Fragen. Eine Hand schoss in die Luft.

»Wann gibt's Abendessen?«

Ein zustimmendes Murmeln ging durch das große Zelt. Offensichtlich war jetzt echtes Interesse geweckt worden. Der Parteifunktionär seufzte:

»Frühstück ist von 9 bis 11 Uhr, Mittagessen von 13 bis 15 Uhr, Abendessen von 18 bis 20 Uhr. Essenszeiten richten sich nach eurem Dienstplan.« Er ließ das sacken.

»Gibt es Fragen zur Partei oder zu unseren Zukunftsplänen?«

Wieder ging eine Hand hoch. Sie gehörte Doug Scully, einem Studentenvertreter, der es bestens verstand, die Interessen vieler zu vertreten – vor allem, wenn das Wort Party darin vorkam (nicht die politische Art – die andere). Doug begann mit seinem typischen Charme und ernstem Tonfall:

»Danke, Genosse, für die kurze Einführung. Ich denke, wir sind uns einig, dass unser Einsatz hier ein Beweis für das politische Erwachen der heutigen Jugend ist – und wir sind hier, um eure politische Zukunft zu sichern.« Er betonte das Wort »eure«.

»Wir leisten hier die notwendige finanzielle Grundlage, damit ihr weiterarbeiten könnt.« Verwirrung machte sich breit. Doug fuhr fort:

»Ist es nicht die Grundhaltung der Workers Party, die Rechte der Arbeitenden im Betrieb zu sichern?« Der Funktionär nickte zustimmend. Er war schließlich hier, um Nachwuchs zu rekrutieren. Doug hingegen hatte gerade erst begonnen.

»Ist es nicht in unserem gemeinsamen Interesse, das Kräfteverhältnis zugunsten der Arbeitenden zu verschieben?«

Ein Johlen ging durch die hinteren Reihen – man spürte, wie die Stimmung kippte. Doug witterte den Sieg des kleinen Mannes:

»Würden wir nicht das Andenken an große Männer wie James Larkin, Anführer des Generalstreiks von 1913, beleidigen, wenn wir jetzt nicht unsere Einheit zeigen – im Angesicht von Konflikt, Tyrannei und Unterdrückung?«

Der Raum tobte. Die Rede des Parteimannes war längst vergessen. Doug ging weiter in die Offensive.

»Hier sind unsere Forderungen für die nächsten drei Tage: Die Arbeitsbedingungen sind verhandelbar – aber auf zehn ausgeschenkte Pints wollen wir eins aus dem Fass für uns.

Wir machen keinen Sicherheitsdienst.

Und nach dem Headliner-Auftritt wartet ein Fass Bier im Cateringzelt auf uns.«

Stille. Man hielt den Atem an. Alle Augen waren nach vorne gerichtet. Man hätte eine Punk-Sicherheitsnadel auf den Boden fallen hören können. Doug hatte mit Politik nichts am Hut – und schon gar nicht mit dem Parteisoldaten vor ihm. Er hatte zugestimmt, für die Workers Party zu schuften – aber niemand hatte damit gerechnet, dass er das Wochenende als Party für die Worker neu definieren würde. Der Vertreter der Partei schaute zu dem Mann neben sich – ein Typ in Jeans und Lederweste, voller Festival-Pässe am Revers –, offensichtlich ein Mitarbeiter des Veranstalters. Sie flüsterten.

Dann drehte sich der Festival-Mann zu Doug und sagte einfach: »Einverstanden!«

Der Raum explodierte in Jubel. Ich hätte auch zu den ursprünglichen Bedingungen gearbeitet – aber darum ging es nicht. Nicht um Geld, nicht um Politik. Es ging um das alte Spiel: Wir gegen sie. Arbeiterklasse gegen Oberschicht. Die Habenichtse gegen die Habenden. Doug hatte erkannt, dass dort zwei Männer oben im Raum standen, die uns, die »Arbeitenden«, dazu bringen wollten, uns mit dem Gefühl zufriedenzugeben, dass unsere Mühe allein schon Lohn genug sei. Wie ironisch, dass ausgerechnet die Workers Party vom unbezahlten Einsatz der Arbeitenden profitieren wollte.

Nachdem wir gegessen hatten, gingen wir los, um unsere Zelte aufzustellen – auf dem Feld direkt neben dem Eingang zum Stadion. Das Gelände war abgesperrt, und nur Arbeiter mit einem speziellen Ausweis durften hinein. Wir alle hatten unsere Backstage-Pässe und die nötigen Berechtigungen, um das Feld zu betreten. Ich teilte mir das Zelt mit unserem Schlagzeuger Alan.

Er war der Jüngste in der Band – und auch wenn seine Zeit bei uns nicht lang dauern würde, mochte ich ihn von allen fünf Schlagzeugern, die jemals bei den Reckless Pedestrians gespielt hatten, am liebsten.

Wir warfen unser Gepäck – soweit man davon sprechen konnte – in das wacklige Zwei-Mann-Zelt und machten uns dann auf den Weg zur Bar, wo es eine kurze Einweisung geben sollte.

Praktisch alle aus meiner Band arbeiteten an jenem Wochenende. Unser Gitarrist Dave und unser Basser Colm machten eine Liste von den Bands, die wir auf jeden Fall sehen mussten!

Unserem Teamleiter von der Workers Party allerdings war unsere Liste egal, und ehe ich mich versah, stand ich an der Bierzapfanlage – Pints den jungen Massen einschenkend. Die Türen waren bereits über eine Stunde geöffnet, und die Leute waren verdammt durstig.

Ich zapfte und bediente Menschenmengen schon seit meinem vierzehnten Lebensjahr, also fühlte ich mich heimisch hinterm Tresen. Natürlich hatten auch wir bereits angefangen zu trinken. In einem strategischen Zug überlegte ich mir, von ganzen auf halbe Pints zu wechseln – aber merkte erstaunlich schnell, dass ich doppelt so viel trank. (Im Moment erschien es wie eine grandiose Idee.) Ehe ich realisierte, was geschah, winkte mich der Chef-Barkeeper hinaus und sagte mir, ich solle eine Pause einlegen. Sein Urteil: Es standen zu viele Trinker hinter dem Tresen, und so begann er, die Trinkenden von den Arbeitern zu separieren. Mir wurde gesagt, dass ich nach dem Abendessen wieder arbeiten würde und dass ich meinen Durst zügeln müsse – sonst wäre ich raus.

Mit ein paar Drinks in der Hand trat ich aus dem Barbereich und wanderte durch das Publikum – und sah all das, was ich so sehr an Festivals liebte: Musikliebhaber, junge Wilde, alte Neugierige, Betrunkene, die trotzdem tanzten, schöne Menschen und ihre Begleiter, pathologische Punks, lederverkabelte Metalheads, penible Mods, gruselige Cureheads, Raver und Skins – und weil das Festival in einer abgelegenen Kleinstadt stattfand – auch die Landjugend, die normalerweise frühmorgens die Kühe melkte und sich jetzt blinzelnd fragten, ob Féile ein Musikfestival oder ein Zirkus sei.

Was für eine schöne Mischung, dachte ich. Alle wollten ihre Individualität zeigen – sahen dabei aber fast genauso aus wie alle in ihrer eigenen Clique. Ich war Punk, Student, Polizistensohn vom Land, im Großstadtnebel lebend. Der Vorteil so vieler verschiedener Identitäten war: Ich konnte zwischen den Camps wechseln und in verschiedene Lebensstile schlüpfen – ohne mich wie ein

Außenseiter zu fühlen. Bis auf die Cureheads. Obwohl ich die Musik von The Cure mochte – *Kiss Me, Kiss Me, Kiss Me* zählt bis heute zu meinen Lieblingsalben –, tat ich mich schwer mit Haaren und Make-up. The Smiths hatten die Latte hochgelegt für jene, die aus ihren dunklen Höhlen der Unsicherheit krochen.

Morrissey gab Menschen, die sich unzulänglich, unattraktiv, schlecht gekleidet oder ungepflegt fühlten, ein Gefühl von Zugehörigkeit. Gleichzeitig formten ihre Singles von 1983 bis 1987 einen alternativen Mainstream. Als Morrissey in pyjamaähnlichem Outfit, mit introvertiertem Slur sang und tanzte, als wäre er gerade mit einem Beruhigungspfeil betäubt worden – da fragte mein Vater: »Was ist das für ein Quatsch?« Eine Zeit lang war ich mir selbst nicht sicher, doch die Armee aus hautengen Jeans, Doc Martens und nach hinten gegelten Tollen, die bald auf unseren Straßen auftauchte, machte klar: Sie waren gekommen, um zu bleiben. Dieses Stammesritual zu verstehen, fiel mir schwer, aber ich gab mir genauso viel Mühe, ein Punk zu sein wie sie, bevor ich ausging und weiter durch die Pubs und Clubs zog.

Perspektive, habe ich gelernt, muss man manchmal ändern, um die eigene Umgebung besser zu begreifen. Wie oft haben wir geurteilt, nur weil wir nicht verstanden haben? Meine Liste war lang, doch im Laufe der Jahre ist sie kürzer geworden.

Ich hielt mich von den Cureheads fern und stand mit meinen Leuten da, während ich ein frisch gezapftes Halbes hinunterstürzte. Ein zweites folgte prompt. Kurz darauf sah ich, wie das Publikum auf die Bühne blickte. Die Lautsprecher wurden gecheckt, und die erste Band im Line-up stand bereit. Der Ansager, sichtlich begeistert, das Festivalwochenende eröffnen zu dürfen, trat ans Mikrofon. Man verstand ihn aber nicht, da der Wind seine Stimme verschluckte. *»Winner of th … bat … bands … With a great …ture and man … hits … Make some noise for …bition …!«* Den Namen der Band hab ich nicht mitgekriegt, also schob ich mich neugierig durch die größtenteils sitzenden, uninteressierten Zuschauer.

Style is not something you develop - it´s something you are born with

Our house

Mum's side of the family at Tramore beach

Dad and the ladies on the front porch

Mum and Dad on their wedding day

The first four on the day of my communion

Me and Maria in Abbeyleix

Always outside - watching Dad playing football....

on the swings...

...or in the garden...

Mum and her sisters

Mum - a mother to all children!

Peter (& Lilly) were friends of my parents and our favorite babysitters.

Our first swimming pool

Edele's communion on wooly jumper day

Dad and the girls

Pyjama party

Starting a band

The whole gang at Christmas in Templemore (Dad´s grey suit would be mine one day.)

Tramore

My Hero

On stage at the school play
"Smike" in a suit from my father

Alan Drummer #2 and the boys

My favorite way to fall asleep
listening to late night radio

We slept where we could on the
Reckless Pedestrians Tour

RP's Photoshoot

In College - working for the Union (growing a beard)

The Reckless Pedestrians in the Baggot Inn

Photoshoots with hangovers

Time for a change - I shaved my head in Italy

Touring in the UK was often depressing.

I got extentions.

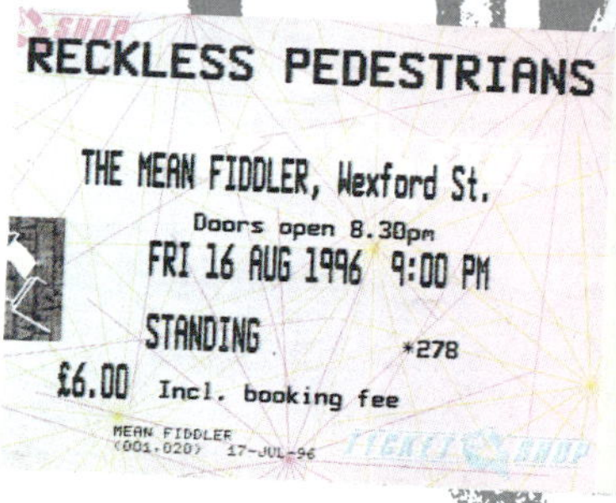

Playing in a record store in Germany

In Germany feeling like a musician (Colm celebrating the vibe)

Fibber Macgees and our first colllege gig

Dave
Bren
Me
Ako
Colm

"Do something with your hands…"

Stage lighting shirt

The Middle

The Beginning

The End

There's a case of beer in the lake.

London Searching…

After show catering with friends…

"Punk´s not dead!"

Sleeping in the bus was a skill and a neccessity

Late night journeys to somewhere

Confused...

Wir wissen alle: Der erste Act eines Festivals ist »Soundbait«. Sie testet das Equipment, wärmt das Publikum an und schaltet den Schalter von ›Kein Festival‹ auf ›Festival ON!‹. Kein Act will diesen Slot haben, aber wenn man wie ich regelmäßig auf Festivals oder Konzerte geht, weiß man, dass die Slots manchmal Legenden zeugten. Musik schafft Erinnerungen. Würde das bei Féile 1992 auch der Fall sein? Ich musste es sehen. Ich näherte mich der Bühne – und sah über dem Gerüst das Banner mit dem Namen The Ambition. Klingt bekannt … Hatte ich schon mal von ihnen gehört? Keine Ahnung. Also arbeitete ich mich weiter zwischen den neugierigen Zuschauern vor. Ein langhaariger Typ mit Wildlederjacke und Fransen betrat die Bühne – er küsste das Mikro.

Ich kannte ihn! Seit Kindesbeinen! Darren O'Toole! Er und ich hatten uns Geschichten erzählt von dem Tag, an dem wir auf großer Bühne vor Tausenden Fans unsere Songs spielen würden – und hier war er: Auf der großen Bühne und eröffnete Féile. Ich stand stockstill und sog den Moment ein, dachte an unsere geteilten Träume. Ich war nicht neidisch – nein, es war nicht Neid –, aber es machte mich traurig, dass ich es nicht war, der dort oben stand, und ich war traurig, dass wir den Kontakt verloren hatten. Und dann fühlte ich ein stilles Glück in mir aufsteigen. Glück darüber, dass Darren den Traum nie aufgegeben hatte. Dass er weitergemacht hatte, Schritt für Schritt. Ich wollte seinen Blick treffen, ihm zeigen: Ich bin hier, ich feiere dich.Doch dann dämmerte mir etwas. Mitten im Menschengewühl versuchte ich, an ein Gefühl zu denken, an ein Bild aus der Kindheit. Und plötzlich: Ich erinnerte mich – Darren konnte nicht singen! Und damit meine ich: Er konnte kein Ton halten. Mit diesem Wissen versuchte ich, mich zur Seite der Bühne abzusetzen – um Abstand zu wahren, falls es zur musikalischen Katastrophe käme. Auf dem Weg dorthin sah ich zwei Gestalten vor mir – die Eltern von Darren, Mr und Mrs O'Toole.

Tony O'Toole war ein fleißiger Mann, der seinen Kindern mehr zutraute, als er selbst je erreicht hatte. Er gab ihnen das Gefühl: Nichts ist unmöglich. Mrs O'Toole war eine zierliche Frau, die lange, dünne Zigaretten rauchte. Obwohl sie selbst nie Zentrum der Aufmerksamkeit sein wollte, strahlten sie und ihr Mann angesichts dieses Moments. Es mag zwar nur Darrens Kindheitstraum gewesen sein – doch heute lebten sie diesen Traum gemeinsam. Sie erkannten mich und nahmen mich in die Arme. Beide freuten sich, mich hier zu sehen – um diesen stolzen Moment zu teilen. Wir standen nebeneinander, blickten zur Bühne, während Darren sich die Gitarre umlegte. Plötzlich schoss mir wieder der Gedanke von eben in den Kopf: »Darren kann nicht singen!« Ich überspielte meine Befürchtungen mit einem Lächeln. Innerlich probte ich Standardkomplimente: »Toller Gitarrensound« oder »Der hat Moves!« Wer will schon die nackte Wahrheit hören. Ich bin kein guter Lügner – also dachte ich: Passive Kommentare, kein verdächtiges Lob. Es war keine Lüge, wenn ich die Wahrheit angenehm vernebelte.

Und dann begann es: Wirbelnde Gitarren, Big-Drum-Sound, Bass so tief, dass Bühne und Trommelfelle in den vorderen Reihen erzitterten. Die erste Gesangsstrophe sachte, kaum hörbar, aber vorhanden – es wirkte, als schütze der Soundingenieur die Ohren der Menge. Dann die Bridge: musikalischer Aufstieg zum Refrain – ein Spannungsbogen, der einen Höhepunkt ankündigt. Ich blickte weg – wollte nicht in die Gesichter der Eltern sehen, wenn die Träume zerplatzen würden. Dann kam der Refrain – und *holy fuck!* – DARREN ROCKTE DAS!

Er sang kraftvoll, glühend, traf die Töne perfekt. Das Publikum um uns herum erhob sich, spürte die Macht dessen, was da gerade live geschah. Der Chorus wiederholte sich, Darren strahlte.

Ich sah seine Eltern an, und beide nickten glücklich. Ich brüllte über die Musik hinweg: »Er ist gut!« Sie nickten weiterhin, höflich lächelnd.

»Nein«, sagte ich, als hörten sie mich nicht. »Er ist wirklich gut, verdammt noch mal gut!« Langsameres Nicken – als seien sie sich unsicher, ob ich high war.

»Ihr versteht nicht«, insistierte ich und wiederholte: »Darren kann singen!« Mr und Mrs O'Toole sahen mich mit diesem verständnisvollen, milden Blick an. Einem Blick, den Eltern haben, wenn sie denken, du experimentierst mit Drogen.

Mit hochgezogenen Augenbrauen sagten sie sich: »Schade, aber nicht überraschend, dass Garvey den Faden verloren hat.«

Mit meinem unüberlegten Kommentar darüber, dass Darren, *doch tatsächlich* singen konnte, hatte ich mich verraten. Ich versuchte, meinen Ausbruch zu relativieren – doch die O'Tooles hatten es auf einmal eilig und wendeten sich ab. Das war ihr Moment. Und ich hatte kein Recht, ihn zu zerstören.

Scheiß drauf, dachte ich. Also vergab ich mir selbst meine Torheit, nahm den Moment neu auf und lauschte meinem alten Freund, der es geschafft hatte.

Das Publikum feierte seinen Auftritt. Für mich war er ein Beweis dafür, was man mit dem Glauben an sich selbst erreichen kann. Darren hatte offensichtlich Gesangsunterricht. Er hatte nicht viel Talent – aber eine bewundernswerte Ausdauer, die ihn nicht aufgeben ließ. Die harte Arbeit hatte sich mit diesem Auftritt beim Féile gelohnt. Ein Moment, auf den er ewig zurückblicken konnte – Tausende standen auf, bejubelten und bewunderten Darren, der seinen Platz in der Welt gefunden hatte.

Aber für mich war es nun Zeit, die Träume von gestern vorerst hinter mir zu lassen und das Heute wieder aufzunehmen. Mein Arbeitseinsatz begann bald, und ich wollte nicht zu spät kommen.

Ich machte meine paar Stunden hinter der Bar und verstand schließlich einen weiteren Grund, warum unsere Forderungen erfüllt wurden. Es floss Geld in Strömen. Hinter der Theke gab es keine Kasse – das Behältnis für das Geld war ein riesiger Eimer, der überquoll vor Scheinen und Münzen.Die Jugend Irlands hatte den ganzen Sommer gearbeitet und war bereit, abzuschalten und Spaß zu haben – Geld sollte kein Hindernis sein. Im Jahr 1992 existierte noch die irische Punt – unsere Noten waren groß (ein Zehn-Punt-Schein passt heute in kein Portemonnaie mehr), bunt, und versprachen, Stress und Spannung für einen Moment verschwinden zu lassen.

Jede Stunde kam eine Frau in Begleitung zweier stämmiger Männer in Lederwesten zum Tresen und leerte den Eimer. Mich interessierte das nicht. Ich zapfte Bier so schnell, dass unsere Abmachung (ein Pint pro zehn verkaufte Pints) eher zur Last als zum Vorteil wurde. Ich kam kaum hinterher.

Der schönste Teil des Wochenendes war das Lachen. Wir lachten, bis es wehtat. Wir hatten keine ernsthaften Verpflichtungen und arbeiteten in einer Bar, in der Mittrinken quasi Pflicht war. Zwischen den Schichten sahen wir Bands, die immer lauter wurden, und eine Menge, die sich immer weiter in einen Rauschzustand hineintreiben ließ. Irgendwann beschloss ich, dass ich etwas essen musste, wenn ich meine letzte Schicht überleben wollte – flüssige Diäten sind am Anfang spannend, aber ein bisschen Grundlage verhindert, dass das Schiff sinkt, und ich musste unbedingt über Wasser bleiben.

Während ich in der Schlange fürs Essen stand, entdeckte ich meine Band, die zusammensaß. Also schnappte ich mir einen Teller mit dem, was gerade da war, und setzte mich zu ihnen. Sie diskutierten, welche Band sie sich als Nächstes ansehen wollten. Dave war Radiomoderator und kannte sich bestens aus – was neu war, was angesagt, was gerade hip und was schon wieder vorbei war. Ich hörte zu und warf ein paar Gedanken ein, aber es war klar, dass die Jungs meine Beiträge nicht gerade schätzten. Ich wollte gern als

Musiker ernst genommen werden, aber ich war keiner – ich sang einfach nur gern. Mir gefiel die Idee davon, aber Leidenschaft war es noch nicht – die kam erst später.

Ich lebte in dieser warmen, verrauchten Studentenblase: Nächte voller Lachen, Tische, auf die ich tanzte, und die Verantwortung, die weiter weg schien als alles Reale. Oft war ich mein eigener Stolperstein: Unsicherheit und das nagende Gefühl, nicht genug zu sein. Es gab kurze, strahlende Momente, in denen alles passte, doch das anhaltende Gefühl, wirklich angekommen zu sein, blieb aus. Das tat weh – aber es hat mich auch langsam geformt.

Wir einigten uns auf Carter The Unstoppable Sex Machine, kurz Carter USM, eine englische Band aus London, und The Sultans of Ping F.C., eine irische Band aus Cork. Beide laut, energiegeladen – und sie kamen gut an bei der wogenden, alkoholgetränkten Jugend vor der Bühne. Wir beschlossen: Wir schauen sie an – und arbeiten danach noch den letzten Einsatz, während James und The Wonderstuff als Headliner spielten.

Sultans of Ping hatten einen Riesenerfolg mit »Where's Me Jumper?«. Als sie spielten, war der Schlagzeugauftakt wie ein elektrischer Schock – sofort durchdrang er das Publikum. Alle großartigen Songs erkennt man in den ersten Sekunden. Wenn du etwas hörst und es in dir widerhallt, feierst du es umso mehr – und liebst dieses Gefühl von Zugehörigkeit, das nur Musik schenken kann. In solchen Momenten hörst du dich selbst aus der Menge herausrufen, während deine Erinnerungen an den Song mit deiner eigenen Identität verschmelzen. Songwriter mögen glauben, sie hauchten der Musik Leben ein – doch in Wahrheit sind es die Hörer, die ihr Atem schenken. Die Songwriter sind lediglich die Boten. Wir tanzten dicht an dicht, völlig beseelt. Am Ende des Songs waren wir erschöpft, ausgelaugt. Ich erinnere mich nicht an Carter USM, nur an starken Regen. Innerhalb von Minuten waren wir durchnässt und nüchtern. Wir gingen zurück ins Zelt, um die Kleidung zu wechseln.

Der Ansturm auf die Bar flaute allmählich ab. Nur Nachzügler und hartgesottene Festivalgänger kamen noch an die Bar. Die Headliner-Acts lieferten gut ab.

Als die Nacht endete, durfte sich das Barpersonal mit ein paar Bier zurückziehen – während das Reinigungspersonal alles für den nächsten Tag vorbereitete.

So ging ich mit Bier in der Hand Richtung Hauptbühne und dachte: Es ist vorbei. War es aber nicht. Sie hatten lediglich die Außenbars geschlossen, in denen ich gearbeitet hatte. Die Stände im Innenraum blieben geöffnet, während der letzte Act auftrat. Die meisten Zuschauer verließen das Festivalgelände. Müde und durchnässt entschieden sie sich für trockene Kleidung im Zelt oder ein Bier – statt auf die letzte Band Primal Scream zu warten, die man in ländlichen Gegenden Irlands kaum kannte. Diese schottische Band unter Bobby Gillespie (ehemals Drummer von The Jesus and Mary Chain) war der Liebling der Musikpresse und der Szene. Ihr Album *Screamadelica* erschien 1991 – doch ich hatte weder die Band noch die Musik vor Féile 92 gekannt. Ich wusste nicht, was mich erwartete. Ich stand vor der Bühne, umgeben von Fremden, und spürte, wie jede Erwartung, jegliche Forderung, die das Leben an mich gestellt hatte, von mir abfiel.

Als die Band loslegte, löschte sie jede Erinnerung an die Bands vor ihnen. Das komplette Set war ein musikalisches Gesamtkunstwerk. Sie dehnten Emotionen über mehrere Songs. Die tranceartige Atmosphäre ließ die Musik fast halluzinogen erscheinen. Während sie spielten, umarmten wir uns in der Menge. Meine Band war gekommen – und wir standen fassungslos da, verloren in Songs wie »Higher Than the Sun«, »Come Together«, »Movin' On Up« und »Loaded«.

Ich erinnere mich, wie einige Mädchen uns baten, dass wir sie auf unsere Schultern nahmen, um besser sehen zu können. Wir standen da, Frauenbeine um den Hals, Lächeln auf den Lippen. Wie die meisten Bands waren wir selten einer Meinung – die Mehrheit entschied –, aber diesmal waren wir uns einig: Primal Scream lieferten an diesem Abend etwas absolut Ergreifendes ab, und es war ein erhebendes Gefühl, Teil dieser Erfahrung und die Luft in ihren Lungen zu sein.

Sorry Days

Als Vizepräsident der Student Union wusste ich genau, wie der Laden lief. Das Amt brachte zwar Pflichten mit sich, doch vor allem Privilegien: freier Eintritt zu allen Veranstaltungen des Dublin Institute of Technology, Zugang zu jedem Union-Event. An den Wochenenden zog ich mit meinen Mitstreitern los – jung, hungrig aufs Leben und entschlossen, es ordentlich krachen zu lassen. Ich ließ anschreiben in der College-Mensa und bei *Cravens* – dem Pub, in dem sich so ziemlich das halbe Studentenleben abspielte. Ein echter Ritterschlag für meine Position im Studentenrat, aber ehrlich gesagt: Der Kredit war genauso Fluch wie Segen. Klar, es war cool, einfach anschreiben lassen zu können – aber meistens hieß es auch, dass ich bis zum Hals in Schulden steckte, noch bevor der Monat überhaupt richtig begonnen hatte. Vor dem Job war ich sparsam gewesen – nicht, weil ich so ein Finanzgenie war, sondern weil ich einfach nichts zum Ausgeben gehabt hatte. Aber kaum kam das erste regelmäßige Gehalt – steuerfrei, versteht sich, dazu meine treuen zwanzig Pfund pro Woche von zu Hause –, drehte ich am Rad. Plötzlich war ich der Typ, der Runden schmeißt, Essen bestellt, ohne auf die Preise zu schauen, sich neue Klamotten leistet und sogar ein zweites Paar Stiefel gönnt, als hätte ich ein geheimes Doppelleben als Stilikone.

Geld zu haben war wie ein Festival mit All-Access-Pass – nur dass man am Ende statt Muskelkater einen Berg unbezahlter Rechnungen hatte. Irgendwann verdiente ich mehr, als ich je hatte – und gab doppelt so viel aus. Mathematisch fragwürdig, emotional völlig logisch. Es war, als hätte ich ein geheimes Abo auf das Gefühl: »Ach, wird schon irgendwie gutgehen.« Aber hey – ich war jung, *broke* und wichtig. Und wenn man in Irland eines kann, dann ist es mit Stil zu scheitern.

Einer der angenehmeren Nebeneffekte meines Jobs war die stille Lieferung von Wodka- und Whiskeyflaschen – eine Art flüssiger Dank von Barbesitzern und Clubbetreibern, die nach jedem erfolgreich inszenierten Event auf dem Campus ihren Weg in unser Büro fanden. Es war eine Geste, die mit einem Schulterklopfen und einem verschwörerischen Grinsen einherging – kleine Geschenke für große Umsätze.

Ich war zu naiv – oder vielleicht zu sehr mit dem eigenen Glanz als Eventmanager beschäftigt –, um zu merken, dass manche Kollegen in der Union mehr bekamen als nur Flaschen. Manche kassierten still mit, kleine Scheine und große Versprechen, für den Abend, den sie in diesem oder jenem Pub veranstalteten. Doch als ich mir meine Flasche abholte, sagte niemand ein Wort. Warum auch? Jeder hatte längst seinen Anteil eingesackt, mein flüssiges Dankeschön störte da keinen mehr.

Zu Hause – mein Reich, mein Rückzugsort, mein schiefer Thron – war die Hausbar ein zerfledderter Karton neben dem Bett. Doch er war gut gefüllt, ein stolzer Vorrat schimmernder Etiketten und ungeöffneter Möglichkeiten. Bald wurde es zur Gewohnheit, sich vor jedem Ausgehen bei mir zu treffen. Das Vorglühen bei mir zu Hause – halb Ritus, halb Revolte – wurde zur festen Größe im studentischen Wochenplan. Es war der Ort, an dem Geschichten begannen, Flaschen kreisten, Gitarren gestimmt wurden und jemand garantiert zu früh zu tief ins Glas schaute.

Einmal wollten meine Mitbewohner und ein paar andere Kommilitonen ins *Wexford Inn*, das sich sozusagen auf Dublins Camden Street befand – um eine U2-Coverband spielen zu hören. Die Veranstaltung wurde von einer der anderen Universitäten organisiert, und nachdem die Band aufgehört hatte zu spielen, wollten wir den *Olympic Ballroom* besuchen, gleich um die Ecke in der Pleasant Street. Dort veranstalteten Studenten des Kevin Street Colleges ein Event mit DJs bis in die frühen Morgenstunden.

Es war ein ganz normaler Donnerstagabend – das hieß bei uns: ein paar Drinks in der Küche, eine Playlist aus halb vergessenen Indie-Hymnen und dann losziehen zu allem, was die Studentenszene an Partys hergab. Lokale Bars, billiges Bier und – unser persönliches Highlight – Gratis-Schnaps durch die Promo-Aktionen großer Alkoholmarken.

Werbestrategie meets Durststrecke.

Würden unsere Beziehungen zu den Markenbotschafter:innen auf die Probe gestellt werden? Und wie. Wir kannten sie beim Vornamen, sie uns beim Drink. Sie kamen mit Bannern, wir mit offenen Kehlen. Das Spiel war simpel: wir taten so, als hätten wir Interesse am Produkt – sie taten so, als hätten wir Einfluss.

An diesem Abend würde alles wie immer anfangen – und ganz anders enden.

Ein Freund eines Mitbewohners tauchte wie sonst auch auf und forderte mich zu einem Trinkspiel heraus. Damals klang das nach einer brillanten Idee – vielleicht sogar nach der besten des Abends.

Wir schenkten jeweils ein 200ml-Glas voll mit unserer bevorzugten Wodkasorte ein. Auf ein donnerndes »Drei – Zwei – Eins« kippten wir das Zeug runter. Der Schnellere war der Sieger – und sammelte, was wir damals »Bravado-Punkte« nannten. Bravado-Punkte gibt es natürlich nicht, aber es ist der einzige Weg, das Bedürfnis zu erklären, solche Wettbewerbe überhaupt auszutragen. Es war ein pubertäres Ritual männlicher Selbstbehauptung, und wer verlor, war – so absurd das klingt – automatisch der kleinere Mann.

Als ich als Teenager in einer Kneipe arbeitete, habe ich einmal, auf Zuruf der Belegschaft, ein volles Bierfass über den Kopf gehoben. Damals mochten mich die meisten nicht – mein Vater war Polizist, und das reichte als Stigma. Aber nachdem sie das Fass über meinem Kopf sahen, änderte sich die Stimmung. Die Logik war simpel: Wer ein Fass stemmen kann, der kann so schlimm nicht sein – selbst wenn sein Vater ein Cop ist. Wie wir wissen, hat Logik in den Gefilden der Dummheit aber selten ein Mitspracherecht.

Wie dem auch sei: Ich leerte mein Glas – und gewann. Die Revanche folgte sofort, und ich gewann auch die zweite Runde. Zum Glück verlor ich die dritte, was dem Ehrgefühl meines Gegners die nötige Rettungsleine zuwarf. Wir lachten, pöbelten spielerisch über Siege und Niederlagen und zogen gemeinsam los – mit dieser warmen Glut im Bauch, die der Alkohol einem schenkt, bevor er sich aufmacht, das Gehirn zu übernehmen.

Angekommen im Veranstaltungsort, wo bald The Joshua Trio auftreten sollten – eine komödiantische U2-Coverband mit Arthur Mathews, der später die Sitcom *Father Ted* über das Leben dreier Priester auf der fiktiven Insel Craggy Island vor der Westküste Irlands mitschreiben würde –, spielten wir unsere Studentenunion-Karten aus. Wir umgingen die Schlange, wurden vom Türsteher erkannt, abgeklatscht, durchgewunken – wir waren hier keine Gäste, wir waren Mitbesitzer der Nacht. Drinnen bestellten wir Bier, standen da: Ich, meine zwei Mitbewohner, ihre zwei Kumpel – alles fühlte sich richtig an. Freunde, Musik, Bier – was sollte schon schiefgehen?

»Wo ist Ben?«, fragte Declan, mein Mitbewohner.

»Keine Ahnung«, antwortete ich.

Dort, wo wir standen, konnten wir die Band zwar hören, aber

nicht sehen. Deswegen war Ben vermutlich nach vorne zur Bühne gegangen.

»Der ist schon jetzt ziemlich knülle«, sagte Declan. »Lass uns kurz nach ihm schauen!«

Declan war ein stattlicher Kerl, ein Rugby-Spieler aus dem Süden Irlands, und er schien sich immer ein bisschen um Ben zu kümmern. Er war sein menschlicher Airbag. Ich wohnte noch nicht lange mit den beiden zusammen, aber es war offensichtlich: Ben hatte ein Talent zur Selbstsabotage – und Declan war der Puffer, der ihn vorm Totalschaden bewahrte. Die beiden Jungs wohnten erst seit einigen Monaten in unserem Haus.

Auf das erste Bierchen folgte ein zweites. Nur war mir nicht klar, dass der in der Zwischenzeit vergessene Wodka mittlerweile in meinem Blutkreislauf und auf dem Weg zu meinem Gehirn war, um das zu tun, was Alkohol tut: ein Feuerwerk zu entfachen. Ich war kein erfahrener Wodka-Trinker und war deshalb der Ansicht, dass ich wahrscheinlich immun gegen ihn war, weil er nicht sofort die erwartete Wirkung zeigte. Das sollte sich aber bald ändern.

»Geh mal nachschauen, ob er noch steht«, schlug ich vor.

Declan wollte sich gerade auf den Weg machen, da entdeckte er Ben auf der Tanzfläche. »Da ist er, schau – steht wie 'ne Eins.«

Er klang erleichtert und war froh, dass vorerst das übliche Desaster ausblieb, das Ben sonst veranstaltete, wenn er mit ihm irgendwo hinging.

Die Tanzfläche des alten Veranstaltungsorts bildete ein alter Holzfußboden, eingefasst von einem abgewetzten rot-schwarzen Teppich. Es hätte gut ein Schild über dem Holz prangen können: HIER WIRD GETANZT. Und da stand Ben. Hopsend. Auf der Stelle. Allein. Dann betrat ein anderer Student die Tanzfläche. Und plötzlich wurde aus Ben, dem Hopper, Ben, der Grenzwächter. Unter dem Einfluss des sich allmählich bemerkbar machenden Wodkas identifizierte Ben den Neuankömmling als Eindringling und reagierte instinktiv: Er eröffnete den peinlichsten aller Tänze – den Zwei-Mann-Moshpit.

Moshing – dieser schweißtreibende Tanz der Grunge-Ära, bei dem es darum ging, wild gegeneinander zu rempeln, als würde man in einem überfüllten Pit seine angestaute Wut losschlagen. Das war aufregend, wenn es viele machten. Hier? Absurd! Zwei Typen. Auf einer leeren Fläche. Zu einer Comedy-U2-Coverband.

Ben sprang den anderen Studenten erst spielerisch an. Als der keine Lust aufs Mitmachen zeigte, nahm er Anlauf und rammte ihn quer über die Tanzfläche – direkt in die Tische. Dann hüpfte er weiter.

Declan schüttelte nur den Kopf. »Hol diesen Trottel da runter, ich kann ihm nicht ständig den Arsch retten.«

Mein angetrunkener Mut rauschte durch meine Adern wie ein irischer Föhnsturm und ließ mich losstürmen. Ich fühlte mich unbesiegbar. Gerade als ich Ben zur Ordnung rufen wollte, stand sein zuvor gefällter Gegner wieder – und stürmte wie ein Rugby-Spieler auf ihn zu. Der Tackle war filmreif – Ben flog in Richtung Bühne. Und ich, gerade angekommen, stand nun vor dem Angreifer. Da übernahm der Wodka komplett: Ich schlug zu.

Die Realität löste sich in Nebel auf. Ich stand da, über dem Typen, den ich gerade zu Boden geschickt hatte, und erklärte ihm, was für ein Arsch er sei – ganz so, als hätte ich nicht exakt dasselbe zehn Sekunden zuvor getan. Declan sah aus, als wolle er im Boden versinken. Ich zuckte mit den Schultern – was sollte ich denn machen?!

In dem Moment standen vier Jungs von einem anderen Tisch auf – die Freunde meines Opfers. Ich drehte mich um und BAM! – die erste Faust erwischte mich seitlich und schickte mich auf den Boden.

Als ich wieder zu mir kam, war die Tanzfläche ein Western-Saloon geworden. Declan war wie ein wütender Farmer, der Heuballen auf einen Anhänger warf – nur dass die Heuballen andere

Studenten waren. Ben versuchte sich derweil in Martial-Arts-Moves, inspiriert von genau drei Karatestunden. Bei seinem Versuch, einen Van-Damme-Rückwärtskick zu landen, legte er sich selbst in die Möblierung. Ich rappelte mich hoch, Blut im Mund, geschwollene Faust, aber mit allen Zähnen. Und dann sah ich ihn – einen breitschultrigen, sauber gekämmten, zu braven Typen, den zwei Freunde zurückhielten. Ich schob sie zur Seite und verpasste ihm einen saftigen Schlag mitten ins Gesicht. Er fiel. Ich fühlte mich wie der König von Irland. Der Wodka hatte inzwischen das Lenkrad übernommen, ich war nur noch Beifahrer.

Plötzlich: BAM! Eine Faust von der Seite. Wieder lag ich. Zwei Typen bearbeiteten mein Gesicht und meine Rippen. Und weißt du, was ich machte? Ich lachte. Ich war so betäubt, dass sich die Schläge wie Umarmungen anfühlten. Als die Security die Jungs von mir runterzog, stand ich auf, klopfte mir die Jacke ab, als hätte mich jemand beim Anstehen an der Bar angerempelt.

»Alles klar, Fred?«, fragte der Security-Mann. Er kannte mich. Und hielt mich offenbar für das Opfer. Ich war's nicht.

»Klar, Frank. Alles gut.«

Ich schnappte mir Ben. »Geht's?«

»Ich hab mein Bein verletzt«, sagte er. »Aber vorher hab ich drei Typen gleichzeitig fertiggemacht. War wie Van Damme!«

»Drei? Oder waren's zwei – und du hast doppelt gesehen?«

Er lachte. Ich half ihm raus. Doch natürlich ging es nicht nach Hause. Es war Donnerstagabend. Freier Eintritt, Gratis-Drinks. Unsere Hirne hatten Sendepause, aber der Körper sagte: »Weiter!« Wir wollten Declans Schimpftirade entgehen, aber unser Schneckentempo verriet uns.

»Habt ihr heute beide euer Hirn zu Hause gelassen? Oder teilt ihr euch eins?«, fragte er. Wir gaben keine Widerworte. Was hätten wir auch sagen sollen?

Am nächsten Club angekommen, humpelte Ben die Stufen hoch. Der Türsteher grinste: »Was ist euch passiert?«

»Rugby!«, rief Ben.

»Rugby, aha … gefährlich, gefährlich. Ihr solltet lieber Hurling spielen!«, sagte er lachend.

(Hurling ist das irische Pendant zum Hockey – allerdings mit einem entscheidenden Unterschied: Der Ball muss nicht am Boden bleiben. Dieser Ball, im Gälischen *sliotar* genannt, wird mit einem Schläger, dem *hurley*, gespielt, der entfernt an einen Baseballschläger erinnert. Hurling ist ein schneller, extrem körperbetonter Sport – Verletzungen wie Knochenbrüche oder gar Bewusstlosigkeit sind dabei keine Seltenheit.)

»Na gut, geht rein, Jungs. Ich nehme an, keiner von euch wird heute Abend Ärger machen.«

Daraufhin lachten die Kollegen des Türstehers vorsichtig. Wir lachten mit. Wenn sie nur wüssten.

Wir gingen hinein und fanden einen bequemen Stuhl für Ben, der stolz sein verletztes Bein zur Schau stellte, während wir anderen die Drinks besorgten. Die Wirkung des Wodkas ließ so langsam nach, und wir fühlten uns nun weniger unbesiegbar und etwas zerfleddert nach der vorherigen Geschichte. Als ich mein T-Shirt hochschob, um meinen Brustkorb zu begutachten, musste ich feststellen, dass er sich schwarzblau gefärbt hatte. Mein Unterkiefer schmerzte, wenn ich sprach. Declan war angepisst, weil Ben und ich Ärger gemacht hatten. Er erklärte uns, dass das negativ auf ihn in seiner Position zurückfallen würde (er war Präsident der Student Union an einem anderen Campus). Wir stimmten ihm zu, dass das nicht das feinste Benehmen war und dass wir uns wirklich alle Mühe geben würden, uns in Zukunft besser zu verhalten.

Nachdem Declan unsere Entschuldigung für unseren inakzeptablen Ausrutscher angenommen hatte, wurden wir etwas lockerer und fingen an, uns über die Schlägerei zu unterhalten.

»Du hast den kräftigen Typen so heftig geschlagen, dass er wie ein Sack Kohle zu Boden ging!«, kommentierte Ben meine kämpferische Leistung anerkennend.

»Ganz ehrlich? Eigentlich hattest du echt Glück, dass du gleich am Anfang eine reingekriegt hast, denn danach bist du die meiste Zeit auf dem Boden rumgeflackt!«, gab ich zum Besten.

Ben lachte. Wir machten weiter mit dem verbalen Ping-Pong-Spiel, achteten jedoch darauf, dass das Hin und Her ausgewogen war. Jedes Kompliment wurde mit Kritik aufgewogen. Man will ja schließlich nicht, dass jemandem sein Erfolg zu sehr zu Kopf steigt.

»Ich habe schon Breakdancer gesehen, die weniger Zeit mit dem Rücken auf dem Boden verbracht haben.«

»Mal ganz ehrlich, Ben, nach diesen Ninja-Moves, die du da vorgeführt hast, war der gefährlichste Gegner, gegen den du gekämpft hast, du selbst!«

»Und vergiss nicht den Tisch und die Stühle, die ihn angegriffen haben«, kam ein Beitrag von hinten, gefolgt von einem weiteren Lachanfall.

»Verpisst euch«, jammerte Ben, ein wenig verunsichert. »Die waren zu dritt. Ich hatte Glück, dass ich mit einem gebrochenen Knöchel davongekommen bin!«

In diesem Moment hörte ich, wie mein Spitzname gerufen wurde.

»Fred!«

Collin, der Student-Union-Präsident der Kevin Street und Organisator des Abends, stand mit den drei Sicherheitsleuten, die uns zuvor reingelassen hatten, direkt hinter mir. Ich drehte mich um.

»Hey, Collin. Toller Abend, super organisiert! Zufrieden?«

Ich war immer nett zu Collin gewesen, weil ich das Gefühl hatte, dass er in der SU eigentlich zu kurz kam. Er war als Scherzkandidat aufgestellt worden und hatte überraschend die Wahl gewonnen.

Deshalb hatten ihn meine langjährigen SU-Kollegen nie wirklich besonders respektvoll und freundlich behandelt. Ich erklärte ihnen bei jeder Gelegenheit, dass die Demokratie keine perfekte Form der Politik ist, aber die beste, die wir haben. Wo immer möglich, bezog ich Collin mit ein, in der Hoffnung, dass sie ihn wenigstens akzeptieren und irgendwann hoffentlich auch mögen würden, so wie ich das tat. Jedenfalls bis zu diesem Moment.

»Nein, nicht wirklich, Fred«, begann er. »Ich hab gehört, dass du im *Wexford Inn* Ärger gemacht hast und eine Schlägerei in der Bolton Street angezettelt hast (die Bolton Street gehörte zu einem anderen Campus). Das ist nicht akzeptabel, Fred, überhaupt nicht. Bitte mach, dass du hier wegkommst!«

»Aber das war doch die Bolton Street, und das hier ist die Kevin Street!«, konterte ich. »Schmeißt du jeden raus, der sich irgendwo geprügelt hat, bevor er hier reinkommt?« Von anderen wusste ich zwar nichts, aber ich war überzeugt, dass meine Logik einwandfrei war.

»Ich habe nichts von anderen gehört, aber wenn ich davon wüsste, würden die auch rausfliegen!« Dann deutete Collin auf Ben. »Und was ist mit deinem Freund da? Ist das der blonde Typ, der die ganze Sache auf der Tanzfläche angefangen hat?«

»Moment mal!«, entgegnete Ben ein wenig nervös. »Das ist eine Rugby-Verletzung – das sieht doch ein Blinder!« Einer der Sicherheitsleute trat daraufhin an ihn ran.

»Und auf welcher Position spielst du?«

Ben sah den Typ an. Man konnte sehen, wie sich langsam ein Vorhang über seine Augen senkte.

»Stürmer?«

Ben hatte keine Ahnung von Rugby, und dass er eine Position in einer Fußballmannschaft nannte, brachte die Wahrheit ans Licht. Innerhalb von Sekunden wurden wir zum Ausgang eskortiert. Die Security kannte mich – von zahllosen Veranstaltungen, die ich genau in diesem Club organisiert hatte. Und sie wussten: So verlief das normalerweise nicht. Ich war ein Teil des inneren Kreises, einer, der Dinge auf die Beine stellte, nicht einer, der rausgeschmissen wurde wie ein betrunkener Erstsemestler. Aber sie hatten einen Befehl bekommen – vom Typen, der den Abend leitete –, und Befehl war Befehl. Ohne Rückfrage, ohne Diskussion. Sie führten mich höflich hinaus, fast schon schuldbewusst. Und ich machte keinen Aufstand – nicht, weil ich resigniert war, sondern weil ich wusste: Zwischen Collin und mir war das letzte Wort noch nicht gesprochen. Die Türsteher taten nur ihren Job. Als wir zur Tür hinausgingen, sah ich einen Freund, einen aus der SU von Kevin Street.

»Schau, dass Collin hierbleibt«, rief ich ihm zu. »Ich bin bald wieder da.« Er nickte.

Zu diesem Zeitpunkt konnte Ben kaum noch ohne Hilfe aufrecht stehen, geschweige denn gehen. Deshalb beschlossen wir, dass es das Beste wäre, ihn in die Notaufnahme des nahe gelegenen Meath Hospital zu bringen. Auf dem Weg dorthin stützte ich ihn so gut ich konnte und verfluchte denjenigen, der uns gerade eben hatte hinauswerfen lassen. Ich hatte Collin schon oft bewiesen, dass er sich auf meine Unterstützung verlassen konnte, wenn die ›alte Garde‹ der Studentenvereinigung versuchte, ihm das Leben schwer zu machen, nur weil sie der Meinung war, er verdiene das Amt nicht, in das er gewählt worden war. Ich hatte ihm die Hand der Freundschaft gereicht, doch er hatte sich bei mir revanchiert, indem er einen auf moralisch machte. Er hatte sich – feige, pathetisch – auf die moralische Kanzel gestellt und mich wie einen lästigen Zwischenfall aus dem Weg geräumt. Das tat weh. Besonders mit einer halben Flasche Wodka und ein paar Bieren im Blut. Da sitzt der Schmerz doppelt tief.

Auf dem Weg ins Krankenhaus bemerkte ich eine Schwellung an meiner rechten Hand. Ich dachte, ich hätte mir vielleicht ein Fingergelenk gebrochen. Durch die Schwellung begann die Haut um die Gelenke herum zu spannen.

Schließlich schafften wir es bis zum Warteraum in der Notaufnahme des Krankenhauses. Wenig überraschend herrschte dort ein ziemliches Chaos. Wie in einem Zombie-B-Movie starrten die meisten Wartenden mit glasigem Blick oder unter Schock vor sich hin. Sie hatten schlecht sitzende Pflaster und Verbände um alle möglichen Verletzungen.

Bravado – dieses vorgetäuschte Draufgängertum – ist im Grunde nichts anderes als ein Versuch, die Angst zu übertönen, die tief in uns drin wohnt. In Irland aufzuwachsen bedeutet auch: Irgendwann kommt der Moment, an dem du jemandem gegenüberstehst, der wütend ist. Richtig wütend. Und du musst dich behaupten. Vielleicht bist du mit Gewalt groß geworden, vielleicht nicht – aber die meisten hier im Wartezimmer waren zum ersten Mal dabei. Man sah's ihnen an. Ihre Gesichter sagten: Wie konnte das passieren? Als wäre der Abend aus den Fugen geraten, und keiner hatte es kommen sehen.

Ich setzte Ben auf einen der kaputten Plastikstühle, sagte ihm, er solle hierbleiben, sitzen, nichts Dummes tun – und ging zur Anmeldung. Die Schwester hinter dem Tresen blickte müde auf. Ich nannte Bens Namen, schilderte das Nötigste. »Er blutet nicht und scheint nicht lebensbedrohlich verletzt zu sein«, sagte sie trocken. »Es wird ein paar Stunden dauern.« Sie reichte mir ein Formular zum Ausfüllen. Ich nahm es entgegen, drehte mich um und ging zurück zu Ben.

»Schau mal, Ben, füll das mal aus, und dann bring ich es an den Tresen. Die Krankenschwester kümmert sich dann darum, dass du bald untersucht wirst«, log ich.

»Hast du ihr gesagt, dass ich ernsthafte Schmerzen habe?«

»Hab ich«, log ich wieder.

»Hast du ihr gesagt, dass es ein schwerer Bruch sein könnte und dass ich den besten Arzt brauche? Kein zweitklassiger George-Clooney-aus-ER-Verschnitt?«

»Natürlich«, log ich ein drittes Mal.

»Und hast du ihr gesagt, dass ich nicht wie der ganze Rest vom Pack hier bin und dass ich morgen um neun in der Bank sein muss?« Ben sagte das deutlich lauter, als es mir lieb war. Ich bemerkte, wie sich ein paar der *rabbles* – wie er sie nannte – bei dieser Aussage deutlich angesprochen fühlten. Ich sagte nichts. Was sollte ich auch sagen?

»Hat sie dir gesagt, wann ich drankomme?«

Heilige Mutter Gottes! Ich konnte kaum fassen, wie sehr Ben alle um sich herum ignorierte – all die Menschen mit blutenden Köpfen, verdrehten Knien, gebrochenem Stolz.

Noch eine Lüge. Was für ein nutzloser Dialog.

»Ja, sie meinte, du seist als Nächster dran, und man würde sich sofort um dich kümmern.« Ben glaubte felsenfest an seine eigene Wichtigkeit. Ich aber wusste: Er würde hier bis in die frühen Morgenstunden sitzen, und irgendwie fand ich, das würde ihm guttun.

Die Schwellung meiner Hand hatte etwas nachgelassen, aber es wäre trotzdem nicht verkehrt zu wissen, ob ein Knochen gebrochen war. Ich hatte vor, die Nacht noch zu etwas zu machen – und wollte vorbereitet sein. Ich schlich mich an der Empfangsschwester vorbei, die gerade damit beschäftigt war, einen Betrunkenen daran zu hindern, in den einzigen Blumentopf des Wartesaals zu pinkeln. Ich ging den Gang entlang, zog vorsichtig einen der rosa Vorhänge beiseite, die wie schüchterne Trennlinien zwischen den Betten hingen, und sprach die Krankenschwester dahinter an.

»Hi …«

»Was wollen Sie denn hier?«, reagierte sie etwas schroff. Fairerweise muss ich dazusagen, dass sie gerade damit beschäftigt war, die Kopfverletzungen eines Patienten zu versorgen.

»Nur eine kurze Frage. Woran merke ich, ob ein Knochen in meiner Hand gebrochen ist?« Ich zeigte ihr meine geschwollene Hand und nickte dabei freundlich ihrem Patienten zu.

»Können Sie die Finger bewegen?« Sie straffte den Verband, während sie ihn um den Kopf des Mannes wickelte.

»Ja, ich kann alle Finger bewegen«, sagte ich etwas erleichtert.

»Dann ist nichts gebrochen.« Sie vollendete gerade die Mumifizierung des Mannes.

»Danke«, sagte ich mit einem schiefen Grinsen.

Sie erwiderte das Lächeln – wissend, dass ich mich frech an der Warteschlange vorbeigemogelt hatte –, aber an einem Abend voller Elend und Verwundeter schien sie stillschweigend meine Dreistigkeit zu respektieren.

Ich schlich mich zurück in den Warteraum und sah Ben, wie er mit dem Formular in der Hand mit der Schwester sprach. Offenbar hatte er beschlossen, dass er die Sache jetzt alleine regeln konnte. Gemeinsam humpelten wir hinaus auf den Parkplatz. Ich setzte ihn auf eine Bank und erklärte, er könne hier warten, bis man seinen Namen aufrief.

Draußen hatten sich noch mehr Menschen versammelt. Jeder einzelne trug sein eigenes Päckchen, seine eigene Verletzung – körperlich oder sonst wie –, und ich blieb einen Moment lang einfach stehen, um zu begreifen, was ich da sah. Während ich auf die Menge starrte, fiel mir ein alter Mann auf. Am Rand des Tumults kämpfte er sich im Rollstuhl voran, seine zittrigen Arme schoben die Räder in Richtung Ausgang. Doch die kleine Steigung am Krankenhausgate schien ihn zu überfordern. Ich ging zu ihm hinüber, neugierig, wohin er sich um diese Uhrzeit aufmachen wollte.

»Wohin des Weges?«, fragte ich.

»Hau ab!«, war seine wortkarge Antwort.

»Komm schon, es ist nach Mitternacht. Meinst du nicht, die suchen dich schon im Krankenhaus?«

»Die können mich alle mal. Die Ärzte haben gesagt, ich werde sterben – aber ich sterbe nicht hier, ganz sicher nicht. Scheiß auf die!« Er schob weiter.

Ich ließ das erst mal sacken.

»Du hast meine Frage nicht beantwortet«, sagte ich ruhig. »Wohin gehst du?« Ich stellte seine Entscheidung nicht infrage – wenn er beschlossen hatte, dass seine Zeit gekommen war, hatte er jedes Recht zu gehen, wohin er wollte.

»Ich geh zu meinem Sohn. Die Schwiegertochter kann mich nicht leiden, aber er lässt mich nicht auf der Straße verenden. Wenn ich krepier, dann bei ihm, nicht in diesem Drecksloch!« Er stemmte sich weiter gegen das Gefälle.

»Na gut«, sagte ich. »Dann lass mich dich zu ihm bringen.«

Und so verließen wir gemeinsam das Krankenhaus. Während ich ihn durch die nächtlichen Straßen schob, konnte ich endlich meine Gedanken sammeln und darüber nachdenken, was ich mit dem Rest dieser Nacht – und vielleicht auch mit mir – anfangen wollte.

Nach dieser guten Tat des Tages ging ich zurück zu dem Veranstaltungsort, aus dem ich vor über einer Stunde hinausgeworfen worden war. Ich hatte dem alten Mann geholfen, seine Angelegenheiten zu regeln – jetzt war es Zeit, meine eigenen in Ordnung zu bringen.

Als ich mich dem Eingang näherte, hielt mir der Sicherheitsmann die Tür auf. Sie hatten ihre Pflicht erfüllt, indem sie mich nach draußen befördert hatten, aber ich war – wie wir Iren sagen – zu einem Mulligan berechtigt. Einem Neuanlauf. Einem »Do-Over«. Ich suchte den Studentenvertreter von Kevin Street, mit dem ich vor dem Verlassen gesprochen hatte. »Collin ist im Büro und macht die Abrechnung«, sagte er.

»Sag mir Bescheid, wenn er rauskommt.« Er nickte. Die Geschichte raste dem Höhepunkt entgegen, doch in mir war eine Ruhe, ein Tunnelblick, der die Zeit verlangsamte. Ich bat ein Mädchen, das ich kannte, um einen Tanz. Sie sagte Ja. Auf der Tanzfläche hielten wir uns eng. George Michael sang davon, dass schuldbeladene Füße keinen Rhythmus haben – meine Füße waren fixiert auf Vergeltung und bewegten sich ebenso schwerfällig. Sie spürte, dass etwas nicht stimmte.

»Was ist los?«

»Ich muss gleich weg …«

»Wohin?«

»Etwas erledigen.« Ich blickte auf die Wand, wo der SU-Kollege stand, mein stiller Späher.

»Ich muss etwas geradebiegen.« Sie schaute mich an, besorgt, vielleicht sogar voller Ahnung.

»Du musst nicht gehen«, sagte sie leise. »Bleib hier.«

Der Späher gab mir das Zeichen – ein Nicken in Richtung Tür, draußen auf dem Flur. Collin stand nun dort.

»Ein kleiner Vogel hat mir gerade gesagt, dass ich jetzt gehen muss«, sagte ich.

»Kommst du zurück?«

»Ich glaube nicht.«

Ich senkte den Kopf und glitt durch die Menge, bis ich im Flur stand. Collin hatte sich abgewandt, unterhielt sich mit jemandem. Als er sich wieder umdrehte, sah er mich – und ehe er etwas sagen konnte, traf ihn meine Faust. Dann mein Ellbogen. Er fiel. Ich schlug ihn erneut. Und noch einmal. Er stöhnte, hielt die Hände vors Gesicht. Ich richtete mich auf, zog meine Jacke glatt. Die Türsteher kamen. Sie sahen mich, sagten kein Wort. Wir gingen gemeinsam zur Tür. Ich verließ den Veranstaltungsort, schloss die Knöpfe meines Mantels, ging nach Hause und legte mich ins Bett. Noch nie – davor oder danach – hatte ich eine solche Kälte in mir gespürt.

Am nächsten Morgen wachte ich auf und betrachtete das Dach gegenüber, während ich jeden Moment der vergangenen Nacht rekapitulierte – oder jedenfalls die, an die ich mich erinnern konnte. Plötzlich schrillte die Türglocke, und ich sprang aus dem Bett. Guter Gott, mein Brustkorb schmerzte! Ich zog meine Hose vom Vorabend an und lief leise die Treppe hinunter. Durch das milchige Glas der Haustür konnte ich ein Polizeimotorrad erkennen. Ich erstarrte. Im Türrahmen sah ich einen Polizisten. Kurz überlegte ich, ob ich abhauen sollte, entschied mich dann aber dagegen. Um ehrlich zu, sein hatte ich das Gefühl, etwas Böses getan zu haben, denn ich hatte einen anderen absichtlich verletzt. Die Schlägerei in der Bar war nur eine Schlägerei unter Gleichaltrigen und unter dem beidseitigen Einfluss von Alkohol passiert, das konnte ich bis zu einem gewissen Grad rechtfertigen. Der Angriff auf Collin dagegen war geplant. Er war kaltblütig. Dunkel. Ein Fehler.

Ich öffnete die Tür. Der Polizist trat einen Schritt zurück, vielleicht überrascht von meinem Anblick: ein ungepflegter junger Mann mit deutlichen Kampfspuren am gesamten Körper, der vermutlich etwas Geisterhaftes an sich hatte.

»Ich suche Raymond Garvey.«

Jetzt war ich dran. Ich hatte eine Straftat begangen, die ich nicht mehr ungeschehen machen konnte. Ich konnte nicht erwarten, dass mein Vater mir aus diesem Schlamassel half, und stellte mir vor, wie ich vor einem Richter wegen schwerer Körperverletzung angeklagt wurde. Von ein paar Bekannten hatte ich von dieser Anklage gehört, aber ich hätte nie gedacht, dass mein Name einmal im Zusammenhang mit diesem Vergehen aufgerufen werden würde. Ich spürte, wie mir das Blut aus dem Gesicht wich: »Ja, ich bin Raymond Garvey«, sagte ich mit zitternder Stimme.

»*Sie* sind Raymond Garvey?« Er sagte dies mit einem Anflug von Zweifel in der Stimme. Ich nehme an, der Vorwurf der schweren Körperverletzung war eine Anklage, die für hartgesottene Kriminelle oder aufstrebende Gauner reserviert war, nicht für zerlumpte Punk-Studenten. Doch trotz des Schreckens, der mir in die Glieder gefahren war, nahm mein Ego Anstoß daran, offen gesagt. Ich stellte mich aufrecht hin, Brust geschwellt.

»Ja, ich *bin* Raymond Garvey.« Die stierköpfige Zuversicht in meiner Stimme war wieder zurückgekehrt. Ich hatte wohl spontan beschlossen, dass ich, wenn ich schon wegen schwerer Körperverletzung untergehen musste, dies mit einer gewissen Form von – … nun ja, bestimmt nicht mit Würde, das wäre lächerlich, aber doch vielleicht mit einer gewissen Selbstsicherheit tun würde.

»Ihr Vater, Chief Superintendent Garvey, ist in der Stadt. Sie sollen ihn um sechzehn Uhr in diesem Restaurant an dieser Adresse treffen. Alles klar?« Er steckte mir einen Zettel zu.

Das Blut in meinem Körper schien in Sekundenschnelle von meinem Kopf in die Füße zu sacken. Vielleicht war ich hochmütig und dachte, jetzt sei der richtige Zeitpunkt, um tapfer zu sein. Doch eigentlich war meine größte Sorge, verhaftet zu werden und damit auf der anderen Seite des Gesetzes zu stehen, auf der Seite, gegen die mein Vater kämpfte.

Nachdem der Polizist gegangen war, spürte ich die Erleichterung, dass mein Vater in der Stadt war. Vielleicht konnte ich mit ihm über die ganze Sache reden. Vielleicht hatte er die Antworten, die ich brauchte. Ich musste ihn nur fragen, was ich tun sollte und wie ich mich aus diesem Schlamassel befreien konnte, in das ich mich selbst hineingeritten hatte.

Ich duschte, zog mich ordentlich an und machte mich auf den Weg, um meine Eltern zu treffen. Damals hatte ich noch kein Handy, und unser Haustelefon funktionierte nicht. Deswegen hatte mein Vater einen seiner Mitarbeiter geschickt, um mir die Nachricht zu übermitteln.

Ich ging in das Restaurant, in dem meine Eltern bereits auf mich warteten. Meine Mutter wusste sofort, dass mich etwas bedrückte.

»Was geht dir durch den Kopf, Raymond?«

Mein Vater sah sie fragend an, überrascht über die Frage, denn ihm war wohl nichts aufgefallen. Doch er stellte die Intuition meiner Mutter nie infrage und schwieg.

»Ich habe es gründlich verkackt, Mum.« In Gegenwart meiner Eltern benutzte ich höchst selten Kraftausdrücke, doch das schien am besten zu beschreiben, was passiert war, ohne es zu beschönigen.

»Was hast du gemacht?« Besorgt schaute sie mich an.

»Ich hab jemanden verletzt, der's nicht verdient hat. Und ich wusste, dass ich's könnte – genau deshalb hab ich's getan. Und jetzt kann ich's nicht mehr rückgängig machen.«

Ich sah die beiden an, mit diesem Blick, den man draufhat, wenn man sich eigentlich selber schütteln möchte, es aber lieber jemand anderem überlässt. Meine Mutter übernahm das Wort. Mein Vater – ganz in Polizeimanier – ließ sie machen, beobachtete nur, wie ich in die Mangel genommen wurde.

»Gab's Alkohol?«

»Ja … drei, vier Pints oder so.«

Ich konnte ihr schlecht erzählen, dass ich vorher noch eine halbe Flasche Wodka auf ex gekippt hatte. Sie hätte sonst geglaubt, ich bräuchte Hilfe. Und das Letzte, was ich in dem Moment vertragen hätte, wäre gewesen, dass sie mich nicht nur für dumm, sondern auch für verloren hielt. Und mal ehrlich: Diese Geschichten aus der Jugendzeit … Man schreibt sie auf und denkt beim Lesen: »Klingt schlimmer, als es war.« Doch meistens war's schlimmer. Aber verstehen tut es wirklich nur, wer selbst mal jung war und geglaubt hat, unbesiegbar zu sein.

Ich erzählte ihr also die ganze Story – na ja, fast. Kein Wodka, kein alter Mann, kein nächtlicher Spaziergang durch die York Street. Nur das Wichtigste. Und sie? Sah mich an, wie nur Mütter das können – mit einem Mix aus Besorgnis, Wärme und einem Hauch »Ich kenn dich besser, als du denkst«. Ich rechnete fest mit Ärger. Stattdessen entschied sie sich für so was wie einen mütterlichen Reset-Knopf: »Damals, in dem Ort, wo dein Vater mal Dienst hatte, hat ein Mann ein junges Mädchen verprügelt. Dein Vater hat den Kerl gefunden … und ihn fast totgeschlagen. Vier Leute mussten ihn von ihm runterziehen.«

Ich starrte meinen Vater an. Der schwieg.

»Dein Vater hat das nie vergessen. Es war falsch, sagt er – aber er hat's getan, weil er gesehen hat, was diesem Mädchen angetan wurde. Und was passiert ist, ist passiert.«

»Was du getan hast, war auch nicht richtig. Aber jetzt musst du die Verantwortung übernehmen. Rede mit Collin. Bitte ihn um Verzeihung. Und dann – und das ist der schwerste Teil – verzeih dir selbst. Lern draus. Und mach's beim nächsten Mal besser.«

Ich nickte nur. Mein Vater fragte, wo das Ganze passiert war. Ich sagte es ihm. Er verließ den Raum, telefonierte. Als er zurückkam, meinte er nur:

»Keiner hat was gemeldet.«

Dann sah er mich an: »Das Wichtigste ist, dass du daraus lernst. Und dass du noch mal mit Collin sprichst.«

Die Worte meiner Mutter hingen noch lange in meinem Kopf fest – wie so ein Ohrwurm, nur ernst. Ich hatte meinen Vater immer als streng erlebt – korrekt, kontrolliert, fast unnahbar. Aber ihn so zu hören, so menschlich, das ließ was in mir weich werden. Ich war froh, dass ich es ihnen erzählt hatte. Dass ich nicht alles mit mir selbst ausmachen musste. Und zum ersten Mal an diesem Abend fühlte ich: Vielleicht war ich gar nicht ganz verloren. Vielleicht war ich einfach nur jung. Und jetzt war es Zeit, erwachsener zu werden.

Am darauffolgenden Montag ging ich zum College in der Kevin Street. Declan begleitete mich, und bat um ein Gespräch mit Collin. Ich war überrascht, dass er sofort bereit dazu war, aber vielleicht half auch Declans Gegenwart, dass er die Tür überhaupt öffnete. Collin stand in seinem Büro, er hatte eine dicke Lippe, und sein rechtes Auge war schwarzblau und geschwollen.

»Hey, Collin, danke, dass du Zeit hast für uns …« Dann begann ich meinen Monolog: dass ich völlig neben mir gestanden hatte, wie ich mich in der Vergangenheit immer für ihn eingesetzt und mich deshalb hintergangen gefühlt hatte, als er mich rauswerfen ließ. Ich fand das gemein und …

Collin atmete tief ein und zeigte dann mit dem Ordner, den er in der Hand hielt, dramatisch auf mich.

»Wegen dir habe ich eine Amnesie.«

Ich schaute verdutzt drein. Ich kam mir wie ein völliger Idiot vor. Wenn er tatsächlich keine Erinnerung mehr an den Abend hatte, dann wusste er ja vielleicht gar nicht mehr, wer ihn vermöbelt hatte. Und ich stand in seinem Büro und nahm alles auf mich! Ich gab mich hin, wie ein Lamm zur Schlachtbank, dabei hätte ich doch viel besser die Klappe halten sollen.

Collin fuhr fort, immer noch sauer.

»Erst zettelst du eine Schlägerei im *Wexford Inn* an, wegen der heute – ich weiß nicht, wie viele – Studenten krankgeschrieben wurden. Dann hast du die Frechheit, meine Autorität infrage zu stellen und zu der Veranstaltung zurückzukommen, bei der ich dich rauswerfen ließ. Und dann schlägst du mir auch noch genau in dem Moment grundlos ins Gesicht, als ich gerade wegschaue.«

Für jemanden, der behauptete, unter Amnesie zu leiden, schien mir der detaillierte Bericht über die Ereignisse aber erstaunlich präzise zu sein. Doch ich gab nach, ließ den Kopf hängen, entschuldigte mich und sagte, dass ich seine Wut verstehe. Ich fragte ihn, ob er auch schon einmal einen Fehler gemacht und ihn bedauert hatte. Ich vermutete: nein. Collin war so einer – der klassische Gutmensch. Aber ich merkte schnell, dass ich mir gerade selbst ein Loch grub, aus dem ich schwer wieder rauskommen würde. Statt mir zu antworten, sprach er von möglichen rechtlichen Schritten, Anzeige, Konsequenzen für jemanden in seiner Position, blablabla. Und genau in diesem Moment – als sich das Gespräch wie ein Kaugummi über heißem Asphalt zog – übernahm Declan das Wort.

»Fred, du hast richtig Mist gebaut, stimmt's?« Ich nickte. »Du hast dich volllaufen lassen und bist dann in eine Schlägerei geraten …«

»Er hat eine Schlägerei angefangen!«, warf Collin ein, während ich versuchte, mich an die genaue Definition von Amnesie zu erinnern.

»DU hast eine Schlägerei im *Wexford Inn* angezettelt«, korrigierte sich Declan. Ich nickte erneut. »Dann bist du zum *Olympic Ballroom* gegangen, wo Collin dich gebeten hat, den Ort zu verlassen. Doch du bist zurückgekommen und hast ihm ins Gesicht geschlagen, was zu einer Amnesie bei ihm geführt hat.«

Declan studierte Wirtschaft. Seine Rhetorik war bodenständig, seine medizinische Expertise … sagen wir: Amnesie klang für ihn offenbar wie ein grippaler Infekt. Aber irgendwie machte seine schlichte Auflistung der Ereignisse die ganze Katastrophe erträglicher – sie klang auf einmal weniger wie eine Gerichtsverhandlung, mehr wie ein Versicherungsbericht.

Ich nickte ihm erneut zustimmend zu. Collin schaute Declan an, gespannt auf sein abschließendes Plädoyer. Und dann der große Moment. Declan hob die Hand wie ein Richter beim Urteilsspruch:

»Fred – ich schlage vor, du legst dich jetzt hier auf den Boden, Collin verpasst dir ein paar saftige Tritte an den Kopf, bis du Amnesie hast – und dann sind wir quitt.«

Er klatschte in die Hände. So, das wär's dann. Fall abgeschlossen. Perry Mason im Roman hätte es anders gemacht, klar – aber hey, Declan war ein guter Kerl. Eben direkt, simpel – vielleicht zu simpel. Wären wir im dreizehnten Jahrhundert gewesen, hätte ich mich wahrscheinlich hingelegt. Heute jedoch … war mir nicht danach. Ich sah ihn fragend an. Auch Collin wirkte irritiert. Declan interpretierte unsere skeptischen Gesichter als Unzufriedenheit mit dem Strafmaß und bot großherzig an, mich selbst zu treten, falls Collin dazu nicht in der Lage sei. An dem Punkt musste ich eingreifen.

»Collin, hör zu – ich hab's total verkackt, und es tut mir leid. Du hast das nicht verdient. Wenn du Anzeige erstatten willst oder Schadensersatz forderst, kann ich's dir nicht verübeln … auch wenn ich hoffe, dass du es nicht tust. Aber ich bin nicht hier, um das zu verhandeln. Ich bin hier, um mich zu entschuldigen. Und Verantwortung zu übernehmen. Wie ein Mann.«

Collin sah mich an – und ich wusste, er spürte, dass ich es ernst meinte. Ich streckte ihm die Hand entgegen. Vielleicht würde er sie ignorieren. Vielleicht annehmen. Vielleicht irgendwas dazwischen. Er nahm sie.

»Ich weiß nicht, ob das hier wirklich das Ende davon ist«, sagte er. »Aber ich schätze es, dass du den Mut hast, dich zu stellen – und nicht wie ein kleiner Junge davonzulaufen.«

Das hatte ich nicht erwartet. Ich hatte ihn unterschätzt.

Und was geschah danach?

Ich wurde aus allen Student Unions in Dublin ausgeschlossen und durfte in absehbarer Zeit an keinen College-Events mehr teilnehmen. Meine SU-Kollegen, vor allem diejenigen, die sich hinter Collins Rücken über ihn lustig gemacht hatten, erklärten mich zur Unperson. Mein Verhalten, so beschlossen sie, sei absolut inakzeptabel und könne nicht geduldet werden.

Ich wurde aus einer Gemeinschaft exkommuniziert, für die ich mich über vier Jahre lang eingesetzt hatte. Ich hatte geglaubt, man würde mich auf den Schultern durch die Korridore der Uni tragen, weil ich Ungerechtigkeit und Ungleichheit die Stirn geboten hatte. Stattdessen schlugen sie mir die Türen vor der Nase zu und erklärten, dass der Name Rea »Fred« Garvey in den Räumen des inneren Kreises nicht mehr in den Mund genommen werden sollte. Ich war raus, und es gab keinen Weg zurück.

Nur zu gerne würde ich behaupten, dass ich dadurch gelernt hätte, meinen Alkoholkonsum in den Griff zu bekommen, dass ich abstinent geworden war, damit mir so etwas nie mehr wieder passierte. Oder dass ich von da an zumindest einen großen Bogen um Wodka machte. Oder dass ich es geschafft habe, mir den Respekt all derer zu verdienen, die mich ausgestoßen hatten. Aber nichts davon geschah.

Nein, nach dieser Nacht lernte ich eine wichtige Lektion im Leben:

Das Eingeständnis eines Scheiterns ist kein Zeichen von Schwäche. Aber sich selbst mit Lügen vor den eigenen Taten zu schützen – das ist schwach. Und es steht keinem Erwachsenen gut zu Gesicht, der führen will, statt nur zu folgen. Es war mir peinlich, meiner Mutter und meinem Vater meine Fehler einzugestehen – und noch weniger fühlte ich mich wie ein Mann, als ich meinem Opfer gegenüberstand. Aber keiner von ihnen konnte meinen Blick heben. Nur ich selbst. Erst als ich mich selbst anschaute, meine Schuld anerkannte und Gott um Kraft bat, ein besserer Mensch zu werden – erst dann konnte ich diesen Stolperstein hinter mir lassen.

Ich wusste, ich würde wieder Fehler machen. Vielleicht nicht so groß wie dieser, aber es würde Nächte geben, an denen ich am nächsten Morgen meine Worte, meine Taten bereuen würde (ich schrieb später ein Lied darüber – es hieß »Sorry Days«). Aber ich kann sagen: Ich habe nie wieder jemanden verletzt wie in jener Nacht, als ich Vergeltung suchte. Nie wieder musste ich mir so schmerzhaft selbst verzeihen. Fehler zu machen ist menschlich. Aber aus ihnen zu lernen – das ist die einzige Möglichkeit, zu verhindern, dass sie sich wiederholen.

Mit der Zeit wurden die Katastrophen kleiner, und mein Spiegel im Bad wurde weniger zu einem Beichtstuhl und mehr zu einem Ort für aufmunternde Privatgespräche. Ich war dankbar für die wahren Freunde, die nicht gegangen sind, die mich nicht verurteilt haben, auch wenn sie allen Grund dazu gehabt hätten. Wahre Freunde bleiben, wenn du ihnen den Menschen zeigst, für den es sich zu bleiben lohnt. Ich las einmal: »Wenn wir für jeden unserer Fehler einen Stein aufheben müssten, würden wir keine Meile weit kommen in diesem Leben.« Niemand ist perfekt. Wir alle sind fehlerhaft. Und genau das macht uns zu Menschen.

Betrunken Im Dienst

Unser Manager Peter hatte wirklich jeden und jede kontaktiert, den er kannte, um für die Reckless Pedestrians eine Brücke zwischen Irland und Deutschland zu schlagen. Ein alter Freund von ihm lebte seit Jahren in der Nähe von Stuttgart und bot seine Hilfe an – aber nur unter einer Bedingung: Wir sollten Konzerte in Irland für seine Kumpels einer deutschen Heavy-Metal-Band organisieren. Ihr Name: Betrunken Im Dienst. Peter sagte zu. Und gab den Staffelstab sofort an mich weiter. Ich hatte ja schließlich Erfahrung mit so was. An der Uni war ich fast drei Jahre lang für Events und Unterhaltung zuständig gewesen – eine Tour für eine deutsche Metalband zu buchen, klang nach Spaß. Und ich wurde sogar dafür bezahlt. In einem Rutsch war ich plötzlich Booker, Promoter und Tourmanager. Manche würden sagen, ich hätte mir da zu viel aufgehalst – aber bei einer Schnauze wie der meinen war das nichts Neues.

Mein erstes Telefonat mit der Band lief überraschend gut. Ich hatte ein Foto vom Sänger Schnax: ein Billy-Idol-Double mit perfekt gegeltem Stachelhaar und der ausgeprägten Bereitschaft, sich oben ohne ablichten zu lassen. Woher er seine Englischkenntnisse hatte, wusste ich nicht, aber er klang ganz gut.

»Wir kommen am 17. um fünfzehnhundert Stunden irischer Zeit in Done Leg A Hairy an, mit einem roten Mercedes-Transporterbus«, teilte mir Schnax mit. Eine Uhrzeit in Hunderten, ein Treffpunkt, von dem ich noch nie gehört hatte, plus einem deutschen Akzent – das Ganze fühlte sich verdächtig nach internationaler Spionage an. Ich antwortete langsam und vorsichtig:

»Done Leg A Hairy ist mir nicht bekannt. Bitte senden Sie mir die exakten Koordinaten des Treffpunkts. Over.«

Aus irgendeinem Grund redete ich plötzlich wie jemand, der mit einem Walkie-Talkie durch die Serengeti navigiert. Leider entschied Schnax sich, meine James-Bond-Fantasien schlagartig zu beenden.

»Hast du getrunken, irischer Mann?«, lachte er. »Was meinst du mit ›Rendezvouspunkt over‹?! Wir treffen dich am Hafen von Done Leg A Hairy, wo die Fähre um fünfzehnhundert Stunden ankommt – oder drei Uhr nachmittags irischer Zeit. Verstanden? Wirst du dort sein?«

»Done Leg A Hairy …«, murmelte ich. »Der Hafen? Die Fähre …« Dann machte es klick. »Ahhhhh! Du meinst Dún Laoghaire! Ja, ich werde um drei am 17. dort sein. Mit Pauken und Trompeten!«

»Okay, bis dann. Aber kein Orchester nötig! Wir sind der große rote Bus mit Schornstein. Du wirst uns erkennen!«

Das Gespräch hinterließ einen leicht eingeschüchterten Nachgeschmack bei mir. Schnax' Selbstbewusstsein reichte locker von Deutschland bis nach Irland. Kurz befürchtete ich, den Mund vielleicht doch etwas zu voll genommen zu haben. Ich hatte drei Shows für die Band gebucht, allesamt in kleinen Locations. Ihre Minitour startete in Belfast, ging die Ostküste runter nach Drogheda in der Grafschaft Louth und endete schließlich in Dublin.

Der Tag der Ankunft kam schneller als gedacht. Als ich gerade zur Tür raus wollte, drückte mir Peter ein paar Hundert Pfund in die Hand. Ich hatte mit ermutigenden Worten oder gar einem weisen Rat gerechnet – aber alles, was er sagte, war: »Halt sie von meinem Haus fern, okay?« Offenbar war dieser Job nicht ganz ohne, aber zunächst konzentrierte ich mich erst einmal auf meine wichtigste Aufgabe: die Band an der Fähre in »Done Leg A Hairy« abzuholen.

Ich stand also auf dem Parkplatz am Hafen und hielt Ausschau nach einem roten Mercedes-Bus mit Schornstein. Die Wartezeit versüßte mir dabei ein Bacon Butty – ein Speck-Sandwich. Das wurde später zur Tradition, denn ich sollte noch oft von ebendiesem Hafen mit meiner eigenen Band Richtung Deutschland aufbrechen. Zwei Scheiben Weißbrot, dick mit Butter bestrichen, darauf heiße Speckstreifen, die das Fett schmelzen ließen, getränkt in Ketchup – kulinarisch gesehen vielleicht eine Beleidigung, aber oft genau das kleine, fettige Wunder, das man vor einer zweitägigen Autobahnfahrt braucht.

Dann hörte ich ein großes Fahrzeug von der Fähre rumpeln. Wie beschrieben, ein riesiger roter Bus mit Schornstein. Ich winkte sie heran. Sie hielten, schalteten den Motor aus – und einer nach dem anderen stieg aus und setzte zum ersten Mal einen deutschen Metalfuß auf irischen Boden.

Ich stand da, betrachtete diese groß gewachsenen, langhaarigen, in Dreiecken sprechenden Deutschen – und dachte daran, wie die Wikinger vor über tausend Jahren hier ankamen, um uns unsere Schätze und Frauen zu rauben, unsere Häuser zu verbrennen und unsere Männer zu erschlagen. Wie die Zeit doch alle Wunden heilt. Und da ich ziemlich sicher war, dass Bacon Butties nicht aus Irland stammten, empfand ich eine gewisse Dankbarkeit für die kulturellen – und kulinarischen – Spuren, die einstige Invasoren hinterlassen hatten.

Wir schüttelten Hände, rauchten Zigaretten, redeten kurz über die Fahrt aus Deutschland. Bevor wir Richtung Belfast aufbrachen, musste ich aber einen Blick in den Bus werfen. Ein Freund aus Kamerun hatte mir mal erzählt, dass man dort zur Beschreibung von hochwertiger Handwerkskunst sagt: »gebaut wie ein deutscher Schrank«. Und dieser Bus war definitiv ein solcher Schrank. Sie hatten einen Transporter mit langem Radstand in ein rollendes Zuhause verwandelt: Schlafplätze für sieben Leute, ein großer Stauraum für Instrumente und Technik – und ein voll funktionsfähiger Holzofen mit echtem Schornstein. Ich war schwer beeindruckt. So etwas hatte ich noch nie gesehen.

Motor an, ab Richtung Autobahn. Axel, der Fahrer, brachte mir unterwegs alle wichtigen Begriffe bei: »Geradeaus« (was ich als *»Grow a house«* verstand), »Rechts« (klingt wie »Rex«, der Hund), »Links« (einfach zu merken), »Entschuldigung« (ausgesprochen wie »en-chewing-gum«). Damit war ich offiziell zweisprachiger Tourmanager und bereit, die Truppe durch Irland zu lotsen.

Ich war noch nie die Straße nach Belfast gefahren. Ich hatte auch noch nie eine Tour gemanagt. Und deshalb hielt ich es für das Beste, der Band nicht zu erzählen, dass die pro-englische, paramilitärische Terrorgruppe UVF – die Ulster Volunteer Force – gerade angekündigt hatte, sie wolle Bands aus dem Süden, die im Norden spielen, ins Visier nehmen. Ich dachte mir, das könnte ... sagen wir mal … die Stimmung im Bus etwas dämpfen. Die Fahrt lief gut an. Die Jungs lachten über ihre eigenen Geschichten, das Bier floss, das Feuer im Ofen knackte – alles lief bestens. Und dann kamen wir zur Grenze.

Wegen der Mauer, die Deutschland teilte, kannten die Bandmitglieder diese besondere Lage, in einem geteilten Land zu leben. Aber das hier war etwas anderes. Man spürte es – Nordirland war nicht irgendein Ort auf der Landkarte, sondern ein Zustand. Als wir von einer Armeepatrouille angehalten wurden, verebbte das laute Lachen im Bus zu einem leisen Murmeln. Kurz nach dem Grenzübertritt kam die nächste Kontrolle. Diesmal aus einem Graben heraus, an einer kleinen Landstraße. Ein einzelner Soldat, der wie aus dem Nichts auftauchte, winkte uns raus. Dann kamen seine Kameraden – und rollten hinter uns eine Kette aus Metallstacheln quer über die Straße. Im Bus wurde es still. Ich sagte den

Jungs, sie sollen ruhig bleiben. Das sei hier ganz normal, erklärte ich. Nichts Ungewöhnliches. Ich empfahl, Ruhe zu bewahren und – ganz wichtig – mich reden zu lassen.

Dennoch machte mich die Situation nervös, und in meinem Kopf übernahmen die Übersprungsgedanken, die mich innerlich hysterisch zum Lachen brachten: Ich war in einem Teil Irlands unterwegs, der noch immer unter englischer Militärkontrolle stand, mit einer Gruppe deutscher Metalheads im Gepäck – und zu allem Überfluss war ich auch noch ein Verwandter des letzten Oberkommandierenden der alten IRA.

Liam Lynch war Oberbefehlshaber der Anti-Treaty-IRA. Er wurde am 10. April 1923 erschossen – von irischen Soldaten in grüner Uniform. Keine optimale Ausgangslage.

In solchen Situationen versucht man, alle Eventualitäten durchzuspielen. Sein Gegenüber zu lesen. Nach Zeichen zu suchen. Nach irgendetwas, das hilft. Ich stand also da, vor einem jungen Soldaten mit schwerem Londoner Akzent und einem halbautomatischen Gewehr, und suchte nach einer Tendenz in seiner Mimik, die nichts verriet. Aber wir blieben ruhig – und bald durften wir weiterfahren.

Ich hatte der Band nicht erzählt, dass ich selbst genauso nervös war wie sie. Es war mein allererster Armeekontrollpunkt. Willkommen im echten Nordirland. Für die Iren hier war das Alltag. Für die Deutschen war es das erste Mal, dass sie mit dem Konflikt konfrontiert wurden. Die nächste Stunde waren wir leise. Vorsichtige Fragen tauchten auf:

»Magst du die Engländer?« – »Ist es gefährlich, durch den Norden zu fahren?«

Ich versuchte, die Stimmung ein bisschen aufzulockern.

»Klar mögen wir die Engländer – immerhin haben sie uns doch den Fußball gebracht!«

Ich bin im Süden aufgewachsen. Ich hatte nie viel mit den Nachbarn da oben zu tun. Ich kannte Leute, die die Briten hassten – richtig hassten. Und die keine Gelegenheit ausließen, das auch laut zu sagen. Ich war nicht so. Ich war kein radikaler Nationalist. Aber ich liebte mein Land. Ich liebte es, sagen zu können: Ich bin Ire. Und das würde ich immer sein. Auch wenn es schwer ist, zu vergeben – und noch schwerer, zu vergessen –, was die Engländer meinem Volk und meiner Familie angetan hatten.

Schließlich rollten wir in Holywood, einem kleinen Städtchen nördlich von Belfast, ein. Ich hatte den Auftritt in einem Pub gebucht, der immerhin eine Bühne und eine eigene PA-Anlage hatte. Vom Betreiber wusste ich, dass man dabei war, die Location als Veranstaltungsort auszubauen, wir sollten jedoch nicht zu viel erwarten – aber das Publikum schätze Bands, sagte er. Das reichte mir als Argument. Wir parkten direkt am Hafen, luden das Equipment aus und begannen, uns bei den Barkeepern vorzustellen, während wir die Instrumente aufbauten. Der Bassist Gerdi, der Größte in der Band, stand auf der sehr niedrigen Bühne – sein Kopf verschwand hinter einem der schwingenden Scheinwerfer. Ein absurdes Bild. Und wie er versuchte, das mit Coolness zu überspielen, brachte uns alle zum Lachen. Die Anspannung der Anreise war – plopp – weg.

Betrunken Im Dienst waren eine solide Fünf-Mann-Metal-Maschine. Der Gitarrensound von Jogi und Schnitz, das donnernde Schlagzeug von Stefano – das alles vibrierte durch jeden Muskel. Sie trafen direkt ins Rebellenzentrum jedes jungen Mannes im Raum. Nein, sie standen noch nicht mit Metallica in Wembley. Aber heute? Heute waren sie Headliner. In Holywood!

Das Publikum war klein, saß mit Pints an den Tischen. In einer Ecke stand eine Gruppe junger Metalheads – alle in Schwarz, Jeansjacken, Leder, ernste Blicke. Sie nippten an einer gemeinsamen Cola. Ob sie sich kein Bier leisten konnten oder unter die U18-Regel fielen, wusste keiner. Aber klar war: Sie waren nicht zum Trinken hier. Sie checkten die Bands. Metal ist Religion. Und als Gläubiger hat man gefälligst Ahnung. »Ich mag's« reicht nicht. Die Musik muss verglichen, seziert und eingeordnet werden: »Klingt wie der Bassist von Slayer nach einem Jahr in der Wüste – aber mit der Snare von frühem Kreator.« Wer Metal liebt, kennt die Genealogie – mit all ihren Wurzeln, Ästen und Seitentrieben. Und Betrunken Im Dienst würden als Nächstes dieser Analyse unterzogen. Die ersten Songs waren ein bisschen wackelig, aber sie hielten Kurs. Nach dem ersten Set gab's zehn Minuten Pause. Danach eine weitere Stunde voller wuchtiger Riffs. Der Soundtechniker Giovani murmelte zwar etwas über das Alter der Anlage, aber er hatte die Boxen im Griff. Ich sah: Die Band war angekommen. Die nervöse Energie vom Checkpoint am Nachmittag wich endlich dem Rock 'n' Roll. Und dann … beschloss Schnax, den Bären zu wecken.

Wenn man fragt, ob Iren die Engländer mögen, erzähle ich immer die gleiche Geschichte: Ein Pub mit zwanzig Iren und zwanzig Engländern. Man lacht, trinkt, singt, umarmt sich. Und dann sagt einer: *»You stupid Irish bastard.«* Plötzlich teilt sich der Raum – wie das Rote Meer. Links: zwanzig irische Männer. Rechts: zwanzig englische Männer. Und alle sind bereit, sich zu prügeln. Warum Männer? Weil die meisten Frauen, die ich kenne, zu klug sind, sich durch die Dummheit anderer provozieren zu lassen. Wenn sie zuschlagen, dann leise – und tödlich. Koexistenz in Irland basiert oft auf dem Prinzip: Lass den Bären schlafen. Sprich nicht über den Krieg. Oder den Norden. Oder Probleme.

Schnax trat ans Mikro. Er stand still. Dann sagte er laut: »Ich weiß, dass ihr Probleme in Nordirland habt.« Ich erstarrte. Er hatte es gesagt. Eiskalt lief mir der Schweiß über den Rücken. Ein Satz – ein riesiger Knüppel – und Schnax läuft direkt in die Höhle des schlafenden Bären und stochert ihm ins Ohr. Alle Köpfe im Raum drehten sich. »Was hat er gesagt?«, flüsterte jemand. Ich spürte: Das hier kippt gleich. Schnax fuhr fort: »In meinem Land verstehen wir nicht, warum ihr euch hier hasst.« Ein Mann verschluckte sich an seinem Bier. Die Worte flogen durch den Raum wie Ninja-

Sterne mit deutschem Akzent. Ich drängte mich durch die Menge, gestikulierte wild: Schnax, hör auf! Aber Schnax war in seiner Holywood-Film-Fantasy. In seinem Kopf rannte gerade jemand in Zeitlupe über den Strand. In unserem Film aber wussten alle: Das geht schief. Schnax brüllte den nächsten Songtitel: *»We stand with you … until you are ›THE LAST MAN STANDING‹!«*

Ein Satz. Eine Interpretation. Und beide Lager – IRA wie UVF – hörten ihn mit glänzenden Augen. Denn jeder glaubte, sein Held sei gemeint. Das war quasi unsere Rettung.

Ein tosendes Crescendo beendete den Song – und das Set. Die Band verbeugte sich vor einem dankbaren Publikum. Ich schnappte mir sofort Schnax. Er musste wissen, wie nah er dem Feuer gekommen war. Ich erklärte ihm: Es spielt keine Rolle, welcher Name über dem Pub steht oder welche Flagge an der Tür weht – du weißt nie, wer zuhört. Und ab jetzt gilt: Keine Sätze mehr mit den Worten »Problem«, »Konflikt« oder »Nordirland«. Nie wieder. Die Band begriff den Fehler. Und als sich die Erinnerung an den Grenzübertritt vom Nachmittag dazugesellte, begann sich wieder Angst in ihren Gesichtern zu zeigen. Ich dachte schon, alles sei vorbei. Dass wir unsere Sachen packen und früher als geplant Richtung Hafen und Fähre nach Deutschland aufbrechen müssten. Aber der Barkeeper hatte andere Pläne. Er sah unsere durchgeschwitzten, nervösen Deutschen und beschloss, die Lage zu entspannen. Er zog das hervor, was er »die Friedenspfeife« nannte. Ja, der Mann war überzeugter Kiffer. Ein paar Züge – und plötzlich war sie da: die Erleichterung. Das Lachen kehrte zurück. Die Spannung wich aus den Schultern, als hätte jemand den Schalter umgelegt. Axel und ich zogen uns zurück in unseren roten Bus mit Schornstein. Die anderen schliefen im Apartment über dem Pub.

Ich ruhte wie ein König, eingewickelt in die letzten warmen Glutstücke des Holzofens. Und als ich aufwachte: frischer Kaffee, grinsende Gesichter. Tageslicht vertreibt die Schatten, die nachts so bedrohlich wirken. Die Band hatte ihre Angst abgeschüttelt. Und sie war stolz auf das, was sie geschafft hatte. Ihr erstes Konzert in Nordirland. Und sie hatten etwas gewonnen, das unbezahlbar ist: Selbstvertrauen und Zuversicht. Nicht zuletzt, weil es jetzt hieß: Ab in den Bus – und zurück nach Süden.

Unsere nächste Station war Drogheda, eine weitere Hafenstadt nördlich von Dublin in der Grafschaft Louth. Während der sogenannten »Black '47«-Zeit, die die durch Kartoffelfäule ausgelöste Hungersnot im Jahr 1847 beschreibt, durch die über eine Million Männer, Frauen und Kinder verhungerten, war Drogheda bekannt dafür, drei Schiffe unter osmanischer Flagge willkommen geheißen zu haben. Der Legende nach hatte der osmanische Sultan Abdülmecid I., auf Anraten seines irischen Leibarztes, der ihm vom Elend des irischen Volkes erzählte, ursprünglich zehntausend Pfund angeboten (heute über eine Million Dollar), um den Iren zu helfen. Um Queen Victoria jedoch nicht zu verärgern, reduzierte er seine Spende auf tausend Pfund, schickte aber dennoch Schiffe voller Nahrung und Medizin nach Drogheda.

Als ich der Band diese Geschichte erzählte, zeigten sie nur mäßiges Interesse – ein zustimmendes Nicken, wie man es zeigt, wenn jemand beginnt, einem das Konzept von »Volkswirtschaft« zu erklären. Als ich jedoch erwähnte, dass Pierce Brosnan, der derzeitige James Bond, in Drogheda geboren wurde, wurde die Aufmerksamkeit deutlich größer. Alle schauten aus dem Fenster, als erwarteten sie MI5-Agenten auf Patrouille, verfolgt von Spectre-Todesschwadronen. Leider waren es nur Rentner und Schulkinder. Also luden wir unser Equipment aus, und die Jungs machten sich mit gewohntem Eifer an den Soundcheck. Der Besitzer des Pubs stellte sich uns vor. Er wirkte interessiert, aber es war sein Sohn, der offenbar der eigentliche Treiber für Livemusik im Hinterzimmer war. Der Besitzer stellte die Hausregeln auf und machte unmissverständlich klar, dass er kein Problem damit hätte, die Garda zu rufen, falls man sich nicht benähme. Als ehemaliger Barkeeper wusste ich: Das meiste war eher gesunder Menschenverstand als Regelwerk:

Keine Toiletten demolieren.

Fürs Trinken zahlen (irische Bands bekommen selten etwas umsonst).

Zigaretten nur in Aschenbecher ausdrücken.

Für verursachte Schäden selbst aufkommen (diese Regel sollte uns später noch beschäftigen).

Die Regeln einhalten (siehe oben).

Der Wirt stand da wie ein Mann, der den Tsunami namens Wandel auf sich zukommen sieht, aber lieber am Strand stehen bleibt, als ins Wasser zu gehen. Seine Brusthaare und sein Bauch wollten aus dem Hemd platzen, aber Sport war definitiv keine Option. Wie so viele Wirte versuchte er, vor dem Konzert klarzustellen, wer das Sagen hatte – ohne zu begreifen, dass Musik sich nicht kontrollieren lässt. Musik entfesselt etwas. Sie inspiriert. Und manchmal bringt sie Menschen dazu, Regeln zu vergessen.

Am Abend, kurz vor dem Auftritt, standen wir mit der Band in der Gasse hinter dem Pub. Der Promoter kam zu uns und bat um zehn Minuten Aufschub – draußen würden sich noch Leute anstellen. Ein gutes Zeichen. Wir lugten um die Ecke: Eine Armee aus Jeansjacken, Patches, langen Haaren und engen Hosen wartete auf ihren Schub deutschen Heavy Metal. Drogheda hatte eine lebendige Metal-Szene, und sie waren alle gekommen. Niemand kannte die Band, aber die Kombination aus den Worten »Heavy Metal«, »deutsch« und dem Konzertfoto in der Lokalzeitung hatte gewirkt. Als die Band auf die Bühne ging, war die Energie im Raum greifbar. Schnax, Schnitz, Jogi, Gerdi und Stefano lieferten auf ganzer Linie. Soli, Interaktion, Energie – alles stimmte. Schnax verschmolz auf der Bühne zu einer Mischung aus Billy Idol und Jim Morrison. Das Publikum war im Rausch: Sie standen auf Tischen, hingen an Wänden – das war kein Konzert, das war Ekstase. Und da übertraten wir zum ersten Mal die Hausregeln. Nach dem

Auftritt waren die Jungs euphorisiert. Ich regelte mit dem Promoter die Bezahlung. Alles lief glatt. Wir grinsten, während wir das Geld zählten – da tauchte der Besitzer auf. Nicht glücklich.

»Danke für die Gastfreundschaft,« sagte ich so fröhlich wie möglich. »Die Band wollte sich persönlich bedanken, aber sie sind noch mit Autogrammen beschäftigt. Das Publikum war begeistert, Sie wissen ja, wie das ist! Also dann ...«

Er starrte mich an wie jemand, der gleich explodiert. »Du verdammter Cowboy!«

Seine Stimme wurde lauter. Ein Hemdknopf flog, die Brusthaare spähten hervor. »Wenn du denkst, du gehst hier raus, ohne für die Zerstörung meines Eigentums zu zahlen, hast du dich geschnitten! Du kanntest die Regeln!«

Ich wusste, dass dieser Moment kommen würde. Ich wusste immer noch nicht, worum es ging, also fragte ich mit naiver Freundlichkeit: »Tut mir leid, ich steh grad auf dem Schlauch. Was ist passiert? Welche Regel wurde verletzt?«

»Du weißt genau, was war! Ich will mein Geld – oder ich rufe die Polizei!«

»Ehrlich, ich hab keine Ahnung, wovon Sie reden. Die Band war großartig, das Publikum begeistert ...«

Jetzt bebte er. »So begeistert, dass sie zwei Tische und drei Stühle zerstört haben! Und eine Damentoilette ist demoliert!«

In solchen Momenten ist es wichtig, die Emotion des anderen zu nehmen, sie zu spiegeln, und ihn mit einem Gefühl von Gehörtwerden und Lösungsfindung zu beruhigen.

»Unfassbar!«, sagte ich mit gespielt empörter Miene. »Zwei Tische, drei Stühle – und eine Toilette?! Sie haben absolut recht, sich aufzuregen. Ich klär das sofort.«

Ich rauschte an ihm vorbei, schnappte mir den Drummer und beschwichtigte ihn weiter.

»Die Jungs bemühen sich rauszufinden, wer dafür verantwortlich war.«

»Ich will keine Namen. Ich will Geld! Irische Pfundscheine!«

Sein Sohn kam dazu, und ich lenkte das Gespräch auf ihn.

»Wie fandest du das Konzert?«

»Das Beste überhaupt! Laut, fett, so was hab ich hier noch nie gehört!«

»Hast du die ganze Show gesehen?«

»Klar! Ich stand mit meinen Kumpels auf dem langen Tisch rechts neben der Bühne. Papa hat uns da hingestellt!«

Der Besitzer grunzte seinem Sohn etwas Unverständliches zu, bevor er sich mit einem Stofftaschentuch den Schweiß von der Stirn wischte. Dann schnäuzte er sich lautstark die Nase – vermutlich, um sich emotional vom Überschwang seines Sohnes abzugrenzen.

»Hilf deiner Mutter an der Haupttheke, und danach mach den Hinterraum fertig für die Gäste morgen!«, befahl er. Dann drehte er sich zu mir, musterte mich.

»Ich will diese Sache auf jeden Fall klären, bevor wir hier abreisen«, sagte ich ruhig, aber bestimmt.

Ich meinte es ernst. Dann warf ich dem Promoter einen Seitenblick zu.

»Ich regle das Geld mit dir in ein paar Minuten.«

Der Promoter runzelte die Stirn – er wusste ja, dass wir längst bezahlt worden waren.

Ich zwinkerte ihm zu. Keine Reaktion.

»Aber zuerst muss ich diese Schadensfrage mit diesem ehrenwerten Herrn hier klären!« Ich wandte mich wieder dem Barbesitzer zu.

»Lass mich kurz schauen, was die Band über die heutigen Ereignisse zusammengetragen hat – sobald ich ihren Eindruck kenne, können wir über die entstandenen Kosten sprechen. In Ordnung? Ich bin in fünf Minuten zurück – bleiben Sie hier!«

Ich klopfte ihm freundschaftlich auf die Schulter, als wollten wir die Sache hier und jetzt gemeinsam zu einem runden Abschluss bringen.

Dann ging ich durch die Seitentür, die Gasse entlang, direkt in den Fahrersitz unseres roten Mercedes-Busses. Wir fuhren los. Die Sache war erledigt. Ich drehte mich noch einmal um. Der Besitzer stand da, die Faust erhoben. Ich bin mir ziemlich sicher, ich hörte ihn brüllen: *»You fuckin' cowboy!«* Sein Sohn stand neben ihm – strahlend, begeistert, winkend. Seine neuen Metal-Helden verließen die Stadt.

Dem Drummer hatte ich vorher unmissverständlich gesagt, dass die Jungs samt Equipment in zehn Minuten abfahrbereit im Bus zu sitzen hatten – oder wir würden die Nacht im irischen Knast verbringen. In einer Zeit vor Google und Mobiltelefonen konnten wir problemlos verschwinden, ohne Angst haben zu müssen, verfolgt zu werden. Der Promoter würde meine Büronummer in Dublin »aus Versehen« verlieren – er war ohnehin kein großer Fan des Pub-Besitzers. Und der Wirt? Der war schon lange genug im Geschäft, um zu wissen, dass eine Nachverfolgung zwecklos war. Ein lebenslanges Hausverbot für Management und Band würde fortan laut verkündet werden – nicht etwa, weil man uns wirklich loswerden wollte, sondern damit der Stolz des Besitzers unbeschadet blieb. Und damit sich die Welt einfach weiterdrehen konnte.

Wir kehrten noch in derselben Nacht nach Dublin zurück. Ich hatte Peter versprochen, ihm die Band vom Hals zu halten – und in meinen Augen hatte ich drei Tage und Nächte lang einen bewundernswerten Job gemacht. Jetzt war es an der Zeit, dass Peter ein paar deutsche Vokabeln lernte. Die Band würde am nächsten Abend in Dublin spielen, und kurz darauf auf die Fähre steigen – zurück nach Deutschland.

Ich glaube, sie nahmen Stolz mit nach Hause. Und das Gefühl, etwas geschafft zu haben. Als hätten sie unberührtes Gras betreten und einen Weg gebahnt – für andere, die folgen würden. Klar, die Locations waren nicht perfekt für ihren Sound. Aber alle

Zuschauer liebten es. Sie hatten jeden einzelnen Ton Rock 'n' Roll rausgeprügelt, bevor sie Dublin verließen.

Und auch bei mir hatte die Band einen tiefen Eindruck hinterlassen. Sie lehrten mich: Wenn du performst, dann machst du jeden Ort zu deinem Ort, jedes Publikum zu deinem Publikum – ganz egal, wo du bist. Du gibst mehr als hundert Prozent, nicht weil es jemand von dir verlangt, sondern weil du es dir selbst schuldig bist. Wenn du die Bühne verlässt und denkst, da wäre noch mehr gegangen, dann betrügst du niemanden außer dich selbst. Dann hast du nur an der Oberfläche gekratzt, dich selbst hingehalten. Aber wenn du wirklich alles gibst, bis zum letzten Tropfen Schweiß – dann spürst du: Ich lebe den Traum. Und plötzlich weiß es die ganze Welt. Das ist der Punkt, an dem man morgens aufsteht – mit nur einem Gedanken: Ich will das wieder. Und wieder. Und wieder.

Diese Band wartete nicht darauf, dass der große Moment einfach so passiert. Dass sich plötzlich die Tore von Wembley öffnen, die Scheinwerfer angehen und sie vom Bühnenrand das Solo losfeuern dürfen. Nein – wenn der Moment da draußen irgendwo war, dann würden sie ihn finden. Sie würden jeden Stein umdrehen, jede Tür eintreten, bevor sie akzeptierten, dass es vorbei ist.

Ich hatte mit Betrunken Im Dienst Freundschaft geschlossen und hiermit war klar: Die Reckless Pedestrians würden nach Deutschland gehen. Wir hatten die Songs. Wir hatten den Willen. Alles, was uns noch fehlte, war ein Bus, den wir unseren nennen konnten. Aber Peter hatte da schon einen Plan.

Arrested

Ich hatte die ganze Woche über Probleme mit meinen Weisheitszähnen, aber der Gedanke an einen Zahnarztbesuch – teuer und schmerzhaft – war so abschreckend, dass ich ihn möglichst lange hinauszögerte. Am Sonntagmorgen jedoch war der Schmerz schlimmer als meine Angst. Doch es war Sonntag – und damit kaum eine Praxis geöffnet. Also entschied ich mich für eine klassische Selbstbehandlung: ein *naggin* Wodka, also eine 200-ml-Flasche, die genau in die Gesäßtasche einer Jeans oder die Brusttasche einer Jacke passt. Ich trank sie leer – in der Hoffnung, der Alkohol würde die Schmerzen lindern. Das tat er auch. Aber – wie immer – nicht ohne Nebenwirkungen.

Starker Alkohol war schon immer mein wunder Punkt. Ich rede mir gern ein, dass ich ihn vertrage – aber in Wahrheit tue ich das nicht.

Wodka oder Whiskey zu trinken, ist wie jemanden bei sich einziehen zu lassen, der sich erst als guter Kumpel ausgibt – »Hey Rea, schön dich zu sehen, komm rein, setz dich!« –, aber sich nach kurzer Zeit als gefährlicher Irrer entpuppt: »Was stimmt mit meiner Axt nicht?!« Man wünscht sich, man hätte nie die Tür geöffnet. Aber da ist es schon zu spät.

Mit einem unvernünftigen Pegel im Blut entschied ich plötzlich: Der Zahnschmerz ist weg. Ich sollte meine Freundin besuchen. Also stieg ich in den Bus und fuhr zu ihren Eltern. Und wie immer, wenn ich zu viel Wodka getrunken hatte, passierte es: Der Alkohol übernahm das Kommando. Tschüss, Rea. Hallo, Hyde.

Ich betrat das Haus mit übertriebenem Selbstbewusstsein – leicht schwankend, leicht arrogant. Ich half ihrem Vater dabei, den neuen Fernseher und Videorekorder zu programmieren. Währenddessen dachte ich mir: Wer braucht schon eine Anleitung? Das ist doch selbsterklärend! Nach einer kleinen Auseinandersetzung – die mir völlig vernünftig erschien – beschloss ich, lieber zu gehen. Der Zahnschmerz war wieder da, und ich brauchte dringend Nachschub an Betäubung.

Ich lief zur nächsten Haltestelle, stieg in den Bus zurück Richtung Stadt. Ganz vorne setzte ich mich hin, mein Kopf drehte sich, mein Gleichgewicht war im Eimer. Ich wurde zu diesem Typen im Bus, bei dem man wegschaut und sich fragt: Wie ist der bloß so geworden? Als der Bus eine mir bekannte Straße erreichte, stieg ich vorzeitig aus. Er hätte mich fast bis vor die Wohnung gebracht, aber mein Körper sagte: Jetzt raus. Ich bekam kaum Luft, mein Blick verschwamm, alles war doppelt. Aber ich wusste: Noch etwa zwanzig Minuten Fußweg bis nach Hause. Also lief ich los.

Nach ein paar Minuten kam ich an einer Baustelle vorbei. Ringsherum blinkten grell-orange Warnlichter. Die Arbeiter waren längst weg. Die Straße leer. Das Licht zog mich an. Und irgendeine Stimme in meinem Kopf sagte: »Du brauchst so ein Licht.« Ich griff zu. Hob das blinkende Teil samt Standfuß auf und steckte es unter meinen Crombie – einen langen, dicken Mantel, den entweder alte Männer oder junge Punks tragen. Ich war Letzteres.

Was ich nicht bedacht hatte: Die Lichter waren batteriebetrieben und blinkten automatisch von Sonnenuntergang bis Sonnenaufgang. Und so blitzte unter meinem Mantel alle zehn Sekunden ein orangefarbenes Licht hervor, das den Boden vor mir kurzzeitig in Brand zu setzen schien. Es war wohl das Nächste, was ich je an einer Disco in der Hose erlebt habe. Aber in meinem Zustand erschien es mir völlig normal. Ich lief weiter. Ohne Regung im Gesicht. Ohne Zweifel. Mit dem Selbstbewusstsein eines Pfaus, der sein Rad schlägt – nicht ahnend, dass alle zehn Sekunden ein Blinklicht aus seinem Hintern schießt.

Nach einer Weile kam ich an einem Club vorbei, in den mich mein Vater, als ich erwachsen war, öfter mitgenommen hatte, wenn er beruflich in Dublin war. Man musste Mitglied sein, um hineingelassen zu werden. Ich erkannte den Eingang und dachte dabei an die vielen netten Abende zurück, wenn wir in aller Ruhe zusammen ein Bier getrunken, über die Weltlage und die Lokalpolitik diskutiert hatten. In diesem Moment öffnete sich die Tür, und zwei Herren kamen heraus. Der eine war etwa dreißig Jahre jünger als der andere, beide musterten mich skeptisch. Ich fragte mich, ob der ältere von beiden mich womöglich kannte oder die Ähnlichkeit zu meinem Vater bemerkte.

Binnen Sekunden ging ihre Neugier in professionellen Spürsinn über. Erst dann fiel mir ein, dass die Mitglieder dieses Clubs dem gleichen Beruf nachgingen wie mein Vater – sie waren ausnahmslos Gardaí Síochána, Angehörige der irischen Nationalpolizei. Ihre kritischen Blicke kamen wohl daher, dass sie schon viele Leute in einem ähnlich mitgenommenen Zustand gesehen hatten. Und verständlicherweise wirkte ich mit dem Blinklicht unter meinem Mantel nicht gerade seriös.

»He! Bleiben Sie stehen! Wir wollen mit Ihnen reden.«

Die beiden Männer in blauen Uniformen kamen auf mich zu. Ich trug ein gestohlenes Baustellenblinklicht, Eigentum des Dublin County Council. In meinem Kopf herrschte Wodka-Sturm, meine Weisheitszähne tobten. Also tat ich das, was Menschen in aussichtslosen Situationen eben tun: Ich rannte.

Der ältere der beiden lief mir ein paar Schritte hinterher – nicht wirklich motiviert –, aber das war egal. Ich zögerte nicht. Ich rannte. Und rannte. Und rannte.

Ich stellte mir vor, wie mein Vater reagiert hätte, wenn er erfahren hätte, dass ich verhaftet worden war. Wenn man der Sohn eines großen Mannes ist, möchte man selbst groß sein. Aber in dieser Phase meines Lebens – die Jahre vor dem Erwachsensein – wusste ich, dass ich noch weit davon entfernt war. Ich war nur knapp über dem Level »okay«, suchte das »gut« am Horizont und fragte mich, ob ich je darüber hinauskäme.

Ich hetzte durch Gassen und Nebenstraßen, mied die Hauptstraßen. Ich versuchte, mich im Dunkeln zu halten – was schwer war, wenn alle zehn Sekunden ein orangenes Licht unter deinem Mantel hervorblitzt.

Natürlich drängt sich die Frage auf, warum ich die dämliche Lampe überhaupt behielt, statt das Beweismittel meines Diebstahls einfach zu entsorgen. Ohne Lampe keine Straftat und folglich keine Festnahme, keine Blamage und kein Albtraum. Aber der betrunkene Instinkt sagte mir: Behalte das Licht! Was soll ich sagen – auf jeder Flasche über 40 % Vol. Alkohol sollte stehen: »Glaub mir kein Wort.«

Irgendwann landete ich vom guten Teil der Stadt im schlechten. Ich kannte die Gegend – und wusste, dass ich hier nicht sein sollte. Aber mein Verstand hatte sich verabschiedet. Und so lief ich ziemlich nah an zwei übel aussehenden Typen vorbei, die an einer Straßenecke standen – bereit, mich aufzuhalten.

Einer stellte sich mir in den Weg, der andere packte mich am Arm. »Was ist los, Kumpel? Hast du ’n Geist gesehen?«

Ihr Ton war bedrohlich. Dass ich Punk war, beeindruckte sie nicht. Punks machten Ghetto-Schlägern keine Angst – im Gegenteil, sie waren Unterhaltung. Ich war außer Atem. »Po … Po … Poo …« Ich brachte kein Wort heraus. Ich hing über dem Blinklicht wie an einem Krückstock und schnappte nach Luft. Beide sahen auf das Licht, das ich definitiv nicht gekauft hatte – was sie als kriminell und damit irgendwie cool einstuften.

»Na los, Flash Gordon, erzähl schon: Vor wem rennst du weg?« Sie dachten fälschlicherweise, ich sei in eine Schlägerei mit jemandem aus einer verfeindeten Gang geraten. Also hielten sie Ausschau. Irgendwann bekam ich es heraus: »Die Po … Die Polizei!« Beide sahen sich an, rissen mich auf die Beine und rannten ein paar Schritte mit mir mit. »Lauf weiter, Junge! Dritte rechts, dann am Kanal entlang, und werfe das verdammte Ding in den Fluss!« Sie ließen mich los, schoben mich noch ein Stück – dann standen sie da am Straßenrand und riefen: »Weiter, Junge, Respekt! Lauf!«

Ich war innerhalb weniger Sekunden vom Fremden zum Verbündeten geworden. Sie erkannten: Einer von uns. Einer, der auf der Flucht ist. Und alles nur wegen einer blinkenden Baustellenlampe.

Ich rannte durch die Nacht, bis ich den Kanal erreichte. Auf dem baumbestandenen Weg merkte ich: Ich war nüchtern. Der Zahnschmerz war zurück. Aber ich hatte gerade noch mal die Kurve gekriegt – so glaubte ich jedenfalls. Als ich meine Wohnung fast erreicht hatte, fuhr ein Streifenwagen an mir vorbei. Schlagartig wurde mir bewusst, dass ich zwar befolgt hatte, was mir meine beiden kriminellen Berater mit auf den Weg gegeben hatten (Weiterlaufen, immer schön weiterlaufen!), aber ein winziges Detail vergessen hatte: Die Signallampe blinkte noch immer orange unter meinem Mantel.

Ich sah, wie der Streifenwagen wendete und nun mit eingeschaltetem Blaulicht in meine Richtung rollte. Ich rannte nicht mehr. Ich wusste: Ich war erwischt. Und es war allein meine eigene Dummheit.

Ich kannte die Uniform gut – mein Vater hatte sie jeden Morgen getragen, wenn ich zur Schule ging. Ich hatte keine Angst. Die Polizisten stiegen aus, zogen mir die Lampe unter dem Mantel hervor und sagten: »Setz dich hinten rein.«

»Was ist mit der Lampe, Mike?«, hörte ich den Jüngeren fragen.

»Pack sie hinten rein, Jim. Das ist ein Beweisstück!«, sagte der Ältere.

Beweisstück?, dachte ich. Für was bitte? War ich aus Versehen in einen internationalen Schmuggelring geraten? War das Licht etwa schon mehrfach kriminell in Erscheinung getreten – öffentliches Blinken ohne Rücksichtnahme?

»Wie ist dein Name, Sohn?«, fragte der Ältere. Na toll, dachte ich. Schon wieder.

»Frank Ryan, Sir.« Ich nahm sofort eine demütige Haltung ein – passte einfach gut zur Rolle, die ich beschloss, in dieser Situation zu spielen.

»Frank Ryan? Woher?«

»Upperchurch, Sir. Tipperary.«

Er stellte noch ein paar Fragen. Ich blieb in der Rolle, überzeugte. Dann war Ruhe. Wir fuhren schweigend zur Wache.

Der echte Frank Ryan hatte mich übrigens als Junge gehänselt. Ich hatte keinerlei Skrupel, seinen Namen zu opfern. Meine Mutter hatte mir oft gesagt: Wenn du je Ärger mit der Polizei bekommst – nenn einen falschen Namen. Dein Vater hat sich seinen Ruf hart erarbeitet. Und wie ein guter Sohn befolgte ich ihren Rat. Wort für Wort.

Als wir das Polizeirevier erreichten, fühlte ich mich wie ein Kind, das beim Versteckenspielen gefangen worden war. Am liebsten hätte ich die beiden Männer in Uniform abgeklatscht und mich mit ihnen für den nächsten Tag zur Revanche verabredet. Das war natürlich Unsinn, und mir wurde schnell wieder bewusst, dass ich ziemlichen Ärger am Hals hatte, der vermutlich erhebliche Konsequenzen haben würde.

Meine Stimmung wechselte von gelassen und nüchtern sein zu ängstlich und geradezu paranoid. Auf jedes Hochgefühl folgt unweigerlich ein Absturz, und je extremer das Hoch, desto heftiger der Fall. Ich bekam es mit der Angst zu tun, dass man mich wegen einer viel schwerwiegenderen Straftat zur Verantwortung ziehen wollte. Hatte ich in meinem Rausch etwas Schlimmes getan, ohne mich daran zu erinnern? Hatte ich etwas Gravierenderes verursacht, als mir bewusst war? War vielleicht jemand in die Baustelle hineingefahren, hatte einen Kraftstofftank gerammt und damit eine Explosion ausgelöst, die nun die Rettungsdienste der gesamten Region in Atem hielt? Hatte ich jenen Dubliner Stadtteil, in dem ich eine Baustellenleuchte mitgehen ließ, in Tod und Verderben gestürzt?

Ich wurde in einen Warteraum geführt, in dem es einen Tisch mit zwei Stühlen, eine Neonlampe und einen Papierkorb gab, der so voll war mit benutzten Einweg-Kaffeebechern, dass er überquoll. Ich kam mir vor wie ein Komparse in einer typisch amerikanischen Krimiserie, nur dass ich eine Rolle spielte, die ich mir niemals aussuchen würde: die des Kleinkriminellen.

Der Beamte, der mich festgenommen hatte, ging mit mir hinein und forderte mich auf, meine Taschen zu leeren, was ich auch umgehend tat. Ich hatte etwas Kleingeld, eine Schachtel Zigaretten und ein Profi-Kneipentool dabei, das aus Korkenzieher, Flaschenöffner für Kronkorken und Kapselschneider mit einer kleinen Klinge bestand. Ich hatte es irgendwann als Werbegeschenk bei einer Veranstaltung an der Uni bekommen.

»Aha! Ein Messer!«, sagte der junge Beamte triumphierend.

»Das ist ein Flaschenöffner«, antwortete ich. Ohne jede Vorwarnung klatschte er mir eine. Seine flache Hand traf mein Gesicht, ich fiel vom Stuhl. Ich stand auf, sagte nichts und setzte mich wieder.

»Es ist ein Messer. Und eine verdeckte Waffe!« Er grinste. Mein Kopf pochte.

»Das Mitführen einer verdeckten Waffe ist eine Straftat, Frank. Wusstest du das?«

»Ja«, antwortete ich scharf. »Ich studiere Jura.« Das war nicht mal wirklich gelogen. Ich studierte tatsächlich Wirtschaftsrecht – was in dieser Situation aber völlig irrelevant war. Noch während ich es aussprach, wusste ich: Fehler. Die zweite Ohrfeige traf die andere Wange.

»Also ein Student bist du. Aber nicht nur das, was? Auch noch ein Besserwisser?« Ich dachte kurz an meine Prüfungsergebnisse und beschloss, lieber die Klappe zu halten. Nach ein paar weiteren »Unfällen«, bei denen ich vom Stuhl fiel, und einer verwirrenden, endlosen Befragung, öffnete sich plötzlich die Tür. Ein älterer Mann mit grauen Haaren und Streifen am Ärmel kam herein. Offensichtlich ein höherer Offizier. Er sah mein Gesicht – beide Seiten schmerzhaft gerötet. Ich ahnte, was jetzt kam. Der junge Beamte verlas mit stolzer Stimme den Bericht.

»Frank Ryan, Upperchurch, Tipperary, 19 Jahre alt. Verhaftet wegen Diebstahl öffentlichen Eigentums und mutmaßlicher Zerstörung zweier Schaufenster auf der Dame Street gegen 23:30. Wir nahmen ihn um 00:05 mit der Baustellenlampe fest.«

»Moment mal«, sagte ich. »Ja, ich hab die Lampe geklaut, aber mit den Fenstern hab ich nichts zu tun. Ich war nicht mal in der Nähe der Dame Street!«

Der junge Beamte grinste weiter – stolz auf seinen Fang. Er wartete förmlich auf ein Lob. Der Sergeant sah ihn an: »Das ist nicht Frank Ryan, du verdammter Trottel. Das ist Fred Garveys Sohn. Raymond.«

Ich wurde blass. Der junge Beamte knallrot. »Aber ... Sir! Er hat sich als Frank Ryan vorgestellt!«

»Er ist Raymond Garvey«, wiederholte der Sergeant ruhig. »Woher, zur Hölle, hast du den Namen Frank Ryan?«

»Er hat ihn uns im Wagen gesagt! Ich bin mir zu hundert Prozent sicher, Sir!«

»Er hat ihn gesagt? Also: Der Täter – der Festgenommene – hat dir, dem Gesetzeshüter, gesagt, wie er heißt? Und du hast das einfach so geglaubt?«

Stille.

»Ich war zehn Jahre mit seinem Vater in Templemore stationiert.«

Der junge Polizist schwieg. Er warf mir einen drohenden Blick zu, während der Sergeant den Bericht las.

»Wir sollten eine neue Kategorie anlegen: ›Kriminelle, die im Gewahrsam lügen‹«, meinte der Sergeant sarkastisch. »Hat er dir einen Ausweis gezeigt?«

»Nein, Sir! Bei der Durchsuchung hatten wir nichts gefunden.«

Ich griff in die Innenseite meines Mantels und zog meinen Studentenausweis hervor – sorgfältig dort versteckt. Foto, Name, Geburtsdatum. Ich legte ihn auf den Tisch und sah den jungen Beamten an, der mich mehrfach geohrfeigt hatte. Er holte schon wieder aus, aber der Sergeant war schneller.

»Tür zu auf dem Weg nach draußen, Mulcahy.«

Der Offizier trottete raus – wie ein beleidigter Schuljunge. Der Sergeant setzte sich.

»Alkohol ist nicht grundsätzlich schlecht ... aber zu viel davon bringt dich auf falsche Wege.« Dann sprach er über seine Freundschaft mit meinem Vater, ihre gemeinsame Zeit in Templemore. Ich hörte kaum zu. Mein Kopf brummte, die Wange pochte, mein Zahn schmerzte – und dann bot er an, meine Eltern anzurufen.

»Nein! Bitte nicht! Ich bin volljährig, ich bin erwachsen – bitte rufen Sie sie nicht an.«

»Raymond, Sohn ...«

Verdammt, dachte ich. Ich sollte wirklich an meinem Gesichtsausdruck arbeiten. Offenbar wirkte ich wütend statt flehend.

Wieder sprach er von Alkohol, Verantwortung, Jugend – und wieder bot er an, meinen Vater zu verständigen. Ich wehrte ab. Dann öffnete sich die Tür. Der junge Beamte grinste: »Der Chief ist am Apparat, Sir.« Mein Vater. Der Chief Superintendent. Schachmatt.

Ich war nicht so naiv gewesen anzunehmen, dass man den Mantel des Schweigens über mein Vergehen breiten und mein Vater nie etwas davon erfahren würde. Allerdings hatte ich gehofft, ihm geduscht, ausgeschlafen und nüchtern Rede und Antwort dazu stehen zu können.

Man brachte mich in ein Großraumbüro und reichte mir den Telefonhörer. Die Wanduhr zeigte an, dass es drei Uhr morgens war, ich befand mich also seit fast drei Stunden auf dem Revier. Als ich den Hörer ans Ohr nahm, fühlte ich mich alles andere als souverän und erwachsen. Am anderen Ende hörte ich das Atmen meines Vaters.

»Hi«, sagte ich nur kurz, um meinen desolaten Zustand nicht sofort preiszugeben.

»Was in Himmel Herrgotts Namen hast du angestellt? Kannst du dir nicht vorstellen, dass die Gardaí vielleicht Besseres zu tun haben, als sich mit deinen dummen Streichen zu beschäftigen?«

Mir war klar: Mein Vater wollte keine Erklärung hören. Es war ihm peinlich, dass ausgerechnet sein Sohn, auf dieser Wache, unter diesen Kollegen verhaftet worden war. Es war egal, ob ich schuldig war oder nicht – ich war eine Blamage.

Ich stand also inmitten des Büroraums, und die diensthabenden Polizisten starrten grinsend den Sohn eines ihrer Vorgesetzten an. Alle wussten: Die Anklage wegen Sachbeschädigung würde fallen gelassen. Aber alle wussten auch: Ich passte perfekt ins Täterprofil. Indem man mich laufen ließ, tat man meinem Vater einen Gefallen – einen Gefallen, den er niemals wollen würde.

»Hörst du mir zu, Raymond? Was hat dich geritten, die Lampe zu klauen und die Schaufenster zu zertrümmern?« Ich war zu müde, um noch zu protestieren. Ich hatte ohnehin kaum noch Energie – dafür aber eine Idee. Auf dem Weg ins Wartezimmer hatte ich ein Schild gesehen: Festgenommene haben das Recht auf ein Telefongespräch in einer separaten Telefonzelle.

»Ich … ich hätte gern Privatsphäre. Einen eigenen Telefonplatz«, sagte ich zum Beamten neben mir.

Mein Vater rastete am anderen Ende beinahe aus. »RAY-

MOND, WAS FÄLLT DIR EIN?« Ich presste den Hörer gegen die Brust, damit man ihn nicht mehr toben hören konnte, aber das nützte nicht viel. »Hörst du mich?! Raymond!« Der junge Beamte, der mich schachmatt gesetzt hatte, sah mich an: »Wie bitte?«

»Ich möchte das Gespräch von einer Telefonzelle aus führen, in der meine Privatsphäre gewahrt ist.« Ich fand einen Hauch von Selbstbewusstsein wieder, obwohl es wahrscheinlich völlig fehl am Platz war. »Das ist mein gutes Recht«, ergänzte ich noch bestimmt. Ich war mir im Grunde nicht sicher, ob mir diese Privatsphäre tatsächlich zustand, hatte aber das Bedürfnis, meinen angeknacksten Stolz wenigstens ansatzweise zu retten. Ich hörte immer noch die gedämpfte Stimme meines Vaters, die auf meinem Brustkorb leicht vibrierte. Er konnte sich gar nicht wieder beruhigen. Derart außer sich hatte ich ihn noch nie erlebt.

»Rechte, ja?«, spottete der Beamte. »Privatsphäre, ja?« Er trat einen Schritt auf mich zu. »Ich sag dir mal was über deine Rechte …«

Zum Glück wurde er unterbrochen.

Eine Polizistin schaltete sich ein und hielt ihn davon ab fortzufahren, was auch immer er vorgehabt hatte.

»Legen Sie den Hörer auf«, sagte sie dann zu mir gewandt. »Und wenn Sie in der Telefonzelle sind, nehmen Sie dort den Hörer wieder ab. Wählen Sie die 7, dann werden Sie mit Ihrem Vater verbunden.«

Ich legte auf, ging zur Zelle und befolgte die Anweisungen. Mein Vater schrie mich zwar nicht mehr an, aber er war unfassbar wütend.

»Was bildest du dir ein, auch noch Forderungen zu stellen? Ist dir eigentlich klar, wo du bist und was du angestellt hast?«

»Ich wollte meine Privatsphäre wahren. Vorher musste ich mitten im Büro telefonieren. Jetzt kann ich wenigstens mit dir reden, ohne dass alle mithören.«

»Guter Gott, Raymond! Weißt du denn gar nichts?! Wo glaubst du, bekommen wir die nützlichsten Informationen her? SCHAU NACH OBEN!«

Ich hob den Blick. Die Telefonzelle hatte kein Dach. Natürlich. Wie oft hatte ein Verdächtiger hier mit seinen Leuten gesprochen – in der Illusion von Privatsphäre, während über ihm jemand mit Block und Stift saß. Kurz: Ich war beeindruckt. Und fühlte mich noch dümmer als vorher.

Ich begann, meinem Vater von dem Beamten zu erzählen, der mich geschlagen hatte. Ich nannte seine ID. Doch meinen Vater kümmerte das scheinbar wenig. Ich sah durch die Glasscheibe der Zelle: Auch Mulcahy war es egal. Er war auf der Seite des Gesetzes – ich nicht. Und er wusste, dass mein Vater das auch wusste. Im Zweifel war immer der Sohn schuld.

Dann übernahm meine Mutter das Gespräch. Ihre Stimme war fest und unmissverständlich.

»Wir kommen morgen nach Dublin. Wir müssen das gemeinsam klären.«

»Kommt nicht, Ich bin neunzehn und erwachsen – ich kann gut genug auf mich selbst aufpassen, außerdem fahre ich morgen nach London …«

Ich bereute sofort, so schroff gewesen zu sein. Meine Eltern hatten mich immer geliebt, selbst wenn sie streng waren. Ihre Tür stand immer offen. Aber ich war wütend – auf mich selbst, auf diesen Beamten, auf den Sergeant, der zwar freundlich war, mich aber mit seiner Moralpredigt gedemütigt hatte.

Nachdem ich aufgelegt hatte, fragte ich, ob ich Anspruch auf einen Heimtransport hätte – ich hatte kein Geld für ein Taxi, und mein Apartment lag nicht gerade um die Ecke. Der Beamte lachte. Dann fielen die Tore der Polizeiwache hinter mir ins Schloss.

Fair enough! Es ist schwer, sich auf seine Rechte zu berufen, wenn man einfach und eindeutig im Unrecht ist. Ich ging nach

Hause – während die Dämmerung über Dublin kroch – und schlief einen ganzen Tag. Meine Freundin verließ mich (verständlicherweise – ich finde trotzdem, man braucht keine Anleitung für einen Videorekorder). Meine Eltern redeten einige Tage nicht mit mir.

Irgendwann rief ich an, entschuldigte mich, versprach, dass so etwas nie wieder passieren würde. Nach so einer Erfahrung würde man denken, dass es wirklich nie wieder passiert. Sollte man meinen. Nicht wahr?

Roadtrip

Peter, unser Manager, rief mich an und sagte, ich müsse mit ihm eine Autofahrt »runter ins Land« machen – er würde mir unterwegs erklären, warum. Während wir versuchten, dem abendlichen Verkehr auf unserem Weg aus Dublin zu entkommen, erzählte er mir, dass er einen Bus für die Band gefunden habe – einen alten Mercedes-Transporter, den eine andere irische Gruppe bislang für ihre Touren durch Irland genutzt hatte, den sie nun aber verkaufen wollte. Hinten seien Flugzeugsitze eingebaut, und eine Trennwand teile den Sitzbereich vom Equipment-Bereich ab. Das hörte sich für unsere erste Tour nach Deutschland ziemlich perfekt an. Nur mühsam gelang es mir, meine Euphorie im Zaum zu halten. Wenn mich etwas begeistert, rede ich meist wie ein Wasserfall, weil es mein Ventil ist, um überbordende Emotionen zu kanalisieren. Wenn ich nervös war, hielt ich dagegen vor allem rechthaberische Monologe. Jung, wie ich war, musste ich erst lernen zuzuhören, doch Peter war zum Glück ein sehr geduldiger Gesprächspartner, der bei solchen Gelegenheiten einfach nur beflissen nickte und zuhörte.

Ich liebte die Vorstellung, einen eigenen Tourbus zu besitzen – das würde uns auf eine Stufe mit den großen Bands stellen. Wir würden ein oder zwei Sprossen auf der sprichwörtlichen Leiter des Erfolgs nach oben klettern. Gleichzeitig schoss mir jedoch noch ein anderer Gedanke durch den Kopf: Wir saßen zwar zu zweit in

Peters Auto, aber nur einer von uns beiden besaß einen Führerschein. Da ich nicht genau wusste, wie sein Plan aussah, fragte ich nach.

»Sag mal, Peter, wie hast du dir das genau gedacht? Schauen wir das Mobil unserer Träume erst mal nur an?« Ich dachte schon krampfhaft über einen geeigneten Namen für diesen fahrbaren Untersatz nach.

»Nein, der Kauf ist schon perfekt«, antwortete er. »Der Bus ist bezahlt und gehört UNS!« Das Wort »uns« löste noch mehr Jubel bei mir aus.

»YESSSS!«, johlte ich wie nach einem Siegtor im entscheidenden Endspiel. Mich überkam ungebremste Begeisterung. Trotzdem gab es ja einen Wermutstropfen bei dem Kauf.

»Du weißt aber schon, dass ich keinen Führerschein habe, oder?«

Damals war es nichts Ungewöhnliches, wenn man mit Anfang zwanzig noch nicht Autofahren konnte, da die wenigsten genug Geld hatten, um sich Fahrstunden, Sprit, ein Auto und die teure Versicherung leisten zu können. Die meisten meiner Studienfreunde bekamen noch mit dreißig die Kfz-Versicherung von ihren Eltern finanziert, da eine eigene unerschwinglich war. »Ja klar weiß ich das«, erwiderte er. »Ein Freund von mir wollte den Bus von Cork nach Dublin bringen, aber die Sache hat einen Haken …« Ich nahm an, dass der »Haken« nicht weiter schlimm war, fragte aber sicherheitshalber nach. Ich war nach wie vor ganz aus dem Häuschen. WIR HATTEN EINEN BUS!

»Was denn für einen Haken?«, erkundigte ich mich.

»Na ja, du siehst ja, dass es ganz schön heftig regnet.«

Ich nickte, obwohl in Irland Regen eigentlich kaum der Rede wert war. Er war ein bisschen wie dieses feine Drahtgeflecht zum Beheizen von Windschutzscheiben – man erkennt es zwar, kann es aber auch problemlos übersehen, weil das Auge die klare Sicht fokussiert.

»Der Scheibenwischer ist ausgefallen«, berichtete Peter weiter, »sodass er während der Fahrt nichts mehr sehen konnte und an einer Tankstelle anhalten musste. Dort steht er jetzt und wartet auf uns, damit wir vorausfahren und er sich hinter uns klemmen kann. Anders schafft er es nicht bis nach Dublin.«

»Okay, verstehe«, antwortete ich. Ich war zwar immer noch voller Euphorie, als erstes Bandmitglied unseren BUS zu begutachten, doch nun kam ein klein wenig Skepsis hinzu.

Wir fuhren also los, und nach einer Weile war auch schon besagte Tankstelle in Sicht. Wir bogen ab, parkten den Wagen, und Peter stieg aus, um seinen Kumpel zu begrüßen.

»You're some man for one man, Peter!«, begrüßte er ihn. Diese typisch irische Redewendung kann zweierlei bedeuten. Entweder: »Du bist ein außergewöhnlich talentierter Mensch, weit mehr als der Durchschnitt.« Oder: »Du bist ein größerer Trottel, als ein normaler Mensch es jemals schaffen könnte – dank deiner außergewöhnlichen Begabung, ein Trottel zu sein.«

Da sich beide freudig begrüßten, nahm ich an, dass die erste Bedeutung in diesem Fall zutraf. Doch je länger Peters Kumpel von den Problemen erzählte, die er mit dem Bus gehabt hatte, desto klarer wurde mir: Die zweite Auslegung traf wie der sprichwörtliche Nagel – haargenau und mit beachtlicher Präzision – auf Peters Kopf zu. Nach einem kurzen Austausch gingen wir zurück zu unseren jeweiligen Fahrzeugen. Wir fuhren voraus, mittlerweile regnete es sintflutartig. Mit eingeschalteter Nebelschlussleuchte war es kein Problem, uns zu folgen, aber mit den Wassermassen auf der Frontscheibe muss die Fahrt für ihn der reinste Horror gewesen sein. Als wir in Dublin ankamen, drückte Peter seinem Freund ein paar Geldscheine in die Hand und dankte ihm für seine alles andere als selbstverständliche Hilfe.

Ich versuchte, weiterhin optimistisch zu bleiben. Noch immer war ich voller Freude darüber, dass wir nun dieses rollende Meisterwerk aus Deutschland unser Eigen nennen durften. Ich bin in einer Zeit aufgewachsen, als »groß« der Inbegriff von »gut« war. »Klein« war immer nur die zweitbeste Option. Auch wenn der Bus ein paar Macken hatte, war er das Größte, was ich je besessen hatte. Offen gestanden war ich vor lauter Begeisterung vollkommen außer mir. Peter zündete sich eine Zigarette an.

»Nicht übel, was? Hat zwar ein paar Kratzer, aber was will man für 250 Pfund auch sonst erwarten?« Er spitzte die Lippen und sog zufrieden an seiner Kippe. Der Stolz über diesen Kauf war ihm deutlich anzusehen. Ich schaute zu ihm hinüber und fragte mich: Warum hatte etwas derart Großes einen so kleinen Preis?

Aus nächster Nähe konnten wir den ganzen Verschleiß sehen, und auch wenn der Bus aussah wie ein alter Kriegsveteran, der eigentlich auf die Weide gehört, waren wir uns einig: Vielleicht hat er noch die Kraft für ein letztes Abenteuer. Und mit diesem Gedanken wuchs die Aufregung über die bevorstehende Tour.

Wenn du vor einer Herausforderung stehst, kannst du entweder alle Optionen abwägen und die Erfolgschancen kalkulieren – oder du kannst die Wahrscheinlichkeiten komplett ignorieren und einfach dem Herzen folgen. Wir entschieden uns für Letzteres. (Und ja – unweigerlich folgte der Kommentar: *»You're some band for one band.«*)

Schon am Tag darauf beluden wir den Bus mit unserem Equipment, hinzu kamen Reisetaschen und Schlafsäcke. Dann brachen wir auf zum Hafen, wo uns die geliebten Chip Butties und Bacon Butties erwarteten. Unterwegs machten wir noch einmal bei Peter halt, um uns etwas Geld zu holen – und starteten voller Euphorie. Als wir durch den Dubliner Vorort Rathmines fuhren, begann der Motor, leicht zu ruckeln und das Lenkrad nach rechts zu ziehen. Dann hörten wir ein kreischendes Geräusch, das sich anhörte, als ob das rechte Vorderrad von wilden Tieren angefallen wurde. Wir hielten an und versuchten herauszufinden, woher das Geräusch kam. Es stellte sich heraus, dass der Kotflügel sich gelöst und von außen nach innen verschoben hatte, sodass er gegen den rechten Vorderreifen drückte. Dort wirkte er nun wie eine Bremse. Wären wir so weitergefahren, hätte es das Rad geschrottet und damit unsere für den Abend geplante Fährüberfahrt verhindert. Ich ergriff den Kotflügel und zerrte mit aller Kraft daran, bis er sich abrupt löste. Nun stand ich mit dem riesigen Blechteil vor dem Bus und fragte mich, wie ich es am besten loswerden sollte. Ich würde gern behaupten, dass ich in dem Moment über die Qualität des Busses und die Sicherheit der Mitfahrer nachdachte – aber das tat ich nicht. Alles, was ich dachte, war: Hauptsache, wir kommen auf dieses Boot und nach Deutschland.

Ich wollte so unbedingt auf Tour gehen, dass ich die offensichtliche Tatsache ignorierte, dass der Preis, den wir für den Bus gezahlt hatten, nur dann ein echtes Schnäppchen war, wenn man ihn als Altmetall verkaufen wollte.

Schon als wir bei Peter zu Hause ankamen, hätte allein die Information, dass der Bus keinen gültigen MOT (TÜV) hatte – was ihn auf irischen Straßen illegal machte (in Deutschland jedoch nicht) –, für uns Grund genug sein müssen, sofort die Finger davon zu lassen. Aber wir wussten: Wenn wir es erst bis zum Hafen schafften und an Bord des Schiffs gingen, würden wir es bis aufs europäische Festland schaffen, wo sich niemand für die Zulassung interessierte (Europa war damals noch längst nicht so verbunden wie heute). Mit anderen Worten: Wir mussten nach Deutschland. Das war alles, was zählte. Alles, was wichtig war.

Wir waren Rebellen mit einer Mission – so setzten wir unseren Weg fort und schafften es tatsächlich auf die erste Fähre von Dublin nach Liverpool. Der Plan war klar: von dort aus hinunter nach Dover, dann mit der nächsten Fähre nach Calais, und anschließend quer durch Belgien – mautfrei – bis nach Stuttgart, wo die Band Betrunken Im Dienst schon auf uns wartete. Unser Plan schien wasserdicht, und mit unserem Tontechniker Mick am Steuer hatten wir das beruhigende Gefühl, wenigstens einen Erwachsenen an Bord zu haben.

Die erste Fährüberfahrt verlief unspektakulär. Wir kauften erst einmal zollfreien Whiskey und freuten uns auf die lange Reise – eine Tour, die uns einen Eintrag in die Annalen des Rock 'n' Roll bescheren würde. Schließlich gingen wir buchstäblich an die Grenzen (und darüber hinaus). Wir waren nicht mehr nur eine kleine Indie-Band aus Dublin – wir waren jetzt eine irische Band auf Deutschlandtour. Wir waren international, und egal, ob unsere Tour ein Erfolg oder Misserfolg werden sollte – keiner konnte uns diesen Moment nehmen. Es war aufregend, und wir spürten es in jeder Faser!

Was früher nur ein Fantasiegespräch gewesen war …

»Lust auf ein Pint nächste Woche?«

»Ah, sorry, geht nicht.«

»Wieso?«

»Ich bin mit der Band auf Tour – in Deutschland!«

… wurde nun Realität. Genau dafür lebten wir jetzt. Alles, wovon ich schon immer geträumt hatte.

Im Bus saßen Dave, der Gitarrist, Colm, der Bassist, Bren, der Geiger, Ako, der Schlagzeuger, und Mick, unser Tontechniker und Chauffeur.

Wir fuhren in gleichmäßigem Tempo dahin, als Ako in einen Monolog darüber verfiel, wie er seinem Chef im Plattenladen mal ordentlich die Meinung gesagt hatte, als er ihm erklärte, er gehe jetzt auf Tour. Wir alle erzählten Geschichten davon, wie wir unser altes Leben zurückließen, um hinauszuziehen in die Welt.

Tatsache war aber: Die meisten von uns waren arbeitslose Musiker – was in Alltagssprache einfach »arbeitslos« bedeutet. Wir bezogen Arbeitslosengeld, um unsere Miete zu zahlen, Nudeln in Großpackungen zu kaufen und uns einmal pro Woche einen

Abend im Pub zu gönnen (meist an dem Tag, an dem der Scheck vom Arbeitsamt kam). Den Rest der Zeit hielten wir uns mit dem über Wasser, was sich so auftreiben ließ, um ein halbwegs soziales Leben zu führen. Oft landeten wir auch bei Peter zu Hause, tranken an seiner Bar und spielten Billard – ein Versuch, das Fehlen jeglichen Komforts durch ein paar Stunden geselligen Lärms zu kompensieren.

Wegen der Tour musste nun jeder von uns einen möglichst geschickten Weg finden, dem Arbeitsamt klarzumachen, dass wir in den kommenden drei Wochen nicht »unterschreiben« konnten – und trotzdem unsere Sozialleistungen beziehen wollten. (*To sign on* war in Irland damals der gebräuchliche Ausdruck zur Abholung von Arbeitslosengeld.)

Ich hatte beschlossen, mich auf eine alte Verletzung zu verlassen, die mir in der Vergangenheit schon gute Dienste geleistet hatte. Damals, beim Heben schwerer Gewichte im Fitnessstudio, hatte ich plötzlich stechende Schmerzen in der Leiste verspürt – so heftig, dass ich sofort zu meinem Hausarzt ging. Der fragte nach den Symptomen, und ich erklärte ihm, dass sich einer meiner Hoden geschwollen und – mangels eines besseren Wortes – »anders« anfühlte.

Er vereinbarte umgehend einen Termin in der Notaufnahme und erklärte, es könne sich um einen strangulierten Hoden handeln (was es am Ende nicht war) – und wenn man das nicht sehr schnell behandelte, könnte ich ihn verlieren. Der Arzt schrieb dem Krankenhausarzt einen Brief, in dem er seine Verdachtsdiagnose, die geplante Untersuchung und die mögliche Behandlung aufführte. Außerdem listete er mögliche Spätfolgen einer solchen Verletzung auf. Auf diesem Brief standen die drei magischen Wörter: »stranguliert«, »Hoden« und »chronisch«. Diese drei Wörter waren der Schlüssel zu einer unbürokratischen Freistellung durch das Arbeitsamt – offiziell als Krankheitstage.

Damals in Irland sprach man in der Öffentlichkeit nicht über gewisse Themen. Sex, Scheidung, außereheliche Affären, Hoden oder überhaupt jegliche Geschlechtsorgane – alles galt als tabu.

Ich erzählte den Bandkollegen von meinem diesbezüglichen Erlebnis.

Ein Jahr zuvor hatte ich am Zahltag verschlafen, sodass mir die Stütze zu entgehen drohte, weil ich das Zeitfenster zum Unterschreiben des entsprechenden Formulars verpasst hatte. Viel zu spät hastete ich zur Ausgabestelle, wo mein Sachbearbeiter gerade den für mich zuständigen Schalter Nummer elf schloss. Ich flehte ihn an, meine Verspätung zu verstehen. Tatsächlich öffnete er seinen Schalter noch einmal und gab mir so eine winzige Chance, ihn davon zu überzeugen, ausnahmsweise ein Auge zuzudrücken. So etwas kam ansonsten nie vor. Aufgrund der enorm hohen Arbeitslosigkeit war das Arbeitsamt damals zur wichtigsten staatlichen Institution Irlands geworden, die natürlich ihre Autorität wahren und die Regeln einhalten musste.

Die Regeln? Wer Gesichtstattoos und eine kriminelle Vergangenheit hatte, durfte drängeln oder die Vorschriften anzweifeln. Der Rest musste genau dann erscheinen, wenn es auf der Karte stand. Die Kriminellen hatten sich tatsächlich irgendwann über die schlechte Behandlung ihres Unterweltbosses beschwert, indem sie kurzerhand den zuständigen Sachbearbeiter in einem leer stehenden Haus »gekreuzigt« haben. Seitdem bekamen alle, die mit dem Paten in Verbindung standen, so eine Art Priority Boarding Pass. Für uns Nicht-Kreuziger gab es dagegen null Toleranz.

Trotzdem flehte ich nun den Beamten hinter dem Schalter an.

»Es tut mir unendlich leid, dass ich zu spät komme, aber gibt es eventuell die Möglichkeit …« Sofort fiel er mir ins Wort.

»Keine Ausreden! Sie kennen die Regeln. Schalter Nummer 11 schließt um 10:30 Uhr. Sie kommen zehn Minuten zu spät, also gibt es für Sie diese Woche keine Auszahlung.«

Mit ungerührter Miene schaute er zu den anderen wartenden Arbeitslosen. Diese nickten ihrerseits mit verhaltenem Bedauern, da sie genau wussten, dass die Regeln nun einmal eingehalten werden mussten, wobei eine Woche ohne Stütze leider Ebbe im Portemonnaie bedeutete.

Dublin war ein hartes Pflaster, wenn man leere Taschen hatte. Aber ich hatte Pläne für diese Woche, und Aufgeben war keine Option.

»Ich habe hier ein Schreiben von meinem Arzt, in dem steht, dass ich an einer Hodentorsion leide.« Es war streng genommen nur eine Verdachtsdiagnose, aber während ich das sagte, legte ich die Hand sachte an die betreffende Stelle. Der Mann errötete in sämtlichen Rottönen.

»Geben Sie mir Ihre Dole-Karte.«

Ich gab sie ihm.

»Hier unterschreiben.«

Ich unterschrieb.

»Kommen Sie nie wieder zu spät!«

Er schob mir meinen Umschlag mit dem Geld über den Tresen und schaute betreten zu den Wartenden, von denen niemand infrage stellte, dass dieses hochnotpeinliche Gespräch auf der Stelle beendet werden musste. Resolut schloss er daraufhin endgültig seinen Schalter. Auch wenn er einigermaßen das Gesicht wahren konnte, hatte ich doch die Regeln ziemlich hart auf den Prüfstand gestellt. Ich hatte den Brief vom Arzt zwar nicht als »Freifahrtschein« betrachtet, aber nun war er offiziell als Joker für künftige Fälle zertifiziert – etwa, wenn man sich für eine Tour außerhalb Irlands abmeldete.

Meine Bandkollegen lachten über meine Geschichte, doch die Heiterkeit ließ schlagartig nach, als Mick am Steuer plötzlich hektisch wurde. Er versuchte verzweifelt, von der Überholspur der englischen Autobahn M1 zum Seitenstreifen zu gelangen. »Die Kiste zieht nicht«, sagte er beunruhigt. »Der Motor steigt aus, und ich muss runter von der Autobahn. Jetzt sofort!«

Wir bekamen einen Riesenschreck. Heute mit ADAC und Co. mag so etwas kein Drama mehr sein, weil man einfach den Pannendienst ruft. Aber damals hatten wir natürlich weder einen KFZ-Schutzbrief (weil der für uns schlichtweg nicht bezahlbar war), noch ein Handy. Wenn man eh kein Geld hat, werden alle unvorhergesehenen Ausgaben zur finanziellen Katastrophe, da man sich nicht einmal die billigste Lösung leisten kann – von einer teuren ganz zu schweigen.

Bren und ich liefen zur nächsten Notrufsäule und wählten die Nummer der AA (Automobile Association, der irische/britische ADAC). Bren erklärte, wo wir gestrandet waren, und egal, wie oft er fragte, was der Einsatz kosten würde, bekam er nur die Antwort: »Unser Mitarbeiter kann die Kosten erst vor Ort einschätzen.« Somit hatten wir nun einen neuen Namen für unseren Tourbus: Titanic.

Wir liefen zurück zu unserem liegengebliebenen Stück Blech. Nach ungefähr einer halben Stunde kam das Servicefahrzeug vom Pannendienst mit gelben Blinklichtern. Der Fahrer sprang heraus und begrüßte uns mit einem freundlichen Lächeln und – *Thank you, Lord!* – einem bezaubernden irischen Akzent.

»Wo brennt's denn, Jungs?« Der Glaube an ein gutes Ende flackerte wieder auf.

Wir sahen zu, wie der Mechaniker einen Blick in den Motorraum warf. Bren erkundigte sich währenddessen beiläufig, aus welcher Gegend Irlands er kam. Schon bald stellte sich heraus, dass Bridie, die Schwester von Brens Vater, durch Heirat mit dem Onkel des AA-Manns mütterlicherseits verwandt war. In Irland sind die meisten Menschen über sechs Ecken miteinander verbunden – und Bren hatte das genealogische Rätsel in, nun ja, Jig-Zeit gelöst. Eine

Flasche Whiskey und die Zusicherung, Tante Bridie nach unserer Rückkehr unbedingt einen Besuch abzustatten, waren deshalb die einzigen Kosten, die uns durch die Reparatur entstanden. Wir konnten dem Mann mit der roten Lockenmähne gar nicht genug danken und stiegen wieder in unseren nun wieder wunderbar fahrtüchtigen Tourbus.

Unsere nächste Station war Dover, um von dort die Fähre nach Calais zu nehmen. Nach ein paar Stunden Schlaf auf der Fähre kamen wir sehr früh am nächsten Morgen in Frankreich an. Wir waren immer noch voller Vorfreude, wobei das Zutrauen in unser motorisiertes Schlachtross allmählich schwand. Wir versuchten, die Route zur Grenze nach Belgien zu planen, doch in Ermangelung von GPS stand uns dazu nur eine große Europakarte zur Verfügung, auf der Belgien in etwa so groß war wie ein Golfball. Trotzdem bildeten wir uns ein, dass wir die Strecke im Handumdrehen zurücklegen würden.

Nach der Reparatur in England lief der Motor allerdings permanent mit zu hoher Drehzahl. Das Problem war, dass die Verbindungsfeder zwischen Gaspedal und Motor gebrochen war, woraufhin der Mechaniker sie kürzen und den kleineren Überrest wieder einbauen musste. Das hatte zur Folge, dass das Gaspedal ständig Vollgas gab, auch wenn es gar nicht komplett durchgetreten wurde. Das führte wiederum dazu, dass wir viel mehr Kraftstoff verbrauchten als geplant, was natürlich teuer war. Wir fuhren von der Autobahn ab, um vor der Grenze nach Deutschland noch einmal zu tanken. Mick hielt an der Tanksäule.

»Mick!«, rief ich. »Du musst noch ein Stück näher ran, der Tankschlauch reicht sonst nicht.« Mit der Zapfpistole in der Hand wartete ich, dass Mick den Wagen in eine bessere Position brachte, damit ich den Tank erreichte.

»Fahr noch einen Meter näher an die Säule!«, wiederholte ich. Ich brauchte dringend einen Kaffee und musste auf die Toilette, doch der Bus rührte sich nicht von der Stelle. Ich hängte die

Zapfpistole wieder ein, um nachzusehen, was los war. Mick drehte immer wieder den Schlüssel im Zündschloss, aber nichts passierte.

»There's not a budge in her, not a sausage!«, schimpfte er. (Was frei übersetzt bedeutet, dass die Karre nicht zuckte und keinen Mucks von sich gab.) Mick wirkte – gelinde gesagt – ratlos. Er war nun schon fast zwei Tage am Stück gefahren, lebte von Kaffee, Zigaretten und einem unerschütterlichen Optimismus, der ihn auf Tour unentbehrlich machte.

Es gelang uns leider nicht, den Bus wegzufahren. Das Personal der Tankstelle forderte uns dazu erfolglos vermehrt auf, weil wir eine Zapfsäule komplett blockierten. Uns blieb daher nichts anderes übrig, als die Handbremse zu lösen und den Mercedes-Transporter – samt unserem kompletten Equipment – mit vereinten Kräften in eine Parklücke vor dem Restaurant neben der Tankstelle zu schieben. Diese Aktion war so anstrengend, wie ich mir diese Hochintensitäts-Trainings (HIT) vorstelle, von dem immer alle redeten.

Ich war verschwitzt, hungrig, frustriert. Die ständigen Probleme mit dem Bus machten uns allen Sorgen. Ich bin keiner, der gern um Hilfe bittet, aber immer wieder wurden wir auf die Knie gezwungen und mussten uns auf das Wohlwollen anderer verlassen, um unsere Mission fortzusetzen. Und dann passierte es wieder: Gerade als der letzte Funke Hoffnung zu verlöschen drohte, flackerte das Licht der Zuversicht auf – und Hilfe tauchte wie aus dem Nichts auf.

Ein belgischer Pannendienst war zur Tankstelle gerufen worden, weil es Probleme mit einem anderen Fahrzeug gab. Die waren allerdings recht banal und schnell behoben. Als der Mechaniker gerade wieder einpacken wollte, sprachen wir ihn an. Ich kam direkt zur Sache und hoffte, dass er uns nicht einfach abwimmeln würde.

»Hallo, dürfen wir Sie kurz was fragen? Wir haben Probleme

mit unserem Bus. Er lässt sich nicht mehr starten und wir wollten Sie bitten, ob Sie uns vielleicht helfen könnten!«

Er sah mich verständnislos an und antwortete: *»Je ne parle pas anglais, tu devras parleren français.«* (»Ich spreche kein Englisch, Sie müssen Französisch sprechen.«) Ich ließ mich nicht beirren und redete einfach weiter – halb euphorisch, halb flehend.

»Klasse, dass Sie da sind … Wir dachten schon, dass wir im Bus hier auf dem Parkplatz übernachten müssen. Sie schickt wirklich der Himmel! Wir stehen gleich da drüben …« Ich zeigte in unsere Richtung. Gemeinsam texteten wir ihn zu und manövrierten ihn mit unserer geballten Hoffnung zwei Fahrzeuge weiter nach links zu unserem Bus, dessen Motorhaube offen stand. Mick leuchtete mit der Taschenlampe auf die verdreckten Einzelteile, Kabel und Schläuche. Wir waren zwar in der Lage, einen platten Reifen zu wechseln, aber alles andere überstieg unsere Fähigkeiten.

»Je n'ai aucune idée de ce que vous dites. Je ne parle pas votre langue. Que voulez-vous de moi ? Êtes-vous vraiment membres des AA?« (»Ich habe keine Ahnung, was Sie sagen, ich spreche Ihre Sprache nicht. Was wollen Sie von mir, sind Sie überhaupt AA-Mitglied?«)

»Ja, ja, ja! *Oui, oui, oui! Merci beaucoup! Nous sommes Irlandais!*«

Ich aktivierte mein gesamtes französisches Vokabular und packte es in einen einzigen Satz. Trotz acht Jahren Französischunterricht in der Schule und an der Uni fühlte ich mich geradezu absurd unvorbereitet,

Nachdem er sich über den Motor gebeugt hatte, richtete er sich auf und seufzte, bevor er sein Urteil fällte:

»On dirait que le moteur va rendre l'âme. Si la police voyait ce qu'il y a sous le capot, elle prendrait ce bus, le conduirait d'une falaise et vous laisserait tous retourner en Irlande.« (»Dieser Motor sieht aus, als wollte er sterben. Wenn die Polizei sieht, was unter der Motorhaube ist, wird sie den Bus nehmen, eine Klippe hinunterstoßen und euch allesamt zurück nach Irland schicken.«)

Leider redete er so schnell, die anderen verstanden nichts außer dem Wort »Irlande« und nahmen an, dass er eine Schwäche für die Grüne Insel hatte. Nach außen hin wirkte er zwar verschlossen und mürrisch, aber ich hatte das Gefühl, dass er Mitgefühl für unsere missliche Lage hatte und unsere Verzweiflung nachvollziehen konnte.

»Tourner la clé«, brummte er unter der Motorhaube hervor und hantierte mit einem Schraubenschlüssel, den er mit ganzer Kraft dazu einsetzte, ein Teil des Motors wieder festzuziehen, das sich gelockert hatte.

»Sorry, what? Disculpe?«, versuchte Mick, verständnisvoll und aufmerksam zu bleiben.

»Tourner la clé … Tourner la clé … TOURNER LA CLÉ!«

»Dreh den Schlüssel, Mick!«

Ich übersetzte und gab die Anweisungen weiter, während ich gleichzeitig versuchte, die guten Beziehungen zu einem älteren Mechaniker aufrechtzuerhalten, der mir offenbar Lebensweisheiten mit Hand und Fuß, mit Hämmern und Schraubendrehern beibringen wollte. Es war intensiv. Mick drehte den Schlüssel – und der Motor sprang an.

Ich wollte mich bedanken, doch da ging der Mechaniker schon kopfschüttelnd vom Bus weg. Er drehte sich noch einmal um, sah mich und die anderen an und erkannte in uns vermutlich das Spiegelbild seiner eigenen sorglosen Jugend. Auch er war einmal an der Weggabelung gestanden: Abenteuer und Risiko oder Sicherheit und Beständigkeit? Und wir waren der lebendige Beweis dafür, dass er damals die richtige Wahl getroffen hatte.

Aus Mitleid, und weil er wohl in den Tiefen seines Herzens und seiner Grundschul-Englischkenntnisse kramte, rief er uns noch ein paar weise Worte hinterher, bevor er in einem Strahlenkranz aus gelben Warnlichtern davonfuhr:

»If you stop this engine it will never start again! Ever!«

Seine Abschiedsworte waren vielleicht nicht tiefsinnig, aber ganz sicher bedeutsam.

Wir stiegen in den Bus und fuhren hinüber zur Zapfsäule. Im Zeitalter vor Wikipedia und Google war Dave unsere Quelle für abseitiges Wissen. Er erklärte uns, dass akute Explosionsgefahr bestand, wenn man bei laufendem Motor tankte. Deshalb stiegen alle Bandmitglieder aus und positionierten sich in sicherer Entfernung, während ich mutig die Zapfpistole nahm und volltankte. Ich wusste nicht, ob Dave recht hatte, was die Möglichkeit einer Explosion betraf, aber alles war besser, als noch eine Minute länger hier festzusitzen. Der Bus explodierte nicht, der Tank war voll, und eine Stunde später überquerten wir die Grenze auf deutschen Boden.

Es war weit nach Mitternacht, als wir in Gerlingen ankamen – einem verschlafenen Vorort von Stuttgart. Wir hatten die Adresse von Jogi, dem Bassisten von Betrunken Im Dienst, und fuhren direkt dorthin. Ich hatte mich gut mit ihm verstanden und angekündigt, dass ich vorbeikommen würde, wenn wir in Deutschland sind. Dass ich allerdings mit fünf weiteren Iren unangemeldet um zwei Uhr morgens auf seiner Matte stehen würde, hatte ich wohl nicht explizit erwähnt.

Als wir klingelten, öffnete Jogis Mitbewohner – ein freundlicher Typ, der offenbar überrumpelt von unserem nächtlichen Besuch war. Trotzdem bot er uns Getränke an und erklärte, er könne uns nicht in Jogis Zimmer lassen, bevor er ihn gefragt hätte. Also taten wir, was man Anfang der Neunziger ohne Handy so tat: Wir warteten.

Irgendwann gewann die Müdigkeit. Ich erinnere mich nur noch daran, im Sitzen am Küchentisch in eine Art komatösen Schlaf zu fallen, während ich halbherzig versuchte, mit einem Fremden Small Talk zu führen. Mein Körper gab schlicht auf, nachdem die Spannung der letzten Stunden abfiel.

Auf der Fahrt nach Gerlingen war mir auf den letzten Kilometern immer wieder ein merkwürdiger Zustand aufgefallen – eine

Mischung aus Euphorie, Verwirrung, Lachanfällen und leichter Gereiztheit. Die anderen schliefen tief und fest, wir waren alle bleich und hatten eingefallene Augenhöhlen.

Der Grund? Die Abgase des Motors waren in die Heizung gelangt. Während Mick also dafür sorgte, dass wir es schön warm hatten, blies er unaufhörlich Kohlenmonoxid in den Innenraum des Busses, ohne es zu ahnen. Etwa eine Stunde bevor wir Gerlingen erreichten, hatte er das Fenster der Fahrertür einen Spalt geöffnet, um eine Zigarette zu rauchen. Als er es wieder schließen wollte, stellte er fest, dass es sich nicht mehr zumachen ließ – ein weiterer Mangel auf unserer Bus-Liste. Aus diesem Grund musste es für den Rest der Fahrt offen bleiben, was dazu führte, dass es drinnen bitterkalt war, wodurch die anderen nach und nach aufwachten. Um uns warm zu halten, zogen wir alles an, was wir irgendwie zu fassen bekamen.

Ohne es zu wissen, hatte Mick die giftigen Dämpfe glücklicherweise zum Fenster hinausbefördert und damit die nächste Katastrophe abgewehrt.

Ja, es hörte einfach nicht auf!

Am nächsten Tag bestätigte ein deutscher Mechaniker den Verdacht und warf uns mitsamt Bus schließlich von seinem Hof, nicht ohne uns einen letzten Satz hinterherzurufen:

»Ihr Iren seid doch völlig irre!«

Wir mieteten kurzerhand einen Bus bei einer lokalen Firma und spielten die geplanten Konzerte. Die Tour war anstrengend, finanziell kaum der Rede wert, aber es fühlte sich einfach gut an, draußen zu sein, Musik zu machen und das zu tun, wofür wir losgezogen waren.

Auf der Rückreise teilten wir uns auf: Drei von uns – mit viel Galgenhumor und Gasmasken im Gesicht – kutschierten den alten Mercedes zurück nach Irland. Die anderen flogen. Wir, die im Bus blieben, fühlten uns ein wenig von den Kollegen im Stich gelassen – aber angesichts der giftigen Dämpfe war es schwer, ihnen das zu verübeln.

Eines aber war klar: Wir waren über einen Punkt hinaus. Alles, was jetzt kam, drehte sich nur noch um die Band, die Musik, die Triumphe – und den Wahnsinn, der dazugehört.

Wir hatten uns mit dieser Blechlawine in Bewegung gesetzt, als wären wir eine irische Antwort auf Springsteen, The Clash und die Rolling Stones. Was wir bekamen, war eher »Kein TÜV, aber immerhin läuft's bergab von selbst«. Doch in jeder Panne, jedem improvisierten Reparaturversuch und jeder Nacht, in der wir nebeneinander auf dem kalten Busboden schliefen, lag auch ein Funkeln – dieses Wissen, dass wir wirklich unterwegs waren.

Vielleicht war es naiv, vielleicht war es verrückt. Aber in diesen Tagen waren wir eine Band, die Europa erobern wollte. Und auch wenn wir am Ende beschlossen, den Traum von einer Musikerkarriere zu »töten«, haben wir ihn damals, auf der Straße nach Gerlingen, mit jeder Faser gelebt.

Berlin

Die Reckless Pedestrians waren eine Band auf Stelzen – und die Stelzen waren bestenfalls wacklig. Wirklich »Erfolg« hatten wir nie (wobei das ja für jeden etwas anderes bedeuten kann), aber der Grund, warum wir trotz aller Widrigkeiten immer weitergemacht haben, war die unerschütterliche Unterstützung von Menschen, die unsere Musik liebten. Menschen, die uns einredeten – oder eher: überzeugten –, dass wir etwas Besonderes hatten. Etwas, für das es sich zu kämpfen lohnte. Also hielten wir durch. Und kämpften weiter. Bis wir den Nächsten trafen, der uns zum Weitermachen motivierte.

Wenn wir in Dublin ein Konzert spielten, bewarb unser Freund Mikey, Kreativdesigner beim größten Musikmagazin Irlands, *Hot Press*, den Auftritt mit einer Rezension oder Ankündigung. Kleine Schritte, sagten wir uns, können zu langen Läufen werden. Und wir würden alles tun, um auf diesem verdammten Laufband zu bleiben.

Wir telefonierten sämtliche Bekannte ab, damit sie zu unserem Auftritt kamen. Wir spielten in Locations, wo am nächsten Tag Iggy Pop auf der Bühne stehen würde oder schon Bob Marley and the Wailers das Publikum mit Reggae-Beats in wiegendes Entzücken versetzt hatte. Und wir spielten in Sälen, die so berühmte irische Musiker wie Phil Parris Lynott von Thin Lizzy, Rory Gallagher, Paul Brady oder U2 gefüllt hatten, bevor sie international erfolgreich wurden.

Der Unterschied zwischen den Reckless Pedestrians und diesen Musikgrößen war jedoch: Wir ritzten die Eierschale an – aber wir zerschlugen sie nie. Es gab nie Menschenschlangen vor der Tür, die uns sehen wollten. Wir erfanden das Rad der Independent-Musik nicht neu, und wir hatten musikalisch nichts anzubieten, was die Welt noch nicht gehört hatte. Die Leute kamen nicht wegen der Musik – sie kamen, weil wir ihnen das Gefühl gaben, dazuzugehören.

Wir waren vier unbeirrbare Kerle und ein ständig wechselnder Drummer, meisterhaft darin, Freundschaften zu schließen, Netzwerke zu knüpfen und eine Gemeinschaft zu schaffen, in der man einfach Teil sein wollte. Ja, wir hatten etwas Besonderes – aber es war nie unsere Musik. Es waren einfach wir. Wir waren der Grund, warum sie da waren. Das ist die Wahrheit.

Nachdem wir in ganz Irland gespielt hatten und sämtliche Autobahnen, Rastplätze und Pubs in- und auswendig kannten, beschlossen wir, unseren Radius zu erweitern. Das Ziel kam wie durch göttliche Fügung: Weil unser Geiger mit einer Deutschen zusammen war, fiel die Wahl auf Deutschland.

Ich liebte Deutschland vom ersten Tag an. Nicht nur, dass die Menschen warmherzig und einladend waren – ich hatte auch das Gefühl, dass man uns als Musiker wirklich ernst nahm. Wir bekamen eine echte Gage, dazu warmes Essen und freie Getränke nach den Shows, und das Publikum war schlicht begeistert. Je weiter wir nach Osten kamen, desto mehr fühlten wir uns wie internationale Rockstars.

Es waren die frühen Neunziger, die Berliner Mauer war gefallen, und das ostdeutsche Publikum war wie ein blankes Stromkabel – voller Energie und elektrischer Spannung. Immer wenn wir die Bühne betraten, schrien, tanzten und jubelten sie, als würde U2 ein geheimes Konzert geben, bevor sie auf Welttournee gehen.

Nach den ersten paar Touren hatten wir begonnen, uns auf Auftritte zu konzentrieren, die nicht in Irish Pubs stattfanden. Denn wenn eine irische Band in einem Irish Pub spielt, ist sie eben nur eine von vielen. Wir wollten anders sein. Also beschlossen wir: Irish Pub nur dann, wenn wir den Wirt mochten, die Gage stimmte und der Laden als großartiger Live-Club galt – ganz egal, ob ein Kleeblatt über der Tür hing oder nicht.

In Ostdeutschland entdeckten wir eine Musikszene, die roh und ungezähmt war. Wir landeten in Clubs, deren Besitzer keine Lizenz hatten – und die trotzdem bis zum Rand gefüllt waren mit jungen Menschen, die sich nach einem internationalen Abenteuer sehnten. Englischsprachige Texte, irische Musik – das war für sie wie ein Ticket in eine andere Welt. Ostdeutsche Städte wie Greifswald und Frankfurt an der Oder wurden schon nach wenigen Auftritten zu festen Stationen jeder weiteren Tour in Deutschland, weil es uns dort so gut gefiel. Und es hatte den schönen Nebeneffekt, dass unter den Zuschauern immer öfter bekannte Gesichter auftauchten.

Apropos vertraute Gesichter – eins von unseren ging verloren: Ako wurde ersetzt durch John, besser bekannt als Schlagzeuger Nummer Vier. John war Mechaniker bei Dublin Bus und besaß außerdem einen Führerschein – basierend auf unseren bisherigen Erfahrungen passte er damit perfekt in unser kleines, herumreisendes Musiktheater. Er war ein einfacher Kerl, der wirkte, als würde ihn alles verwirren, sobald es ernst wurde. Besonders seine Gespräche mit Brendan drifteten oft genau in diese Zone. Aber wenn er lächelte, konnte man sich dem Glanz nicht entziehen. Er strahlte eine Freude aus, die ansteckend war – und er lächelte deutlich lieber, als ernste Gespräche zu führen. Vielleicht mochte ich John deshalb auf Anhieb so sehr.

Wir hatten in Dublin ein Album aufgenommen und waren nun unterwegs, um unsere Songs unter die Leute zu bringen. Nach einem kleinen Deal mit einem deutschen Label pendelten wir im festen Takt: Touren in Deutschland – zurück nach Irland – warten auf die nächste Runde. Auf einer dieser Reisen bildete sich ein neuer und recht großer Freundeskreis in einem Vorort von Tönisvorst mit Namen Vorst, das am Niederrhein gelegen war und zu einer weiteren festen Anlaufstelle auf unseren Tourneen wurde (was in der Regel bedeutete, dass wir dort nach dem Gig kostenlos übernachten konnten).

In Vorst lernten wir auch Dirk kennen. Er studierte eigentlich Ingenieurwesen, machte aber hin und wieder den Sound bei unseren Shows. Nachdem er sein Studium abgeschlossen hatte, wurde er offiziell unser Toningenieur und begleitete uns auf Tour. Das war ein wichtiger Schritt für uns: Wir hatten das erste deutsche Mitglied in unserer kleinen Truppe, und er sollte ein langjähriger Freund von uns allen werden.

Mit unserem neuen Gefährt deutscher Ingenieurskunst – wir hatten nach einer unserer Tourneen in der Nähe von Konstanz wieder einen Mercedes-Bus erstanden – fuhren wir stundenlang vom Westen gen Osten.

Auf einer Sommertour waren wir für einen Auftritt an der Universität in Frankfurt/Oder gebucht, wo wir ein ganz außergewöhnliches Erlebnis hatten. Angekommen, suchten wir uns nach einer endlos langen Fahrt einen See im Umland, um dort bei einem Kasten Bier den milden Abend zu genießen und vor dem Schlafengehen noch eine Runde zu schwimmen.

Am nächsten Morgen fuhren wir zur Uni, um alles für das Konzert am Abend aufzubauen. Nach dem Soundcheck verabredeten wir uns mit alten und neuen Freunden in der Mensa zum Mittagessen.

Da wir alle selbst einmal Studenten gewesen waren, fühlten wir uns sofort wohl. Nach einem kräftigen Mittagessen für wenig Geld beschlossen wir, vor der Show noch einmal zum See zu fahren.

Doch diesmal wurden wir am Eingang von einer heruntergelassenen Schranke und der Forderung nach Eintritts- und Parkgebühren empfangen. Für uns war das kein Zeichen der neuen Freiheit des Ostens, sondern erinnerte eher an den Kapitalismus des Westens, an den wir uns längst gewöhnt hatten. Wir zahlten, stellten den Bus ab, schnappten uns unsere Handtücher und gingen durch den Wald Richtung Wasser – als uns plötzlich zahlreiche, zugegebenermaßen nicht ganz unwillkommene Erscheinungen vor die Augen traten.

In Irland der Achtzigerjahre war Nacktheit im nationalen Fernsehen oder in den Medien tabu. Der britische Channel Four (einer der Fernsehsender aus Großbritannien, den man neben BBC1, BBC2 und ITV in Irland empfangen konnte) strahlte regelmäßig fremdsprachige Filme aus – oft mit beachtlichem Maß an Nacktheit, die Kenner der Materie durchaus als »künstlerisch« bezeichnen konnten.

Da ich mich selbst für viele Bereiche der Kunst interessierte, wusste ich diese Filme voll und ganz zu schätzen – und sah sie mir auf meinem kleinen tragbaren Fernseher an, den ich (ohne Wissen meiner Eltern) heimlich in meinem Schlafzimmer versteckt hatte.

Diese ausländischen Filme trugen oben rechts in der Ecke des Bildschirms ein rotes Dreieck – ein Zeichen dafür, dass der Zuschauer mit Nacktheit, sexuellen Inhalten oder anderweitig potenziell verstörendem Material zu rechnen hatte.

Solche Filmszenen taten sich mir nun flashbackartig auf. Die Kombination aus nackten Körpern und deutscher Sprache wirkte sogar seltsam vertraut. Es fehlte nur noch, dass ein rotes Dreieck rechts oben an einem Baum auftauchte.

Wir waren schließlich Iren – und diese ungenierte Zurschaustellung von Nacktheit war … sagen wir mal: gewöhnungsbedürftig. Mit einer feuchten Mischung aus Schuldgefühl und Schweiß senkten wir die Köpfe und starrten auf den Waldboden, nur hin und wieder leicht angehoben, um nicht frontal gegen einen Baum zu laufen.

Schließlich erreichten wir die Stelle, an der wir am Abend zuvor gesessen hatten – und waren schon dabei, kollektiv erleichtert aufzuatmen. Doch dann fiel uns etwas Beunruhigendes auf: Auch dieser Bereich des Sees war übersät mit nicht bekleideten Menschen. Eine Kolonie von Körpern, deren Einzelteile nicht nur voll entwickelt, sondern auch ohne jegliche Scham offen präsentiert wurden.

Der irische Mann ist von Natur aus schneefarben – ein Eisbär unter nackten Wesen. Doch in diesem Moment hatte der Schock der extremen Nacktheit vier Iren (Dave musste wegen Magen-Darm-Grippe oder völliger Erschöpfung im Bett bleiben) in ein noch blasseres »Whiter Shade of Pale« verwandelt. Da standen wir nun mit Handtüchern in der Hand, in Badehosen, und unserer Haut, die inzwischen fast durchsichtig war. Nur Dirk, unser treuer deutscher Tontechniker, schien sich in diesem überquellenden See aus sich bewegendem Fleisch pudelwohl zu fühlen.

Wir trotteten zu einer Stelle, breiteten unsere Handtücher aus und entkleideten uns so weit, wie es einem irischen Katholiken möglich ist, bevor er das Bedürfnis verspürt, seine Sünden zu beichten – sprich: wir behielten die Badehosen an.

So lagen wir da und betrachteten die Schönheit der vielen nackten Körper, als plötzlich der komplette Studentenrat der Uni – dieselben Leute, mit denen wir gerade noch mittaggegessen hatten – an uns vorbeirannte und begeistert winkte. Es war, als hätte jemand am See einen »Kleider«- und »Keine-Kleider«-Filter umgelegt. Alle benahmen sich, als wäre dies das Normalste der Welt – und wir fühlten uns, als wären wir auf einem LSD-Trip. Wir behielten unseren Shorts an, bis einige männliche Nudisten anfingen, mit dem Finger auf uns zu zeigen und missbilligend den Kopf zu schütteln. Uns wurde klargemacht, dass es sich um einen ausgewiesenen FKK-Strand handelte, wo Nacktheit Pflicht war. Ratlos sahen wir uns an, in der Hoffnung, dass man bei Ausländern ein Auge zudrücken würde. Doch dem war nicht so.

Dirk legte sich von Anfang an nackt auf sein Handtuch, aber er war ja schließlich auch Deutscher. Irgendwann sprang John mit der Bemerkung »Andere Länder, andere Sitten« auf und streifte seine Hose ab. Seine Aktion blieb nicht ohne Folgen.

»Gute Idee, John«, sagte Colm daraufhin und lag im nächsten Moment ebenfalls hüllenlos neben mir (selbstverständlich auf dem Bauch).

»Ich bin nicht der Letzte«, sagte ich und zog meine Shorts bis zu den Knöcheln hinunter. Dabei blieb ich aufrecht sitzen – in einer Art Yoga-Position, bei der meine Knie hoffentlich für ein gewisses Maß an Bedeckung sorgten. Brendan wählte einen Ansatz, der eher an einen Striptease-Tänzer erinnerte.

»Und los geht's!«, rief er und schwang seine Shorts einmal um den Finger, bevor er sie lässig über die Schulter warf.

Wir saßen also da wie bestellt und nicht abgeholt (Colm lag noch immer auf dem Bauch) und waren hochgradig nervös. Uns allen war klar, dass wir so etwas in Irland normalerweise niemals tun würden, aber wie John schon richtig gesagt hatte, passt man sich im Ausland eben an die dortigen Gepflogenheiten an. Aber wir gaben uns redlich Mühe, den Blick von den anderen nackten Körpern dezent abzuwenden. Was Colm betraf, war ich mir nicht ganz sicher, ob er sich unwohl fühlte oder er zu vermeiden versuchte, sich wirklich unwohl zu fühlen. Vielleicht machte es ihm körperlich zu schaffen, so viele attraktive, nackte, junge Frauen um sich herum zu haben, jedenfalls sprang er plötzlich auf und rief: »Ich geh ins Wasser!«

Wir Übrigen bewunderten sowohl seine Entschlossenheit als auch seinen durchtrainierten Hintern, der leicht das Sonnenlicht reflektierte, da er zu den Teilen seines Körpers gehörte, die seit vielen Jahre kein natürliches Licht gesehen hatten. Wir sahen ihm nach, wie er mit wedelnden Armen lostürmte und dabei reichlich Wasser aufwirbelte. Anschließend stürzte er sich kopfüber in das, wie er offenbar annahm, tiefe, kühle Nass.

Als sich die Wellen gelegt hatten, erkannten wir jedoch, dass an der Stelle, wo er eingetaucht war, das Wasser nur eine Tiefe von vielleicht dreißig Zentimetern hatte. Es handelte sich um einen künstlich geschaffenen See und nicht um ein natürliches Gewässer, bei dem man ein stetiges Abfallen des Untergrunds erwarten würde. Als Colm sich wieder erhob, waren sein Gesicht und sein Oberkörper mit Schlamm bedeckt und ein Stück weiter unten ragte ein gewisses Etwas verdächtig heraus. Unverzüglich marschierte er weiter in den See hinein, vermutlich in der Hoffnung, dass sein zweiter Sprung in die Fluten erfreulicher ausfallen würde. Doch leider schaffte er es auch diesmal nicht, seine untere Körperhälfte nennenswert einzutauchen.

Unverdrossen lief er weiter, doch das Wasser wurde und wurde nicht tiefer. So stand er da, von triefendem Schlamm und leuchtend grünen Schlingpflanzen bedeckt. Er sah aus wie Robert De Niro in dem Film *Die durch die Hölle gehen*, als der US-Soldat Michael Vronsky, der sich mit Wasserpflanzen tarnt, um vom Feind nicht entdeckt zu werden. Tatsächlich waren Colms hilflose Versuche, in sichere Tiefen zu gelangen, um seine Blöße zu verbergen, absolut filmreif. Er unternahm noch einen dritten Versuch, der endlich von Erfolg gekrönt war. Nun konnte er sich den Schlamm vom Gesicht waschen und schwamm unter dem frenetischen Beifall seiner irischen Bandkollegen in Richtung einer Studentin, zu der sich noch zwei Freundinnen gesellten, was es ihm noch schwerer machte, den See wieder zu verlassen, ohne »Aufsehen« zu erregen. Glücklicherweise war er ein guter Schwimmer, da er wohl noch eine Weile in ihrer Gesellschaft durchhalten musste.

Und so endete unser erster Ausflug in die ostdeutsche Freikörperkultur nicht mit einem Paukenschlag, sondern mit einem leisen Platschen – und der Erkenntnis, dass man in Frankfurt/Oder nicht nur seine Hemmungen, sondern auch seine Badehose verlieren muss, um wirklich dazuzugehören.

Wir reisten kreuz und quer durch Deutschland, und ich verliebte mich immer mehr in Land und Leute und ganz besonders in deren Begeisterung für Musik.

Wenn man anders war, Englisch sprach oder überhaupt aus dem Ausland kam, weckte man schnell ihr Interesse, doch wie wir bald lernten, musste man auch etwas draufhaben, damit das Interesse bestehen blieb. Im Großen und Ganzen waren die Reckless Pedestrians offensichtlich gut genug, um eine treue Fangemeinde zu haben und in der Lage zu sein, eigenständig auf größere Tourneen zu gehen. Wir verdienten recht gut im Vergleich zu anderen Bands, die in Irland die Locations, in denen sie auftraten, selbst bezahlten oder eine Mindestmenge an Tickets verkaufen mussten, um gebucht zu werden. Die Möglichkeiten, in Deutschland auf Tour zu gehen, verbesserten sich noch weiter durch unsere Plattenfirma, die eine regelmäßige Tournee durch Nord- und Süddeutschland im Programm für uns buchten. Jahr für Jahr spielten wir entweder die Nord- oder die Südschleife, verdienten genug, um über Wasser zu bleiben – und um vor uns selbst das Weitermachen zu rechtfertigen. Und wir fanden Freunde. Echte Freunde. Menschen, deren Türen für uns zu sicheren Häfen wurden.

Im Süden, am Bodensee, öffnete uns eine schottische Familie ihr Zuhause. Lucy und ihre drei Söhne ließen uns nach einer langen Tour-Etappe Körper und Seele auftanken. Lucy hatte früh ihren Mann verloren, und für sie und die Jungs war unser Einfall jedes Mal wie ein kleiner Wirbelwind – hungrige Iren, die ihr Haus im Handumdrehen mit Musik und Lachen füllten. Wir fühlten uns zu Hause im Haus Käding, und wir waren für immer dankbar, dass sie ihre Türen für uns öffneten.

In Vorst und im Dorf Oedt (wo inzwischen unser Tontechniker Dirk wohnte) hatten wir unsere konstanten Zwischenstationen im Nordwesten. Neben Lucy und ihren Jungs im Süden brauchten wir dann nur noch eine Anlaufstelle im Osten, um das Dreieck von kostengünstigen Übernachtungsmöglichkeiten zu vervollständigen. Dadurch war es für uns möglich und finanziell machbar, über mehrere Monate hinweg zu touren und die unproduktiven Zeiten und ständigen Kosten für Rückflüge nach Irland einzusparen.

Schon bald richteten wir unseren Blick nach Berlin. Unser erstes Erlebnis war zwar etwas absurd gewesen, doch die Stadt hatte eine enorme Strahlkraft, und wir fühlten uns magisch von ihr angezogen.

Das zweite Mal, als wir in Berlin waren, hatte Brendans deutsche Freundin der Band zwei Konzerte in der Stadt und eine Unterkunft organisiert – also: Bingo! Unser Debütauftritt in Berlin fand in einem obskuren Club im Ostteil der Stadt statt und war vom Veranstalter unseres zweiten Gigs organisiert worden, der an der Humboldt-Universität stattfinden sollte. Das Uni-Konzert verhieß zwar kein großes Geld, aber es war eine strategisch clevere Gelegenheit, einen Fuß in die Tür der Berliner Musikszene zu setzen.

Anfang der Neunziger war man in Ost-Berlin noch darum bemüht, Anschluss an die westliche Welt zu finden. Improvisierte Kneipen waren nicht selten in Privatwohnungen angesiedelt. Clubs befanden sich überall in der Stadt – in verlassenen Fabrikgebäuden, Kirchen oder echt heruntergekommenen Locations. Die Band war relativ gut aufgestellt, und unsere Ankunft in Berlin läutete unserem Empfinden nach ein neues Kapitel ein, vielleicht sogar eine ganz neue Ära.

Unvermeidlich zeigten sich aber bald kleine Risse an der Oberfläche. Unterschiedliche Ansichten machten die Stimmung in der Band zeitweise angespannt, und wir fuhren oft mit Vollgas in keine besonders klare Richtung – ohne eine Vision, an die wir alle wirklich glaubten. Auch mit Brendans Freundin, unserer Bookerin und gelegentlichen Tourmanagerin, hatte ich meine Schwierigkeiten. Verständlicherweise hatte Brendan wiederum Schwierigkeiten mit mir. Wir redeten uns ein, dass wir nur das Leben erleben müssten, das so viele unserer Helden vor uns gesucht hatten, um vielleicht in ihre Fußstapfen zu treten. Iggy Pop, David Bowie, U2 oder Depeche Mode waren alle nach Berlin gekommen, um eine neue kreative Ader zu finden – und wir wollten glauben, dass wir dasselbe taten.

Das erste Konzert sollte in einem besetzten Haus stattfinden. Davon gab es vor allem im Ostteil der Stadt damals ziemlich viele, weil oftmals die Besitzverhältnisse nach dem Mauerfall noch ungeklärt waren und Immobilien deshalb lange Zeit leer standen. Irgendwann zogen meist Hausbesetzer ein und verbarrikadierten Fenster und Türen, um eine Räumung zu verhindern. Vor einem dieser Häuser luden wir nun unser Equipment aus und trugen es in einen etwas sonderbaren Club, der offenbar von einer Art Kommune betrieben wurde. Wir hatten so etwas noch nie gesehen.

Wie viele Berliner Häuser hatte auch dieses Gebäude fünf oder mehr Etagen (je nachdem, ob der Dachboden zu Wohnungen ausgebaut worden war) und den Grundriss einer eckigen »Acht«, bestehend aus Vorderhaus, Vorderhof, Mittelhaus, Hinterhof und Hinterhaus. Dort lag der besagte Club. Als ich in den vorderen Hof kam, sah ich, wie ein Mädchen auf eine Bronzeskulptur kletterte, die einen russischen Soldaten auf einem Pferd darstellte. Sie steckte dem Pferd gerade Blumen ins Maul und schmückte die Skulptur, vermutlich, damit sie nicht mehr so militärisch einschüchternd, sondern sanftmütiger wirkte. Ich betrachtete interessiert ihr Werk und erkundigte mich im Bemühen, ein gewisses Kunstverständnis zu zeigen, nach dem Namen des Werkes. Ihre Antwort kam in einem dicken Limerick-Akzent, den ich sofort erkannte. Ich stand da wie vor den Kopf geschlagen: Ich war gerade dabei, ein Konzert im Gemeinschaftsbereich einer Hippie-Kommune zu spielen – und die erste Person, der ich begegne, ist eine Irin. Wir taten jedoch beide bewusst so, als wäre das völlig normal, mitten in Berlin vor der Bronzestatue eines russischen Soldaten samt seinem Pferd zu stehen. Schon an dieser Stelle hätte ich erkennen müssen, dass mit Normalität an diesem Tag nicht mehr zu rechnen war. Ich hätte mich darauf einstellen sollen, dass Chaos häufig mit Absurditäten einherging, aber wie üblich machten wir einfach unser Ding und sagten uns, dass David Bowie nicht mal mit der Wimper gezuckt hätte.

Nachdem wir den Hof mehrmals durchquert hatten, um unser Equipment zum Auftrittsort zu befördern, fiel mir auf, dass es auf dem Gelände noch mehr umgestaltete Skulpturen gab. Später erfuhr ich, dass man zur Aufnahme in die Kommune im Hof ein Kunstwerk erschaffen *musste*, um die anderen Hausbewohner zu beeindrucken und aufgenommen zu werden. Nun erkannte ich auch, dass die Skulpturen beschädigt waren, weil Teile für neue künstlerische Projekte entfernt worden waren. Das Ergebnis war, dass alles wie fragmentierte Kunst in einem zerbrochenen Zuhause wirkte.

In der dritten Etage fehlte die Außenwand, sodass man ungehindert in die dort befindliche Wohnung schauen konnte. Wie von den Bewohnern vermutlich beabsichtigt, wirkte das so absonderlich wie cool (obwohl ich mir lieber nicht vorstellen wollte, wie es sich dort im kalten Berliner Winter wohnte, wenn der eisige Wind ungehindert durch die Räume pfiff).

Im Hinterhof begann sich nun eine Mischung von Leuten zu versammeln, von denen die meisten aussahen wie die Personen auf Fahndungsplakaten. Ich ging zurück zur Straße und entdeckte auf der anderen Seite wie aus dem Nichts einen Irish Pub. Es war ein eher teures Lokal (wie die meisten von ihnen, die Anfang der Neunziger im Berliner Osten eröffnet wurden), und da es so ziemlich das komplette Gegenteil von der Location für unseren Auftritt an diesem Abend war, bot es sich an, dort vor der Rückkehr ins allgemeine Chaos noch einmal durchzuatmen.

Nach einem Pint und einer Zigarette ging ich wieder hinüber, und wir spielten unser Konzert. Die Reaktionen waren positiv, und wir hatten den Eindruck, dass die Zuhörer unsere Musik und unsere Show mochten. Als wir unseren Gig beendet hatten, baten uns die Anwohner, ob sie unser Equipment für ihren eigenen Auftritt nutzen könnten. Warum nicht, dachten wir uns. Schließlich liebten wir Musik und hörten auch gern anderen Bands zu. Deshalb willigten wir ein, was sich jedoch bald als Fehler herausstellte. Die hauseigene Combo erwies sich nämlich als eine Truppe von affektierten Sonderlingen, Musiknomaden und zugedröhnten Jazzern, die ihre wilde Kombi aus Saxofonklängen, Schlagzeuggetrommel und stümperhaftem Gesang einer Frau namens Titty Kitty (die mit eindrucksvollem Dekolleté ins Mikro kreischte und röhrte) für den Gipfel kreativer Avantgarde hielten. Ich bin normalerweise offen für musikalische Grenzgänge, aber das hier war für mich einfach nur der Versuch, Musik zu zerbrechen. Für alle anderen hingegen schien es, als hätte man die Tauben zum Hören gebracht und würde nun einen Cocktail aus Klasse-A-Drogen, Psychosen und gesellschaftlicher Ausgrenzung durch den Club tragen. Ich verließ diese Realitätsschleife und ging zurück in den Irish Pub, wo ich mir ein weiteres teures Pint bestellte – in der Hoffnung, die Gegenwart für einen Moment hinter mir zu lassen. Als ich zurückkam, war die Band gerade dabei, unser Equipment zu verladen. Dann hörte ich aufgebrachte Stimmen. Colm stritt sich mit dem Inhaber des Clubs, der sich weigerte, uns für unseren Auftritt zu bezahlen. Das war vermutlich eine kalkulierte Maßnahme: Da er genau wusste, dass wir uns nie wieder dorthin verirren würden, sah er vermutlich keine Veranlassung für freundschaftliche Beziehungen und behielt kurzerhand unsere Gage ein. Die Bewohner der Hippie-Kommune – betrunkene, missmutige Außenseiter, die für jede Konfrontation, egal aus welchem Grund, zu haben waren – bauten sich als Drohkulisse hinter ihm auf. Als Colm irgendwann laut wurde und die uns zustehende Bezahlung nachdrücklich einforderte, kamen immer mehr von den Hausbewohnern hinzu und umringten meinen geschätzten Freund (der eigentlich ein viel größerer Hippie war als alle, die ihm gegenüberstanden).

Ich trat an Colms Seite und bedachte den Wortführer mit einem freundlichen Lächeln. Dann nahm ich meinen Freund am Arm und ging mit ihm hinüber zum Bus, in den wir soeben den letzten Lautsprecher verladen hatten. Wir klappten die Hecktür zu, Brendan ließ den Motor an, und wir rollten vom Hof. Colm konnte partout nicht nachvollziehen, warum ich diesem Kerl ein freundliches Lächeln geschenkt hatte, obwohl er sich geweigert hatte, uns für unseren Auftritt zu bezahlen. Ich erklärte ihm daraufhin, dass es wichtig war zu erkennen, wann man eine Schlacht verloren hatte – in diesem Fall war unsere Niederlage schon besiegelt, als wir den Club betreten hatten. Diese Leute legten keinen Wert auf unsere Performance, sondern hatten uns nur ausgenutzt, um unser Equipment und unseren Tontechniker für ihre eigene Band auszuleihen – um noch mehr Kosten zu sparen. Sie hatten uns getäuscht, hintergangen, betrogen, wie auch immer man es nennen will. Wir mussten diese Niederlage hinnehmen und unsere Lektion daraus lernen, und bevor alles noch schlimmer wurde, hatte ich diesen Mann angelächelt, der genau wusste, dass er alle Trümpfe in der Hand hielt. Ich holte meinen Freund aus der Schusslinie, und wir traten den Rückzug an, mit geknicktem Stolz und einer empfindlichen Delle in unserem Konto – nicht mehr und nicht weniger. Mein jüngeres Ich hätte vielleicht darauf beharrt, ihnen die Stirn zu bieten und die vereinbarte Bezahlung einzufordern, aber die Gegenseite war haushoch in der Überzahl, und wir hatten keine Chance gegen sie. Das alles gefiel mir genauso wenig wie Colm, aber wenn wir auf sie reagiert hätten, wären wir nicht nur mit verletztem Stolz, sondern obendrein mit blutiger Lippe abgereist.

Trotz dieser niederschmetternden ersten Berliner Erfahrung hatten wir uns in die Stadt verliebt und kamen deshalb immer wieder.

Das letzte Mal, als wir nach Berlin zurückkehrten, wohnten wir bei Freunden von Brendans Freundin. Studenten, die in einer neu renovierten Wohnung im Osten der Stadt lebten – günstig und großzügig, wie es damals möglich war. Wir hatten im *Frannz Club* gespielt, einem schrägen, offenen Ort, der die Band sofort ins Herz schloss. Nach einem großartigen Konzert vor einem großartigen Publikum waren wir alle auf einem Hoch. Unsere Songs wurden besser, wir forderten uns gegenseitig heraus, und die Ergebnisse waren lohnend.

Als wir zurück in die Wohnung kamen, sagte ich zu den anderen, dass ich noch kurz duschen wollte, bevor wir unseren Erfolg feiern gingen. Während die anderen schon loszogen, wartete John auf mich, damit wir uns ein Taxi zur Kneipe teilen konnten. Als ich fertig war, hielten wir auf der Straße ein Taxi an und stiegen hinten ein.

»Wohin?«

»Sorry, no German.«

»Where to?«

Ratloser Blick. Erst dann fiel mir ein, dass ich weder den Namen des Lokals kannte, in dem wir den Rest der Truppe treffen wollten, noch die Straße wusste, von der wir soeben aufgebrochen waren.

»John, hast du die Adresse?«

»Nee, die hast du doch!«

Ich durchsuchte meine Taschen und fand einen Zettel mit unleserlichem Gekritzel auf der Rückseite. Obwohl es meine eigene Handschrift war, konnte ich sie kaum entziffern.

»Die fünf Siegel?«, versuchte ich zu raten. Nächster Versuch: »Schiegel?«

Der Taxifahrer griff nach dem Zettel, doch mir war sofort

klar, dass uns das auch nicht weiterhelfen würde. Ich stammelte weiter, in der Hoffnung, dass er sich einen Reim darauf machen konnte.

»Die fünf Shegal?« Er schaute in den Rückspiegel und fragte dann skeptisch: »Die fünf Spiegel?«

»Yes! That's it!«

Der Fahrer hielt nach einer Weile vor einer Kneipe, wir bezahlten und bedankten uns für seine Hilfe. Allerdings erkannten wir schnell, dass er gar keine Hilfe gewesen war, denn es gab nirgends ein Schild mit der Aufschrift »Fünf Spiegel«, sondern nur ein Lokal, an dessen Außenmauer Spiegel angebracht waren. Nachdem wir kurz reingeschaut haben, erkannten wir sofort, dass es nicht der richtige Ort war, und verließen das Lokal wieder. Und während John sich eine Zigarette anzündete und nervös seine Haare aus dem Gesicht strich, ging ich einfach los, in der Hoffnung, unsere Freunde zu finden.

»Hier rein«, rief ich, und John folgte mir in die nächstbeste Kneipe. Wir setzten uns und bestellten in sehr gebrochenem Deutsch zwei Bier. Die Frau hinter der Theke fand unsere Aussprache anscheinend nicht niedlich, sondern peinlich.

Wir tranken unser Bier, und während ich überlegte, wie wir herausfinden könnten, wo die anderen steckten, fühlte ich mich plötzlich unbehaglich. Erstens starrten uns nahezu alle Anwesenden merkwürdig an. Zweitens hatten fast alle entweder eine Glatze oder eine auffallend exakt hergerichtete Schuljungenfrisur, wie sie in den Dreißigerjahren in England üblich war. Wenn drittens die Leute mit dem starren Blick und den sehr kurzen Haaren gewusst hätten, dass ich einen Song mit dem Titel »Dr. Marten« geschrieben hatte, wäre ich von ihnen vermutlich sofort akzeptiert worden, da fast alle 14-Loch-Dr.-Martens trugen. Und viertens schloss ich aus der Vielzahl von Bomberjacken, dass unsere Orientierungsnot im Moment vermutlich das kleinere Problem war.

Ich sah zu John hinüber und begann, mit ihm auf Gälisch zu sprechen, um ganz sicher zu gehen, dass uns keiner verstand. Obwohl ich früher in der Schule nicht die geringste Lust verspürt hatte, diese Sprache zu lernen, war es jetzt nützlich, und ich suchte nach den richtigen Worten, um ihm klarzumachen, dass wir in eine Nazikneipe geraten waren.

»Sean, an bhfeiceann tú gruaig na ndaoine anseo?« (John, siehst du die Frisuren der Leute hier?)

Offenbar hatte ich die Frage falsch formuliert, denn zunächst lachte er mich nur aus. Dann wurde ich deutlicher.

»Ní dóigh liom gur cheart dúinn a bheith anseo.« (Ich glaube nicht, dass wir hier sein sollten.)

Wieder lachte John und antwortete: *»Tá droch-oíche agat, níl a fhios agat cá bhfuil muid i gceist a bheith ag dul, níl a fhios agat cár tháinig muid agus ní dóigh leat gur cheart dúinn a bheith cá bhfuil muid. is cosúil go bhfuil do chompás briste!«* (Du hast einen schlechten Abend – du weißt nicht, wo wir hinwollen, du weißt nicht, woher wir kommen, und du glaubst, wir sollten nicht da sein, wo wir gerade sind. Dein Kompass scheint kaputt zu sein!)

Ich bemerkte, wie die Barkeeperin einem Stammgast ein Zeichen gab. Sie hatte gehört, wie ich mit John sprach und fand es offenbar nicht gut, dass wir uns in einer Sprache unterhielten, die sie nicht einordnen konnte. Der Typ schaute zu uns herüber und instruierte dann seine Freunde. Es bestand kein Zweifel, dass wir eine unangenehme Art von Aufmerksamkeit erregten.

»Caithfimid imeacht, Sean!« (Wir müssen gehen, John!)

»Tá mé ag críochnú mo phionta.« (Ich trinke erst noch mein Pint aus.)

Ich konnte nicht fassen, was er gerade gesagt hatte.

»Caithfimid imeacht anois a Sheáin!« (Wir müssen hier weg, John!)

Johns Antwort machte mir zweierlei klar: Erstens, er war ganz offensichtlich wahnsinnig. Zweitens, man sollte niemals, wirklich niemals versuchen, einem Iren sein Bier wegzunehmen.

»Calma an fuck síos, tá mé ag ól mo phionta agus is féidir linn imeacht nuair a bhíonn mé críochnaithe!« (*Calm the fuck down*, ich trinke erst mein Pint aus und wenn ich fertig bin, können wir gehen!)

Die Barkeeperin verstand vermutlich das Wort »fuck« und nickte den Skinheads zu. Zwei von ihnen standen auf und kamen direkt auf uns zu. Mir ging der Arsch auf Grundeis. In diesem Moment öffnete sich die Kneipentür, und ein noch größeres Exemplar der anwesenden Spezies kam herein – ebenfalls mit sehr kurzen Haaren, grüner Bomberjacke und Pitbull an der Leine. Der Typ streckte den rechten Arm aus und begrüßte die Anwesenden mit: »Sieg Heil!« Daraufhin schallte es im Chor zurück: »Sieg!«

Endlich stellte John sein leeres Glas auf den Tresen, sah mich an und murmelte die bedeutungsschweren Worte: *»Táim críochnaithe!«* (Ich bin fertig!). Noch ehe der Neuankömmling uns genauer anschauen konnte, verschwanden wir zur Tür hinaus und nahmen draußen umgehend die Beine in die Hand. Ohne zu wissen, wohin, rannten wir los, denn jeder Ort war besser als diese Kneipe. Wir stürmten ins nächstbeste Lokal – ein mit grellen Neonröhren beleuchteter türkischer Dönerladen. Ich war unsagbar erleichtert, unter anderen Ausländern zu sein. Ungefragt berichtete ich ihnen, was wir gerade erlebt hatten. Um meine Erleichterung zum Ausdruck zu bringen, schrie ich aus voller Kehle: *»Drinks for everyone!«* Seltsamerweise folgte darauf kaum eine Reaktion.

Der junge Türke hinter der Theke übersetzte mein großzügiges Angebot, und die sieben oder acht Leute, die dort saßen, applaudierten meiner Ankündigung, ihnen Getränke zu spendieren. Wir erzählten, was passiert war und wie wir nur knapp entkommen waren, und tranken ein Bier nach dem anderen mit unseren neu gewonnenen Freunden.

Nach einer Weile kam einer der Gäste dahinter, dass der Ort, den wir gesucht hatten, nicht Fünf Spiegel, sondern *Fünf Ziegen* hieß – und da es auf seinem Heimweg lag, bot er an, uns dorthin zu fahren.

Als wir in der Kellerkneipe ankamen und endlich auf unsere Freunde trafen, war die Stimmung zunächst etwas gedrückt. Doch das änderte sich schlagartig, als John und ich von unserem Abenteuer erzählten.

In dieser Nacht fuhren wir nach Hause. Ich werde diese Autofahrt nie vergessen: John erbrach sich in eine Plastiktüte, woraufhin Katja ihn angewidert rügte. Und während wir mit 50 km/h durch die Berliner Straßen glitten, schob ich die Schiebetür auf und schrie meine Ekstase über diese Stadt hinaus in die Nacht. In meinem betrunkenen Zustand war ich mir sicher, dass genau solche Nächte die Straßen pflastern, auf denen Rockstars gehen.

Unsere Band ging auch weiterhin auf Tour, spielte Konzerte und schrieb neue und bessere Songs. Doch als wir wirklich zu glauben begannen, dass wir tatsächlich erfolgreich und berühmt werden könnten, begann es allmählich in der Band zu kriseln. Es gab immer häufiger Meinungsverschiedenheiten, die Stimmung war immer öfter angespannt, und es fehlte uns zunehmend an einer gemeinsamen Vision und Richtung.

Wir gingen untereinander mehr und mehr auf Distanz, auch zu jenen Menschen, die üblicherweise dafür sorgten, dass wir am Ball blieben.

Wir verließen das betörende, bezaubernde, bizarre Berlin.

Unsere nächste Station?

Italien.

Letter to my Sister

Brendan kannte einen Typ, der wiederum einen Typ kannte, der für uns eine Tour in Italien organisierte. Wieder einmal waren die Warnzeichen eigentlich größer als das Haus, in dem ich gerade sitze, während ich dieses Kapitel niederschreibe, aber wir waren zuversichtlich, dass das schon alles so hinhauen würde.

Selbstvertrauen ist eine merkwürdige Sache. Es gibt dir die Kraft, immer weiter hinauszuschwimmen, selbst wenn die Gezeiten und ihre Wellen dich im Sand festhalten wollen. Du schwimmst hinaus, bis du schließlich die Anziehungskraft der Natur ignorierst und dich jenseits der Brandung wiederfindest. Was eben noch warmes, helles, seichtes Wasser war, ist nun kalt und dunkel. Leb wohl, Selbstvertrauen. Hallo, Unsicherheit.

Selbstvertrauen treibt dich dazu, die Zweifel der Nörgler zu überhören. Es lässt dich an dich selbst glauben – trotz Kritik und Unglauben anderer. Es balanciert die Sorgen um das Risiko gegen die geringe Chance auf Erfolg und drängt dich immer weiter, bis es sich mit Können verzahnt.

Eigentlich sollte Können der erste Schritt nach vorn sein. In der Musik jedoch ist es nur ein weiteres Werkzeug, das in die chaotisch gefüllte Werkzeugkiste geworfen wird. Talent, Ausstrahlung, Selbstvertrauen, Wille, Cleverness, Entschlossenheit, Glaube, Vertrauen, Glück, Einsatz und Effizienz – all das liegt darin, meist ohne Ordnung oder Hierarchie.

Von den erfolgreichen Musikerinnen und Musikern, die ich kenne, antworten die meisten auf die Frage, wie sie zur Musik gekommen sind, mit: »Es ist einfach passiert!« Übersetzt heißt das ungefähr: Sie hatten wenig bis gar keine Wahl. Ich glaube nicht, dass man sich entscheidet, Musiker zu werden; es ist vielmehr einfacher, zu akzeptieren, wer man ist, als sich selbst zu verleugnen oder sich etwas vorzumachen. In diesem Zusammenhang sind auch Statistiken sehr aussagekräftig: Weniger als ein Prozent der Musiker sind erfolgreich. Und dabei bedeutet, erfolgreich zu sein, nicht einmal ›weltberühmt‹ zu sein, sondern nur, dass man ausreichend Geld mit seiner Musik verdient, um komfortabel davon leben zu können. Ein Prozent! Das muss man sich einmal auf der Zunge zergehen lassen.

Wenn man das bedenkt, ist es kein Wunder, dass die meisten Musiker irgendwann ihre Träume aufgeben. Entweder sie entscheiden sich, dass Musik für sie nur ein Hobby sein soll, oder sie geben jemandem oder einem Umstand die Schuld dafür, dass sie nie den riesigen, mutigen Schritt gewagt haben und genug Selbstvertrauen hatten, um dem Weg in die Unsicherheit mit ganzer Kraft zu folgen. Sie lassen das Feuer erlöschen, bewusst oder unbewusst.

Diejenigen, die es versuchen, wissen, dass sie an etwas glauben, das mit 99-prozentiger Sicherheit misslingen wird.

Jahre später, als ich gegenüber dem Manager von HIM, einer finnischen Goth-/Metal-Band, mit der ich mit meiner damaligen Band Reamonn als Support-Act auf Tour war –, prahlte, wir hätten unseren ersten Charterfolg gelandet, drehte er sich zu mir und sagte: »Willkommen in der Hölle!« Ich versuche bis heute, diese Aussage zu entkräften. Die Reckless Pedestrians wurden mittlerweile in den einschlägigen irischen Musikzeitschriften als eine Band gepriesen, die auch international den Durchbruch schaffen könnte.

Nur zu gern hätten wir diesem Hype geglaubt. Wenn es jedoch darum ging, unsere Miete zu bezahlen, spürten wir davon nichts wirklich, denn wir lebten immer noch von der Hand in den Mund.

Wir waren noch nie in Italien gewesen, und auch wenn unsere Reisevorbereitungen inzwischen wie geschmiert liefen, hatten wir noch nie die Alpen überquert. Wir wussten nicht, was uns erwartete – und genau das machte mich nervös. Alles, was wir hatten, war die Verbindung »jemand kennt jemanden, der jemanden kennt«. Wir waren zwar bereit für das Abenteuer, unterschätzten aber gründlich, wie teuer ein Scheitern werden konnte.

Wir kamen in einem kleinen Ort im Nordwesten Italiens an, wo wir in einem Jugendzentrum spielen sollten. Das Konzert war ein Spaß, das Publikum jung und energiegeladen – finanziell allerdings das, was man einen »Lückenfüller« nennt: eine Show, die nur gebucht wird, um das Benzin zu bezahlen, das uns überhaupt erst von Irland nach Italien gebracht hatte. Obwohl der Booker unseres ersten richtigen Konzerts in der Versenkung verschwunden war, machten wir uns keine Sorgen. Irgendwie funktionierte bei uns letztendlich immer alles, und Lady Luck schenkte uns ihr stets ermutigendes Lächeln, wenn wir das fürs »Weitermachen« brauchten.

Als wir in Modena ankamen, wo wir den Booker treffen sollten, fielen uns sofort die Schönheiten ins Auge, die in Italien so selbstverständlich sind: Schaufenster, hinter denen viele Jahre Geschichte schlummern, enge Gassen, die einen dazu verführen, sich tagelang zu verlaufen (und dabei nichts zu tun, außer zu essen, Wein zu trinken und Espresso zu kippen). Wir setzten uns ins Irish Pub der Stadt und warteten. Und warteten. Irgendwann tauchte immerhin der Anwalt auf, über den wir mit dem Booker in Kontakt gewesen waren – nur, um zu berichten, dass auch er den Booker nicht erreichen konnte. Er hoffte, es gehe ihm gut. Wir hingegen waren weniger um dessen Wohlergehen besorgt als um unser eigenes.

Wir hatten die Tour in Italien zwischen ein paar Konzerten in

Deutschland eingeplant, das letzte davon würde in zehn Tagen stattfinden.

So kalkuliert, würde sich die Reise lohnen – sofern wir nicht alles, was wir in Deutschland verdienten, in Italien für Essen und Übernachtungen wieder ausgaben. Wir mussten jeden Tag ein bisschen Geld verdienen, um nicht in den roten Zahlen zu landen. Die Shows mussten nicht groß sein – sie mussten nur die laufenden Kosten decken. Zusammen mit ein paar gut bezahlten Gigs hätten wir so genug gehabt, um zu Hause Miete zu zahlen und bis zur nächsten Tour über die Runden zu kommen.

Also lösten wir die Situation auf erwachsene Art: Wir bestellten noch eine Runde, um die Diskussionsmaschinerie zu ölen. Brendan fühlte sich verantwortlich, obwohl es nicht seine Schuld war. Er versuchte ständig, uns mehr Jobs zu besorgen, oft über die irische Traditional-Szene – und diesmal war es eben schiefgegangen. So saßen wir, eine irische Band in einem irischen Pub in einer italienischen Kleinstadt, und überlegten uns den nächsten Schritt.

Weil wir das Leben und alles, was es zu bieten hat, liebten, waren wir nicht schnell dabei, einfach die Koffer zu packen und zurück nach Deutschland zu fahren – nicht ohne wenigstens ein bisschen unsere Füße in die italienische Musikszene zu tauchen. Wir kamen mit dem Besitzer des Pubs ins Gespräch und einigten uns darauf, die nächste Woche dort zu spielen – im Tausch gegen Kost und Logies sowie das Geld, von dem sie am Ende fanden, wir hätten es verdient. Für jeden mit ein wenig Selbstachtung mochte das nach einem miserablen Deal klingen, aber die Wahrheit war: Wir waren von einem unausweichlichen Desaster zu etwas gelangt, das man nur als »Zeit und Raum« bezeichnen konnte.

Wir mussten es in den nächsten zehn Tagen zum letzten Konzert in Deutschland schaffen, ohne uns unterwegs finanziell zu ruinieren. Wir wollten alle mit Bargeld in der Tasche nach Hause fahren, und alles, was wir tun mussten, war, die Lücken zwischen jetzt und dann zu füllen. Zuerst war ich erleichtert, doch ein kleines Unbehagen blieb – ich spülte es mit dem letzten Schluck Bier hinunter. Aus heutiger Distanz, Jahrzehnte später, weiß ich: Der Begriff »Zeit und Raum« war für mich, als würde jemand beginnen, die ersten Buchstaben des ersten Wortes auf meinen Grabstein zu ritzen. Es war in Wahrheit der Anfang vom Ende – und auch wenn ich den Satz damals nicht in meinem Kopf formulierte, so spürte ich ihn doch in meinem Herzen.

Am ersten Abend spielten wir die Songs, die wir liebten. Die Reaktion war gut – aber nicht überwältigend. Wir zogen ein paar Italiener in unseren Bann, die uns so sympathisch fanden, dass sie eine CD oder ein T-Shirt kauften. Doch schon am zweiten Abend merkten wir: Für einige waren wir eine nette Kuriosität, für andere eine willkommene Ablenkung. Wir füllten eine Leere – und das galt nicht nur für uns auf der Bühne, sondern offenbar auch für die, die uns zusahen.

Wie so oft lernten wir auch dort die Besitzer der Bar recht gut kennen: einen Mann und zwei Frauen.

Das Haus hatte diese lässige, aber unverkennbare Aura – wie ein Zwinkern, das du erst mit dem zweiten Blick wahrnimmst. Vom Buchstützenpaar über Toilettendekor bis zu Küchenutensilien und Wandgemälden: alles trug auf die eine oder andere Weise einen phallischen oder erotischen Anstrich. Der Mann war ein Zahnarzt Ende vierzig mit gut laufender Praxis in der Stadt, in der auch seine kleinere, blonde Freundin arbeitete. Die deutlich größere, ebenfalls blonde Freundin praktizierte als kosmetische Zahnärztin in einem Vorort nahe der Irish Bar (die sie ebenfalls leitete).

Ihr Zusammenleben funktionierte so gut wie kontrastreiche Zahnreihen in einem perfekten Gebiss – harmonisch gerade wegen der Unterschiede in Temperament, Auftreten und Statur. Und wir sollten bald feststellen: Ihre wahre Harmonie lag im Lachen, Streiten und … na ja, sagen wir, im sehr engagierten »Füllen und Bohren«.

Diese Dreierkonstellation offenbarte sich nicht sofort. Doch je mehr Mittagsmahlzeiten, Gigs und späte Wein- und Bierverkostungen wir mitmachten, desto klarer wurde: Wenn sich alle drei abends in ihre jeweiligen Schlafzimmer zurückzogen, fiel nur eine Tür ins Schloss.

Abgesehen von diesem Dreier (so etwas hatte ich in Templemore, County Tipperary, noch nie zu Gesicht bekommen, das kann ich dir sagen), wurden die Tage eintönig. Das Gefühl, dass unsere Auftritte keinerlei Bedeutung hatten, nagte an meinem Verstand. Ich bin nicht der ehrgeizigste Mensch der Welt, aber ich brauche das Gefühl, dass mein Tun irgendwo im »großen Ganzen« Sinn macht. Hier jedoch fühlte ich mich wie eine Nebenfigur in einem Comicstrip auf der Rückseite der »Very Boring Daily News«.

Diese greifbare Unwichtigkeit zog sich wie ein loser Faden durch die ganze Woche. Nichts war falsch, nichts passierte, nichts unterschied den Tag von gestern, und nichts Neues stand für morgen auf dem Plan. Wenn jemand fragte, wie es einem ginge und was man fühlte, war die deprimierend vorherrschende Antwort: »Nichts.«

Vor dem Essen hatte ich es mir seit einiger Zeit angewöhnt, eine Amalgamfüllung aus einem meiner Zähne herauszunehmen. Ein Stück von meinem Zahn war irgendwann abgebrochen, und dadurch war die Plombe lose geworden. Normalerweise nahm ich sie heraus, aß und setzte sie wieder ein, nachdem ich mir den Mund ausgespült hatte. Warum ich das nicht reparieren ließ? Ich konnte es mir einfach nicht leisten, jedenfalls zu dem Zeitpunkt noch nicht. Diese Lösung war vielleicht etwas unpraktisch, aber machbar und vor allem: kostenlos. Jedenfalls erwischte mich einmal die kosmetische Zahnärztin dabei, bevor ich die Füllung unter der

Tischdecke verstecken konnte, und begann, mich auf Italienisch danach zu fragen. Zum Glück konnte Dirk fließend Italienisch und dolmetschte für mich.

»Was ist denn das?«

Ich hielt die Füllung in die Höhe.

»Die Plombe ist aus meinem Zahn«, sagte ich ziemlich verlegen.

»Warum beschämst du mich in meinem eigenen Haus?«, sagte sie und legte ihre große Hand auf meine Wange.

»Das war nicht meine Absicht«, antwortete ich schnell und neigte meinen Kopf zur Seite, um ihrer Berührung zu entgehen.

»Weißt du denn nicht, dass ich dich wieder ziemlich hübsch hinkriegen kann?«

Ich schaute nun sehr verwirrt drein. Was sollte ich denn dazu sagen? Dirk dolmetschte weiter.

»Ich bin Zahnärztin und kann das wieder richten. Warum hast du mich denn nicht gefragt?«

Es klang, als hätte ich seit Monaten ihre Avancen abgewehrt, anstatt schlicht um Hilfe zu bitten. Irgendwo zwischen Einschüchterung und stiller Komik fühlte ich mich wie in einem dieser ›intellektuellen‹ Auslandsfilme aus der Videothek – jene, die man ausleiht, um eine Frau zu beeindrucken, die vorgibt, ›nur Freunde‹ bleiben zu wollen, und die sich dann doch in eine andere Nähe verstricken lässt. Nichtsdestotrotz stand ich auf und sagte: »Okay, dann lass uns gehen!« Wir stiegen in ihren kleinen italienischen Sportwagen und fuhren in ihre Praxis.

Warum ich ihr vertraute? Weil eine gratis Zahnreparatur nach Wochen mit loser Amalgamfüllung wie ein Geschenk des Himmels klang. Im schlimmsten Fall würde ich wieder meine Reisetruhen-Version einsetzen. Dachte ich.

Die Praxis war leer, sie zog sich ihren rosa Kittel an, ich bekam den Behandlungsstuhl, ein rosafarbenes Lätzchen – und bald auch ein Plastikgerät, das meinen Mund wie ein Folterinstrument offen hielt. Sie »tsskte« über den Anblick meines Zahns, mischte immer wieder Füllmasse an, formte daran herum, streichelte dabei ab und zu meine Wange – auf einmal mehr fürsorglich als vorwurfsvoll.

Doch irgendwann hörte ich ein »Knack«. Ihr Blick sagte alles. Gefolgt von einem aufgeregten Monolog voller Flüche. Dann zog sie sich wieder in Jeans und T-Shirt um, scheuchte mich mitsamt rosa Lätzchen und Maulsperre ins Auto und fuhr los.

Ich trug immer noch den rosa Schutzumhang und auch die Plastikvorrichtung, die meinen Mund offen hielt – die Ärztin machte keinerlei Anstalten, sie zu entfernen. Da sie die ganze Zeit redete, fiel ihr nicht weiter auf, dass ich mich gerade nicht in einem idealen Zustand befand. Ich versuchte, mich anzuschnallen, während sie weiter in Hochgeschwindigkeits-Italienisch monologisierte. Offensichtlich war ihr Stolz angekratzt, und obwohl ich einen Funken Mitgefühl für sie empfand, war ich durch die oralen Handschellen gewissermaßen außer Gefecht gesetzt.

Wir hielten vor einer anderen Praxis. Ihr Liebhaber – offenbar der »bessere« Zahnarzt – behandelte gerade eine ältere Dame. Nach einem kurzen, giftig gedämpften Schlagabtausch schickte er sie ins Wartezimmer und winkte mich auf den Stuhl. Er starrte meinen Zahn an, rieb sich die Augen, murmelte mehrfach den Namen seiner Geliebten, dann seufzte er tief: *»I will fix this.«*

Er tat es. Provisorisch, aber solide. *»One month tops! Okay? Provisional!«*, sagte er. Ich trug diesen Provisoriumszahn sieben Jahre – bis eine Woche vor meiner Hochzeit.

Offensichtlich hatte er seine handwerklichen Fähigkeiten unterschätzt. Das war gut so, denn in der Welt, in der ich damals lebte, befasste man sich einfach nicht mit Problemen, die man auch später noch in Angriff nehmen konnte.

Nach diesen kleinen Eskapaden wiederholten sich die Tage wieder in endloser Monotonie, und ich merkte, wie die Bedeutungslosigkeit unserer Anstrengungen an meiner Psyche nagte. Unsere Konzerte und überhaupt der gesamte Aufenthalt in Italien gaben mir ganz und gar nicht das Gefühl, etwas Wertvolles zu tun.

Aber Italien selbst? Wurde immer bizarrer. Und ich immer müder. Diese bleierne Erschöpfung ohne Anstrengung – als trüge man das Gewicht der Welt, während eigentlich gar nichts passiert. Die Tage fraßen mich auf. Irgendwann stand ich auf einer Bühne, spürte, wie mir die Kontrolle entglitt, und wachte erst Tage später wieder richtig auf – in einem Zimmer über einer Bar.

Ich erinnere mich noch daran, wie ich zwischen den Armen von Dave und einem anderen die Treppe hoch geschleppt wurde. Daran, dass ich tagelang schlief. Aber weder die Abreise noch der Abschied sind in meiner Erinnerung geblieben – sie sind wie ausgelöscht. Italien hatte mir den Stecker gezogen. Die Tage dort waren leer, jede Stunde ein weiteres Gewicht. Es gab keinen einzelnen Auslöser – alles kam zusammen. Meine Seele war erschöpft, und weil ich es gewohnt war, das Beste aus dem Schlechtesten zu machen, hatte ich mein inneres Guthaben bis auf den letzten Rest verbraucht. Am Ende konnte ich den Kopf einfach nicht mehr oben halten.

Wir hatten noch einen Auftritt in Deutschland. Ich sagte der Band, dass ich ihn nicht spielen würde. Ich sei krank. Aus. Ende. Es war ein lukrativer Gig, und ich wusste, dass wir den finanziellen Verlust spüren würden. Aber in diesem Moment war das irrelevant – Geld stopft keine Löcher in der Seele.

Als ich bei Lucy ankam, verbesserte sich meine Stimmung etwas, und ich fühlte und benahm mich in unserem süddeutschen schottischen Refugium eigentlich so wie immer. Dank Lucys italienischen Wurzeln aßen wir wie die Könige, besser sogar als bei Mutter Italien selbst.

Brendans Freundin Katja, unsere damalige Agentin, meinte, ich sähe schon viel besser aus, und schlug vor, das Konzert doch zu spielen. Für sie wirkte es, als wäre ich wieder gesund.

Aber meine Entscheidung stand fest.

Natürlich führte das zum Streit, und so trennten wir uns am nächsten Tag im Zorn. Ich wusste, ich hatte einen Riss in unser kleines Universum geschlagen – einen, der nicht mehr heilen würde.

Und doch: Tief in mir wusste ich, dass sie recht hatten. Körperlich hätte ich das Konzert spielen können. Aber innerlich war ich leer, meine Seele erschöpft. Ich bin ein harter Arbeiter, ich scheue mich nicht, für die Musik über Grenzen zu gehen. Doch es gibt einen Punkt, an dem man sich selbst verletzt – ohne Sinn, ohne Notwendigkeit. Genau dort war ich angekommen. Mir fehlte die Erfüllung, die es gebraucht hätte, um weiterzumachen.

Ich hatte über ein halbes Jahrzehnt lang mit diesen besonderen Männern und wunderbaren Freunden Musik gemacht, und wir hatten gemeinsam einige der härtesten Lektionen überstanden, die ich je als Künstler lernen musste. Weil Dave, Colm und Bren da waren, schien eine Zeit lang alles möglich und lohnenswert. Aber nun fühlte sich unsere Reise wie ein Kreis an, aus dem wir nie ausbrechen würden. In Wahrheit hatte ich die Hoffnung verloren – irgendwo auf einer Bühne in Italien.

Ich weiß, das klingt dramatisch. Wer mich kennt, weiß, dass ich Drama verabscheue – aber wenn man nicht mehr selbst am Steuer von Herz und Verstand sitzt, muss man anhalten und die kaputten Teile austauschen, bevor man wieder losfährt. Musik in einem namenlosen Pub vor zehn Menschen kann wundervoll sein – wenn man dic Musik liebt und die Menschen, mit denen man sie machst. Doch wenn das Feuer erlischt, verliert auch die Bühne ihre Wärme. Mir wurde immer klarer, dass wir niemals aus der Asche auferstehen würden. Es blieb nur Kälte und Dunkelheit. Genauso fühlte sich die Band für mich an.

Unsere Wege trennten sich hier. Ich fuhr nach Norden, zu Dirk, in das kleine Dorf Oedt. Meine Gitarren machten sich mit dem Bus auf den Weg zurück nach Irland, und ich blieb zurück mit einer alten »Fischsaiten«-Gitarre, die er mir geliehen hatte. Auf ihr schrieb ich *»Letter to My Sister«* – meinen bis dahin besten Song.

Wir hatten zwar noch ein paar Tourneen in Aussicht und mit Dave – Nummer Fünf auf dem Trikot – auch einen neuen Schlagzeuger. Und ja, die Zeit mit den Reckless Pedestrians hatte mir viel bedeutet. Aber nach allem, was geschehen war, wusste ich: Der Riss ließ sich nicht mehr kitten. Der Schaden war angerichtet, endgültig und unumkehrbar. Es war nur eine Frage der Zeit, bis wir uns eingestehen mussten, dass es besser war, das Schiff rechtzeitig zu verlassen – bevor wir gemeinsam untergingen.

Mit den Reckless Pedestrians habe ich gelernt, was ich als Musiker nie wieder erleben wollte. Alles, was wir taten, war ein mühsamer, steiniger Weg – mit wenig Aussicht auf Anerkennung, geschweige denn auf eine wirkliche Belohnung.

Für mich gehören Dave, Bren, Colm – und all die Schlagzeuger und Menschen, die uns und die Band am Leben gehalten haben – zu den feinsten Menschen, die ich je in meinem Leben getroffen habe. Wären diese drei Jungs und die Musik, die wir im ersten Studienjahr entdeckt haben, nicht gewesen, hätte ich Dublin vermutlich verlassen, mir einen Job bei der Bank in meiner Heimatstadt gesucht oder – wie mein Vater und sein Vater vor ihm – den Dienst bei der Polizei angetreten.

Die Reckless Pedestrians haben mir geholfen, meine Leidenschaft und meinen Weg im Leben zu finden, und ich bin diesen jungen Brüdern für immer dankbar. Wenn ich gefragt werde, wann ich mich entschlossen habe, Musiker zu werden, muss ich ganz ehrlich antworten: »Es ist einfach passiert.«

Letter to my sister

Got a letter from my sister
I realised how much I missed her
Tells me that she's far away
Oh, so very far away

Oooohhhh

She tells me that she is in love
It's all she's thinking of
Tells me that it's her first time
Playing games with her mind

She thinks she'll
Never be the same
She's playin' a big girl's game
And the world is spinning 'round
Throws her hands out and falls to the ground

Hey Yeah Yeah

She tells me that she is in love
It's all she's thinking of
Tells me that it's her first time
Playing games with her mind
She thinks she'll
Never be the same
She's playin' a big guy's game
And the world is spinning 'round
Throws her hands out and falls to the ground
Hey Yeah Yeah

Hey Yeah Yeah
Hey Yeah Yeah
Throws her hands out and falls to the ground …

Callcenter

Nach fünf Jahren als Frontman der Reckless Pedestrians verließ ich die Band und beendete damit dieses Kapitel meines Lebens. Zunächst fühlte ich mich erleichtert, doch schon nach kurzer Zeit stellte sich etwas anderes ein: ein Gefühl des Verlustes.

Ich hatte bis dahin immer jemanden gehabt, den ich anrufen konnte, um Pläne zu schmieden oder zu streiten – doch das war nun vorbei.

Nach unserer Italien-Tour setzte ich mich mit Dave und Colm zusammen und sagte ihnen, dass ich die Band verlassen und etwas Neues beginnen wollte. Ich wollte keine Kompromisse mehr, hatte genug vom ständigen Kämpfen – es fühlte sich an, als wären wir an einem toten Punkt angekommen. Schon immer habe ich geglaubt: *Wenn sich etwas ändern soll, dann muss man selbst etwas ändern.*

In dieser Phase lernte ich: Das Ego ist nicht nur etwas Gutes, es ist etwas Notwendiges. Wer sein eigenes Ego ständig den Zielen anderer opfert, läuft Gefahr, dauerhaft unglücklich zu werden. Dann ist man nur noch ein Rädchen im Team, dessen Aufgabe es ist, Quoten zu erfüllen oder gute Bewertungen einzufahren. Damit dient man vielleicht dem Erfolg einer Firma, Organisation oder Bewegung – doch selbst zurückbekommen wird man dafür meist wenig bis gar nichts. Ich war nie ein Cliquen-Mensch. Teamgeist hatte ich nur, wenn er mit meinem Geist übereinstimmte.

Klingt das egoistisch? Wahrscheinlich. Aber genau das ist wohl die Wahrheit.

Während meiner letzten Reckless-Pedestrians-Tournee durch Deutschland hatte ich schon begonnen, ein paar eigene Songs zu schreiben. Später, in meinem Apartment in Dublin, entstand »Head In My Hands«. Diesen Song musste ich aufnehmen, um ihn ein paar Leuten vorzuspielen – Freunden, anderen Musikern, aber auch einigen Entscheidern in der Musikindustrie. Denn genau so wollte ich als Solokünstler klingen. Dafür brauchte ich Geld – echtes Geld. Kein Arbeitslosengeld vom Staat.

Dublin kann manchmal ein sehr grauer Ort sein – und damit meine ich nicht nur das Wetter, sondern auch die Stimmung. Wenn du kein Geld hast, schrumpft dein Sozialleben auf ein Minimum. Und als arbeitsloser Musiker war mein Sozialleben praktisch nicht mehr existent.

Ich bewarb mich für einen Job im Callcenter von Virgin.Net, Richard Bransons Internet Provider. Diese neu gegründete Firma suchte Leute, und ich brauchte Geld für eine neue Gitarre und ein neues Leben. Die letzten drei Jahre war ich bereits mehr oder weniger arbeitslos gewesen, und ich wollte mir endlich ein Bier leisten können, ohne mir Sorgen zu machen, ob es dann noch für die Miete reichte.

In der darauffolgenden Woche wurde ich zum Vorstellungsgespräch eingeladen. Ich zog ein frisches Hemd an (mein einziges), kämmte mir ordentlich die Haare und ging zur angegebenen Adresse. Im Rezeptionsbereich nahm ich Platz und füllte das Bewerbungsformular aus. Dann wurde ich in den Raum geführt, wo das Interview stattfinden sollte. Die Frau dort war etwa in meinem Alter, attraktiv, aber nicht mein Typ. Sie las meine Bewerbung und drehte sich währenddessen auf ihrem Drehstuhl, wie ein Kind auf dem Spielplatz. Bestimmt war sie noch nicht lange berufstätig. Ihre ersten Worte an mich waren:

»Raymond, Raymond, Raymond.«

Ich nahm an, sie wollte ihre Autorität unter Beweis stellen, indem sie sich wie eine Lehrerin benahm. Ich sollte dabei die Rolle des Schülers übernehmen.

»Sie sind also Musiker!«

Im Laufe meines Lebens hatte ich gelernt, dass ich zu meinem Beruf stehen musste, wenn ich als Musiker ernst genommen werden wollte. Doch niemand nimmt einem den so richtig ab, denn fast jeder in Irland ist auf die eine oder andere Art Musiker. Nicht unbedingt hauptberuflich, aber doch in einer Art von kreativer Osmose, die sich auch ohne große Vorbereitung oder offizielle Erlaubnis manifestieren kann.

»Ja, das bin ich!«, antwortete ich selbstbewusst und voller Elan, in der Hoffnung, dass sich die Unterhaltung in eine ebensolche Richtung entwickeln würde, doch das tat sie nicht.

»Sind wir das nicht alle?«, fragte sie lächelnd, als ob sie eigentlich sagen wollte, die richtige Antwort wäre gewesen: ›Ich bin ein Herumlungerer, der nur über ein einziges Hemd verfügt‹. Sie erhob sich aus ihrem Stuhl, ging um den Tisch herum und lehnte sich seitlich dagegen. Damit war sie näher bei mir und, zumindest in ihrer Vorstellung, dramaturgisch eindrucksvoller.

»Warum glauben Sie, …«, begann sie ihren Satz, um dann für den gewünschten Effekt bewusst zu pausieren, »… dass Sie der Richtige für diese Stelle sind?« Sie warf mir einen etwas mitleidigen Blick zu, den Kopf leicht zur Seite geneigt, als sei ich heimatlos, hilflos, hoffnungslos.

Ich hatte keine Ahnung, was ich von diesem Gespräch halten sollte, aber wenn nur einer von uns beiden diese Prüfung bestehen sollte, würde ich auf mich setzen.

»Also«, sagte ich, »ich habe einen Bachelor in Verwaltung und Marketing, ich war drei Jahre lang für dreitausendfünfhundert Studierende verantwortlich, für deren Wohlergehen und für das Unterhaltungsprogramm an der Uni.« Das brachte sie aus dem

Tritt. »Um ganz ehrlich zu sein, bin ich eigentlich besser qualifiziert, *Ihren* Job zu machen, und hoffnungslos überqualifiziert, Leuten am Telefon zu erklären, wie sie ihren Computer anmachen sollen und sie sich bei ›Ich-hatte-noch-nie-Sex.net‹ einloggen können.«

Ich saß da, rotzfrech wie ein kleines Kind, das gerade gelernt hat, wie man »Nein!« sagt. Ich erwartete, dass ich von ihr als Nächstes einen vertrockneten Blick ernten würde, sie mich zum Ausgang begleitete, ohne ein Virgin.Net-T-Shirt und eine ›Glückwunsch und willkommen bei Virgin!‹-Teetasse.

Aber oh, welche Überraschung! Mein Beistand von oben übernahm wieder einmal das Ruder und veränderte den Lauf der Dinge.

»Sie haben völlig recht. Sie sind überqualifiziert für diese Aufgabe«, antwortete sie. »Ich wollte Sie nur testen. Können Sie am Montag anfangen?«

Nun schenkte sie mir ein echtes Lächeln, ohne Verstellung, und ich merkte, dass sie keinen Scherz machte – ich hatte tatsächlich den Job! Ich bedankte mich und versprach, sie nicht zu enttäuschen, was ich auch wirklich nicht tat.

Ein Jahr später wurde unser Callcenter von einem bekannten Computer-Magazin zum Callcenter des Jahres gekürt, und jeder in der Gruppe bekam eine Beförderung – da arbeitete ich allerdings schon nicht mehr dort. Obwohl das Angestelltendasein attraktiv war, da bin ich ganz ehrlich. In Irland herrschte zu der Zeit ein Finanzboom (auch bekannt als »Celtic Tiger«), es war leicht, Geld zu verdienen, außer als Musiker, daran schien sich nichts geändert zu haben. Doch letztendlich war es die Musik, die mich unablässig rief, und nachdem ich mein Versprechen für einige Monate gehalten hatte, sagte ich meiner Chefin, dass ich zu meiner eigentlichen Berufung zurückkehren müsse. Sie lächelte und ließ mich ziehen. Sie wusste, dass meine sprichwörtlichen Koffer bereits gepackt waren.

An meinem letzten Tag herrschte in der sonst so ruhigen Nachbarfirma von Virgin.Net ein reges Treiben. An diesem Tag (fast vier Monate, nachdem ich das erste Mal durch die Eingangstür des Gebäudes getreten war) wurde mir klar, dass ich nie darauf geachtet hatte, mit wem wir uns eigentlich einen Teil des Gebäudes teilten. Als ich also an meinem letzten Arbeitstag morgens durch die Eingangstür trat, wurde ich völlig unvermittelt beiseitegenommen und gefragt: »Wer sind Sie, und was machen Sie hier?«

Meine Inquisitoren waren zwei Männer: leicht gebräunt, mit identischem Haarschnitt und Krawatte, gekleidet in blaue Anzüge und weiße Hemden.

»Und wer sind *Sie*?«, fragte ich einen der Zwillinge. »Und wer ist Ihr Freund, und wo haben Sie Ihre Anzüge her? Gab es die zum halben Preis oder zwei zum Preis von einem?«

Der Mann zu meiner Rechten griff nach seinem Jackett, um es zu schließen – und da sah ich die Pistole im Holster. Mir wurde übel, und ich war genervt von mir selbst. Ausgerechnet in dem Moment, in dem ich einmal schlagfertig, witzig und ohne zu stocken geantwortet hatte – als hätte ich die Zeilen tagelang geübt –, stellte sich heraus, dass die Männer, die ich so angegangen war, bewaffnet waren. Ich bin sicher, ich wurde kreidebleich.

Der Mann, mit dem ich gesprochen hatte, zeigte mir seinen Ausweis. Er war Mitglied eines israelischen Sicherheitsdienstes, ebenso wie sein Kumpel. Unglaublicherweise fiel mir in diesem Moment zum ersten Mal das Schild »Botschaft des Staates Israel« an der Wand auf. Offensichtlich handelte es sich bei diesen beiden Männern um militärisch ausgebildete Wachleute, deswegen sollte ich mich wahrscheinlich besser ausnahmsweise einmal kurzfassen und auf Klugscheißer-Kommentare verzichten.

Man bat mich, meinen Virgin.Net-Ausweis aus der Tasche zu holen. Das tat ich langsam. Als ich das laminierte Stück Papier mit Foto vorzeigte, wurde mir bewusst, wie sehr es wie ein Büchereiausweis wirkte – ohne jede Bedeutung im Vergleich zu ihren harten

Plastikkarten mit Hologramm und hebräischer Schrift. Jeder mit einem Foto und einem Kopierer hätte meinen Ausweis fälschen können. Zum Glück stand mein Name auf einer Liste mit den zugehörigen Fotos. Sie sahen mein Bild an, nickten und ließen mich passieren. Als ich ins Büro von Virgin.Net ging, hörte ich, wie die beiden lachten. Was sie wohl von einem jungen Iren hielten, dem sichtbar das Blut aus dem Kopf in die Schuhe sank, sobald er eine Pistole sah?

Im Büro angekommen, rannte ich in den Großraumbereich und rief: »Was zum Teufel ist denn da unten los?!« Weiter hinten im Büro konnte ich sehen, wie sich der CEO des irischen Zweigs von Virgin.Net an die versammelten Mitarbeiter wandte.

»Mr Garvey! Sie kommen zu spät!« Meine Chefin warf mir einen strengen Blick zu. Sie versuchte verständlicherweise, vor ihrem Chef autoritär aufzutreten. Dann übernahm der Big Boss wieder das Wort.

»Wie ich gerade erklärte, bevor die Sicherheitsbesprechung unterbrochen wurde« – kurze Pause und ein Blick in meine Richtung –, »wird heute der israelische Präsident die Israelische Botschaft besuchen, die sich im fünften Stock befindet – also ein Stockwerk über uns. Wir wurden deshalb gebeten, den Publikumsverkehr einzuschränken. Alle Mitglieder des Teams, die heute nicht zwingend anwesend sein müssen, bitte ich, das Gebäude zu verlassen, sodass sich das Personal hier vor Ort auf ein Minimum beschränkt. Wir sehen uns dann am Montag wieder.«

Ich fand es etwas seltsam, dass die Mitarbeiter des Callcenters als »unverzichtbares Personal« bezeichnet wurden und der CEO von Virgin.Net Irland (den wir soeben zum ersten Mal gesehen hatten) den Eindruck erweckte, er würde am Montagmorgen mit Keksen und Tee vor der Tür warten, um uns alle wieder bei der Arbeit zu begrüßen.

Egal, es war mein letzter Tag, dieses Kapitel meines Lebens neigte sich dem Ende zu, was normalerweise den Beginn von etwas Neuem einläutet. Und wie wir alle wissen, beginnen Neuanfänge – zumindest die meisten – mit einem Knall!

Nach der Sicherheitsbelehrung ging ich zu meinem Schreibtisch, und der Tag nahm seinen gewohnten Lauf. Ich führte diverse Telefonate mit den unterschiedlichsten Leuten: »Nein, das CD-Laufwerk, das sich auf Knopfdruck automatisch öffnet, ist KEIN Kaffeetassenhalter!« – »Ja, der Netzstecker muss nicht nur in die Steckdose, sondern auch in den Computer gesteckt werden!« – Und »Nein, Virgin.Net ist keine Hotline für sexuell unerfahrene Männer oder Frauen!« (du bist sehr witzig, haha, aber würdest du dich bitte verpissen – das dachten wir, sagten es aber nicht).

Als meine letzte Stechuhr-Zeit näher rückte, akzeptierte ich, dass nichts Spektakuläres passieren würde. Ich verabschiedete mich im Büro, holte mir noch einen Kaffee und machte mich auf den Weg die Treppe hinunter. Wir waren im vierten Stock, aber den ganzen Tag über hatte der Lift sich besonders seltsam verhalten – blieb ohne Grund stehen, die Tür ging nicht auf, oder er gab einen Alarmton von sich, als hätte er zu viel Gewicht geladen. Also nahm ich die Treppe. Als ich das Erdgeschoss erreichte, wurde ich plötzlich von den beiden israelischen Sicherheitsleuten vom Morgen grob an die Wand gedrückt.

Was zum Teufel?

Sie befahlen mir, stillzustehen und mich nicht zu bewegen. Statt den Kaffee zu trinken, trug ich ihn nun auf Hemd und Händen. Ich war leicht irritiert über die unsanfte Behandlung durch diese Typen. Da ich jedoch wusste, dass es sich bei den Männern um offizielle Sicherheitsbeamte handelte, und mein Vater ja auch Polizist war, beunruhigte mich ihr Verhalten zunächst nicht wirklich.

Der Grund für die erhöhten Sicherheitsvorkehrungen war schließlich die Ankunft des israelischen Präsidenten Benjamin Netanjahu. Unter Aufsicht der beiden Sicherheitsbeamten beobachtete ich, wie er dann das Gebäude betrat.

Der Präsident und seine vier Furcht einflößenden Leibwächter glitten wie eine Wolke durch das Foyer, und als sie den Aufzug erreichten, traten sie nacheinander in präziser militärischer Formation ein.

Ich weiß, ich hätte es lassen sollen, aber ich hob die Hand – noch tropfnass vom Kaffee – und sagte:

»Entschuldigen Sie, Herr Netanjahu, aber das würde ich an Ihrer Stelle nicht tun!«

Die beiden Glock-Zwillinge drehten synchron die Köpfe zu mir. Wenn es je eine Definition für den Spruch »Wenn Blicke töten könnten« gab, dann war es genau dieser Moment.

»Nimm sofort deine Hand runter und sei still, oder du bekommst großen Ärger!«

Ich weiß, dass ich das Nachfolgende erst recht nicht hätte tun sollen, aber ... ich hob erneut die Hand, ignorierte die Ratschläge meiner adrett gekleideten Freunde und bemühte mich, die Aufmerksamkeit des Präsidenten zu erhaschen.

»Entschuldigen Sie, Herr Netanjahu, aber das würde ich an Ihrer Stelle wirklich nicht tun!« Meinem Security-Duo fielen fast die Augen aus dem Kopf. »Flosse runter und still sein, oder du bekommst GROSSEN Ärger!«

Gleichzeitig fixierten mich Netanjahus vier treue Bodyguards – jene Männer, die im Zweifel eine Kugel für den Mann abfangen würden, den sie »Bibi« nannten – zum zweiten Mal heute fing ich mir diesen »Todesblick« ein. Als sich die gläsernen Aufzugstüren schlossen, hob ich beide Hände in einer Geste resignierter Kapitulation (Seht ihr, ich hab's versucht!), löste mich langsam von der Wand und ließ mich in einem bequemen Sessel im Empfangsbereich nieder. Dort wartete ich geduldig darauf, dass die Hölle losbrach.

Warum ich so sicher war, dass der Aufzug genau in dem Moment versagen würde, in dem diese Gruppe einstieg? Ganz einfach: Das Leben belohnt – und *Karma is a bitch.*

Ich fand, ich hatte ein Recht darauf, meinen letzten Arbeitstag als Belohnung für vier Monate harter Arbeit in vollen Zügen zu genießen. Ja, ich hatte »nur« Telefonanrufe entgegengenommen und den Gratiskaffee konsumiert, aber das mit Hingabe. An diesem Tag hätte ich Schulterklopfen und warme Abschiedsumarmungen ernten sollen. Stattdessen wurde ich von ausländischen Sicherheitsleuten im Flur ausgelacht, gegen Wände gedrückt und mit inzwischen kaltem, klebrigem Kaffee überschüttet. Dieses Kapitel in meinem Leben neigte sich dem Ende zu – und es war nur natürlich zu erwarten, dass damit eine neue Ära begann. Und wie gesagt: Jeder weiß, neue Anfänge starten mit einem Knall.

Und als der Aufzug zwischen dem zweiten und dritten Stock stehen blieb, lösten die Hilferufe aus dem gläsernen Käfig das Feuerwerk wie bestellt aus.

Was sollte ich sagen? Ich habe *versucht*, sie zu warnen ...

Ganz sicher unterschätzte ich den Ernst der Lage, denn Netanjahus Leben war wahrscheinlich permanent bedroht. Die Männer im Aufzug begannen zu schreien, als ob sie dem Tod ins Angesicht blickten, ja als ob sie ihn sogar hören konnten. Von der weiträumigen Empfangshalle aus, wo ich jetzt saß (mit einem neuen Kaffee vom Gästeempfang, eine weitere Nettigkeit, die ich bitter vermissen würde), konnte ich beobachten, wie die vier beinahe hysterischen Leibwächter versuchten, den Präsidenten vor was auch immer zu schützen. Sie warfen ihn buchstäblich zu Boden und legten sich schichtweise auf ihn, um ihn vor einem potenziellen Angriff abzuschirmen. Die Männer in den Korridoren rannten währenddessen so schnell sie konnten die Treppe hinauf und antworteten brüllend auf die Schreie aus dem Aufzug.

Irgendwann setzte sich der Lift wieder in Bewegung und kam im dritten Stock an. Doch nun öffnete sich die Tür nicht. Von drinnen und von draußen mühten sich die Sicherheitsleute, die Tür mit den bloßen Händen aufzubekommen, aber vergeblich. Die Krönung war dann noch, dass durch das Gewicht im Inneren und das verstärkte Geruckel der Alarm ausgelöst wurde.

Aber das war Irland, wo Humor den Stachel des Schmerzes, die Härte der Kritik und die Schwere ernster Situationen nimmt. Wir lachten nicht unbedingt der Gefahr ins Gesicht – wir lachten einfach gern. Ein Teil von mir wollte ihnen zu Hilfe eilen und erklären, dass dies alles völlig normal war (»Ich habe *versucht*, es Ihnen zu sagen!«). Aber der andere Teil war der Ansicht, dass es besser sei, stillzusitzen, denn ich hatte nicht den Eindruck, dass die Herrschaften momentan besonders aufnahmefähig waren.

Während die gesamte Belegschaft damit beschäftigt war, Herrn Netanjahu zu befreien, verließ Murty, der 65-jährige Haustechniker, sein Büro und ging zum Switchboard, das den Aufzug und seine Technik überwachte. Er drückte den Reset-Knopf. Die Lichter im Aufzug gingen aus (in dem Moment müssen sie gedacht haben: *Das war's jetzt mit uns!*), dann gingen die Lichter wieder an – und der Aufzug fuhr weiter in den 5. Stock, wo ihn die israelische Botschaft erwartete. Langsam breitete sich Ruhe aus. Murty ging an mir vorbei.

»Heilige Maria, Raymond! Wegen nix geraten die aber mächtig aus dem Häuschen!«

»Das tun sie, Murty! Oh ja, das tun sie!«

Kurz darauf kamen die Glock-Pistolen-Zwillinge schweißüberströmt wieder nach unten. Obwohl die Panik und der Stress sich gelegt hatten, wandelte sich ihr erschöpfter Ausdruck in Ärger, sobald sie mich erblickten.

»Du wusstest, dass der Aufzug nicht in Ordnung ist!« Diese Beschuldigung kam von der anderen Seite des Korridors, während sie bedrohlich auf mich zu eilten.

»Du wusstest, dass der Aufzug kaputt ist, und hast es uns nicht gesagt, damit du deinen Spaß hier haben kannst! Für welche Firma arbeitest du? Ich werde dafür sorgen, dass du auf der Stelle gefeuert wirst!«

Ich blieb ganz entspannt auf meinem Platz. Dann stand ich auf, nahm einen Schluck Kaffee und schaute die beiden an.

»Der Aufzug ist nicht kaputt, er braucht nur mal wieder eine Wartung. Sollte er mal eine kleine Panne haben, kann er leicht von Murty, dem Haustechniker, den Sie gerade beim Zurücksetzen gesehen haben, repariert werden. Und außerdem – wenn Sie sich erinnern – habe ich es Ihnen gesagt!« Allmählich wurde ich wütend.

»Ich habe sogar meine Hand zur Warnung hochgehoben und Netanjahus Sicherheitsleute darauf aufmerksam gemacht, aber Sie haben mir befohlen, meine Hand herunterzunehmen und nicht zu schreien, dabei war ich mir sicher, dass der Aufzug heute Probleme macht. Deshalb habe ich vorhin die Treppe genommen.«

Und dann lief ich zu Höchstform auf und platzierte einen strategischen, verbalen Karate-Schlag.

»Ich trinke übrigens in unserer Gemeinschaftskantine regelmäßig Tee mit dem israelischen Botschafter. Ich weiß, welche Sorte er mag und wie er seinen Tee am liebsten trinkt.« Das war natürlich eine glatte Lüge, aber ich fuhr unbeirrt fort.

»Wenn ich ihm nun mitteile, dass ihr zwei Trottel von einem hilfsbereiten Einheimischen – nämlich mir – gewarnt wurdet, den Lift nicht zu benutzen, diesen Rat aber in den Wind geschlagen habt, weil ihr zu sehr damit beschäftigt wart, den Überbringer der Nachricht auszulachen, statt der Nachricht zuzuhören – wer, glaubt ihr, wird dann wohl seinen Job verlieren?«

Ich musste kurz Atem holen. Beide Männer hoben jetzt die Arme und begannen mich anzuschreien, um meinen Redefluss zu stoppen. Aber ich war noch nicht so weit, dass ich ihnen das

Podium überlassen wollte. In einem letzten Todesstoß erhob ich meine Stimme.

»Runter mit den Händen und still sein, sonst bekommen *Sie* beide bald GROSSEN Ärger!«

Die Zwillinge wurden hochrot, als ich ein paar Schritte nach hinten tat, so, wie nach einem Mic Drop, bei dem man am Ende einer Rede oder eines Auftritts demonstrativ das Mikrofon fallen lässt. Ich schritt durch den Haupteingang, winkte Murty zum Abschied zu.

Beide Männer arbeiteten für die israelische Regierung und befanden sich auf irischem Boden. Ich war vielleicht ein Schmerz im Hintern für sie, aber kein Fall für einen diplomatischen Notstand. Das wusste ich – und so genoss ich meinen Cowboy-Abgang.

Ich trat hinaus in den sprichwörtlichen Sonnenuntergang (bildlich gesprochen – in Wirklichkeit schüttete es in Dublin in Strömen) und wusste: Die Zeit war gekommen. Für was?

Jetzt, wo ich über die nötigen finanziellen Mittel verfügte, war es an der Zeit, eine neue Gitarre zu kaufen und ein paar Musiker zu finden, mit denen ich meine Lieder aufnehmen konnte. Ich zeigte ein paar anderen die Lieder, die ich bisher geschrieben hatte, und erhielt einige begeisterte Reaktionen. Eine Plattenfirma signalisierte Interesse, und ich nahm in einem Studio meine ersten Solo-Demos auf.

So lange war in meiner Karriere nichts Positives passiert, dass ich gar nicht wusste, wie ich all das auf einmal einordnen sollte. Als Musiker gewöhnst du dich an die Ohrfeige, an die harte Kritik, an die sanfte Kritik, an den freien Fall der Enttäuschung. Eine Zeit lang hatte ich nicht so sehr das Gefühl, dass es eine Frage wäre, ob ich scheitern würde, sondern eher wann.

Aber nur eine Zeit lang.

Head In My Hands

Wenn man eine Band gründet, entsteht eine ganz eigene Synergie zwischen den Musikern – ein Zusammenspiel, das nur genau diese Gruppe von Menschen erschaffen kann. Es ist, als würden mehrere Menschen zu einer einzigen Einheit aus Klang und Musik verschmelzen. Das Ergebnis kann etwas sein, auf das die Welt insgeheim gewartet hat (was meist Erfolg bedeutet) – oder etwas, von dem es in der Welt bereits mehr als genug gibt (was es den Musikerinnen schwer macht, die Miete zu zahlen). Man muss etwas Einzigartiges haben: Niemand stellt sich kilometerweit an, friert im Regen oder schwitzt in der prallen Sonne an der Sicherheitskontrolle eines Konzerts, nur um eine Band oder einen Sänger zu hören, den er »ganz gut« findet. Fans tun das nur für Bands, die sie lieben. Sie brauchen diese Magie – dieses Funken, diese manchmal unerklärliche Mischung aus Charisma und Kreativität.

Ich verließ die Reckless Pedestrians, weil ich nicht daran glaubte, dass wir dieses gewisse Etwas hatten. Wir waren einfach eine Gruppe guter Freunde auf einem Abenteuertrip. Mir wurde klar, dass ich – wenn ich dieses Leben als Musiker wirklich wollte – härter und härter und noch härter arbeiten musste, um mein Potenzial zu erreichen. Und dann musste ich herausfinden, ob mein Bestes überhaupt gut genug war.

Eigentlich ist die Vorstellung verrückt, dass jemand anderes entscheidet, ob man Musiker werden kann oder nicht. Aber in meinen jungen Jahren dachten junge Musiker wie ich genau so – dass die Chefs der großen Plattenfirmen und die Promoter den schwer erreichbaren Schlüssel zum Erfolg in ihren Händen hielten. Während Oasis, Radiohead, Blur und die rebellische Jugend Englands dem Establishment den Mittelfinger zeigte und »Scheiß auf euch« rief, zahlte ich brav Mittagessen für jeden, der behauptete, irgendwie Teil der Musikindustrie zu sein – in der Hoffnung auf eine Gelegenheit, meinem Traum so wenigstens ein klitzekleines Bisschen näher zu rücken. Ich hätte zu gern diese unerschütterliche Haltung der britischen Bands gehabt, aber ich war anders erzogen. Ich war von Natur aus bescheiden und insgeheim etwas unsicher. Deshalb verließ ich mich weniger auf mein Talent als auf meine harte Arbeit.

Ich hielt mich nie für ein musikalisches Wunderkind, und auch sonst hat mir niemand eingeredet, mehr Talent zu besitzen als andere. Aber meine Eltern haben mir Mut gemacht, daran zu glauben, dass ich gut genug bin, um zu werden, was ich werden will. Sie haben mich weder in die Musik gedrängt noch mich davon abgehalten – sie ließen mir den Raum, meinen eigenen Weg zu gehen.

Für meine Eltern galt: Wer etwas beginnt, soll es auch beenden – und eigene Entscheidungen treffen. Sie gaben Rat und Unterstützung, mischten sich aber nie unnötig ein. Als ich die Uni verließ, drückte mir meine Mutter die Zügel in die Hand und sagte: *»Wenn ich etwas nicht unbedingt wissen muss, dann erzähl es mir bitte nicht.«*

Mindestens einmal pro Woche sprach ich mit meinen Eltern. Ihr Rat gab mir die Sicherheit, mich in unbekannte Gewässer zu wagen.

Ich hatte damals viele kurze Beziehungen. Irgendwann meldete sich immer mein Ego: Passt dieses *Wir* zu meinem *Ich*? Klingt egoistisch – und war es wohl auch. Also Entschuldigung an alle Betroffenen. Aber wenn ich mich eingeengt fühlte, hielte ich es nicht aus. Am Ende habe ich begriffen: Die Entfaltung des eigenen Potenzials ist immer auch ein egoistischer Akt. Teilbar nur mit denen, die dich hundert Prozent lieben oder selbst denselben Drang fühlten.

Ich hatte eine Zeit lang einen Manager. Wir teilten uns eine Wohnung, aber bald schon merkte ich, dass unsere Stärken eher im Pläneschmieden als im Umsetzen lagen.

In Dublin wurden Bands damals im Akkord unter Vertrag genommen – und ich wollte mein Stück vom Kuchen. Also unterschrieb ich bei einem kleinen Label, das junge irische Musiker »förderte«. Sie gaben mir ein bisschen Geld für Aufnahmen, hielten mir die Hand im Studio – und warteten nur darauf, dass ein größerer Fisch vorbeischwamm. Dann ließen sie einen ziehen, natürlich gegen eine hübsche Ablösesumme, die höher war als ihr ursprünglicher Vorschuss. Ein Geschäft mit Talent – und die Musiker waren die Währung. Ich bin dankbar für all diese Menschen, die damals am Rand der Dubliner Musikszene gearbeitet haben. Denn als Einzelgänger war ich auf diese meist wohlwollenden Hirten angewiesen, die verirrte Schafe wie mich einsammelten.

Ich machte mich auf die Suche nach Musikern, die meine Vision für die Songs teilten und sie mit mir zum Leben erwecken wollten. Ich rief Dave an – Schlagzeuger Nummer 5 der Reckless Pedestrians –, weil ich wusste, dass er über ein starkes Netzwerk verfügte. Er kannte Musiker, die jederzeit für eine Session bereitstanden und einfach losspielen konnten. Ich habe Musiker immer bewundert, die sich die Zeit nahmen, ihr Instrument wirklich zu beherrschen. Als ich Dave erzählte, dass ich einen kleinen Plattenvertrag hatte und ein paar vom Label ausgewählte Songs aufnehmen wollte, grinste er nur und meinte, er kenne ein paar »Cats« – Leute, die das Ganze richtig »banging« klingen lassen würden. Also trafen wir uns in einem kleinen Studio im Herzen von Dublin, voller Erwartung, etwas Großes auf die Beine zu stellen.

Die Band stand: ein Bassist aus Cork, den ich während einer Tour in Deutschland kennengelernt hatte – ein quirliger Kerl und »First-Call«-Bassist, also derjenige, den man als Ersten anrief, wenn man wirklich Qualität brauchte. Dazu kamen ein Trompeter, ein Gitarrist aus Daves Tagen am College of Music in Dublin – und ich selbst.

Wir hatten uns in den Bow Lane Studios eingemietet, die versteckt in einer schmalen Gasse unweit der Spitze der Grafton Street lagen, hinter dem Stephen's Green Shopping Centre. (In der Grafton Street hatte ich Jahre zuvor als Straßenmusiker angefangen.)

Es fiel mir schwer, das Kommando im Studio zu übernehmen. Denn ehrlich gesagt hatte ich keine Ahnung, was wir da taten – aber ich durfte meine Karten nicht offen auf den Tisch legen.

Alle Jungs im Raum waren bessere Musiker als ich und hatten viel mehr Studioerfahrung. Aber ich hatte etwas, das sie nicht hatten – ein Label, das an mich glaubte, ein Budget für drei Tage Aufnahmen und Songs, die ich geschrieben hatte. Das bestärkte mich.

Diese Jungs waren *hired guns* – und wenn mich meine Jahre Cowboyfilmeschauen eines gelehrt hatten, dann, dass angeheuerte Revolvermänner nur einen starken Anführer respektieren. Ich musste etwas tun.

Alle Anwesenden hörten sich gerade die erste Aufnahme an, als ich etwas schroff die Kontrolle über die Session übernahm.

Hugh, der Studiotechniker, dem ich zum allerersten Mal begegnete, als wir beide gleichzeitig zur Tür hereinkamen, machte eine Bemerkung zu einer Gitarrenpassage, die wir gerade ausprobiert hatten.

Das war der Moment, zwar nicht ideal, aber hilfreich: »Du bist der Tonmeister, und ich bin der Produzent. Okay?«, sagte ich etwas zu schroff.

Alle warteten auf Hughs Reaktion. Aber er nickte nur – wofür ich ihm allen Respekt zolle – und machte weiter, ohne mir das Gefühl zu geben, ich müsse diese kleine Spitze irgendwie glätten.

Er hatte die Erfahrung und wusste: Jemand muss führen, damit andere folgen können.

»Also – lass uns erst Drums und Bass festzurren und uns später um die Linie kümmern«, fuhr ich fort. »Dave – du bist dran.«

Ich hörte meine Worte und erkannte mich selbst kaum wieder! Früher hätte ich eine lange Diskussion erwartet, aber nun war ich nicht mehr Teil einer Band, diesmal war ich Solokünstler und musste mich nicht absprechen. Ich musste nur Entscheidungen treffen und diese überzeugend rüberbringen. Das war alles.

Dave nickte und verließ den Regieraum. Er setzte sich an sein Schlagzeug. Die anderen folgten ihm und begannen, gemeinsam an einem Sound zu arbeiten – an meiner ersten richtigen Studioaufnahme.

Ich sah Hugh an und erkannte, dass es jetzt wichtig war, einzulenken und eine kalte Schulter in etwas zu verwandeln, auf das ich mich stützen konnte. Ich wusste, ich brauchte seine Erfahrung, um das Maximum aus meiner Zeit im Studio herauszuholen.

»Du weißt, was das gerade war, oder?« Ich wollte mich noch einmal rückversichern.

»Ja, alles gut ...« Er war ruhig und vielleicht nicht ganz überzeugt davon, was er sagte.

»Das ist meine erste Produktion als Solosänger«, vertraute ich ihm an. »Ich bin darauf angewiesen, dass du mir hilfst, diese Jungs zu führen, damit wir hier mit einem Knaller rausgehen können. Ich bin wie ein Reh im Scheinwerferlicht, Hugh, und ich brauche dich, damit das hier läuft. Kriege ich dein Amen?«

Wenn du willst, dass Menschen sich anstrengen und dir ihr Bestes geben, musst du ehrlich mit ihnen sein. Du musst ihnen deine verwundbare Stelle zeigen, damit sie entscheiden können, ob sie dir helfen oder dich verletzen wollen. Hugh begriff das sofort. »Amen«, sagte er. Er war auf meiner Seite – das Spiel konnte beginnen.

Ich war als Singer-Songwriter in die Bow Lane Studios gegangen, und noch am selben Tag war ich Singer, Songwriter *und* Produzent. Das war ein wichtiger Moment in meiner Karriere, das erste Mal, dass ich selbstbewusst genug war, das Kommando zu übernehmen.

Als Musiker wirst du immer beurteilt. Jeder ist ein Kritiker deiner Musik, deiner Aufnahmen, deiner Botschaft. Nur wenn du selbst überzeugt bist von dem, was du tust, und du wirklich an dich glaubst, kannst du bestehen.

In diesem Studio lernte ich: Wenn du der Beste sein willst, umgib dich mit den Besten. Großartige Musiker erscheinen nur, wenn sie großartig sein können – lieber gar nicht als unter ihrem Niveau. Das macht es anspruchsvoll, denn sie sind selten zufrieden und wollen immer noch besser werden. Deshalb musst du als Produzent wissen, was du willst, bevor Stunden in Beats oder Gitarrenlinien fließen, die am Ende doch verworfen werden. Produzent zu sein heißt, das Schiff zu steuern – und alle an Bord mitzunehmen, bis man gemeinsam das Ziel erreicht.

Die Jungs im Raum zählten zu den besten Musikern Irlands – vielleicht sogar zu den allerbesten. Sie spielten großartig, und meine Aufgabe war es, diese Magie einzufangen. Ich erinnere mich an den Gitarristen, der so lange am Effektpedal feilte, bis die Verzögerung perfekt war. Als er schließlich spielte, drehte sich seine Melodie wie von selbst um – der ganze Raum füllte sich, und die Band ließ sich tragen. Das war Magie.

Wir spielten so lange, bis das Arrangement stand – dann ging's auf Band. Zwei-Zoll-Spulen, oldschool und gnadenlos: Ein Fehler, und alles begann von vorn. Zwar konnte man mit Schnitt oder Drop-ins »flicken«, doch keiner wollte zugeben, danebengelegen zu haben. Die Anspannung war hoch, die Stimmung entscheidend. Musiker mit Stolz auf ihr Timing dulden keine Patzer – also war die Konzentration maximal und das Niveau noch höher.

Dave trommelte wie ein Boxer mit eingebautem Metronom. Der Bassist groovte unbeirrt, bewegte nur den Kopf, um den Beat zu signalisieren, der durch seinen Körper strömte. Der Trompeter wirkte, als würde ihm gleich der Kopf platzen, während er diese feinen, befriedigenden Töne herauspresste. Und der Gitarrist schwankte zwischen Fahnenmast im Sturm und einem Menschen, der Qual und Ekstase zugleich durchlebte.

Im Regieraum spielte ich Guide-Vocals und Akustikgitarre, um die Band durch die Aufnahme zu tragen. Noch immer konnte ich es kaum glauben: Ich war zugleich Sänger, Produzent, Beobachter und Dirigent.

Der Tag brachte ständig neue Herausforderungen, und ich versuchte, unbemerkt nach Luft zu schnappen, ohne den Eindruck zu erwecken, nicht alles im Griff zu haben. Ich liebte es, der Boss zu sein – bis Dave fragte, ob er sein Geld kassieren und abhauen könne.

»Was ist mit den Drum-Overdubs?«, warf Hugh ein und sah mich an, wissend, dass ich daran gar nicht gedacht hatte. Ich hätte Dave hinterherrennen können, aber der war so schnell weg, dass ich wusste: Keine Chance.

»Ich mach's!« – Was auch immer das ist, dachte ich, ich mach's. Zurückrudern kam nicht infrage. Wer ein guter Boss sein will, macht unterwegs auch Fehler. Hoffentlich war das der letzte.

»Und die Soundbites?«, fragte Hugh. Na gut – der vorletzte …

Nachdem die Band ihre Parts aufgenommen hatte, nahm ich meine Akustikgitarre und machte mich an die Arbeit. Nach ein paar

Durchgängen war ich fertig, und Hugh nickte anerkennend, verbesserte noch das eine oder andere. Er war ein akribischer Techniker und ließ einen wissen, wenn Tempo und Präzision bei der Aufnahme nicht gut genug waren. Es lag dann an einem selbst zu entscheiden, ob etwas unter künstlerische Freiheit fiel oder ob etwas neu aufgenommen werden musste.

Im Studio zu sein fühlte sich genauso an, wie ich es mir erhofft hatte. Zum ersten Mal kam ich mir wirklich vor wie das, was ich immer behauptet hatte zu sein: ein professioneller Musiker. Die restliche Zeit stand ich im Regieraum über das Mischpult gebeugt, tat so, als wüsste ich genau, was ich da mache – berührte aber vorsichtshalber nichts, um nicht zugeben zu müssen, dass ich technisch völlig ahnungslos war. Ich atmete Musik und liebte es.

Als ich nach dem zweiten Tag das Studio verließ, stieß ich auf einen großen, blonden Rocker in blauen, zerrissenen Jeans und einer Lederjacke mit Fransen. Netter Typ – ich hielt ihm die Tür auf. Später an diesem Abend hatte ich das Gefühl, ihn zu kennen, konnte ihn aber nicht einordnen. In Gedanken ging ich alle Crewmenschen durch, die ich je getroffen hatte: Tontechniker, Gitarristen, Sänger – und alle mit blondem Haar. Wer war das? Dann fiel es mir wie Schuppen von den Augen. Ich wühlte hektisch in meiner CD-Sammlung, überzeugt, dass es nicht sein konnte. Aber als ich das Cover von *Hysteria* von Def Leppard herauszog, starrte er mich vom Booklet an: Joe Elliott! Ich hatte im Studio Joe Elliott die Tür aufgehalten – einer Legende des Rock!

War das wirklich Joe Elliott gewesen? – Ja!

Habe ich ihm tatsächlich die Tür aufgehalten und ihn nett gegrüßt? – Ja!

Hatte er mir nett geantwortet? – Ja!

Könnte man das im weitesten Sinne als Gespräch bezeichnen? Möglicherweise.

Konnte ich meinen Freunden erzählen, dass ich Joe Elliott getroffen und mit ihm geredet habe? – *Verdammt, ja!*

Jemanden Berühmtes zu treffen, macht einen selbst nicht automatisch auch berühmt, aber es macht jede Unterhaltung spannender. Und – es macht *dich* spannender! Damals war berühmt zu werden der Traum, und jede noch so kleine Berührung mit dieser Welt war elektrisierend. Joe-fucking-Elliott! Whoo! Ich fühlte mich, als wäre ich nur noch einen halben Schritt davon entfernt, in seiner Band zu spielen. Diese Nacht schlief ich wie ein König – und konnte es kaum erwarten, am nächsten Tag wieder ins Studio zu gehen.

Am Morgen genoss ich mein Frühstück und begrüßte den Tag mit einem Lächeln im Gesicht. Ich hatte die Aufnahmen als No-Name-Musiker begonnen und beendete sie nun damit, dass mein Name neben dem von Joe Elliott auf dem Belegungsplan des Studios stand. Den wollte ich mir natürlich ganz genau anschauen.

Ich klingelte, Hugh öffnete, und ich umarmte ihn sofort. In Irland war es praktisch »illegal«, dass sich zwei Männer in der Öffentlichkeit umarmten – außer auf einem Fußballfeld nach einem Tor, betrunken auf der Straße nach der Sperrstunde oder bei einem Kondolenzbesuch. Hugh wirkte leicht verstört und trat zur Seite, um mich hereinzulassen, schloss die Tür aber schnell.

Ich steuerte direkt auf den Wochenplan im Flur zu, um die Namen der gebuchten Sessions zu lesen. Da stand er – Joe Elliott –, und ich versuchte, cool zu bleiben. Ich ging den Gang weiter und betrat den Regieraum, wo Hugh regungslos am Pult saß. Er schien immer noch leicht genervt.

»Warum hast du mir nicht gesagt, dass Joe fucking Elliott in Studio B ist?« Ich konnte die Begeisterung in meiner Stimme kaum unterdrücken. Hugh verstand nun, warum ich so aufgeregt war, und spielte das Ganze herunter, als wäre das völlig normal, was es für ihn ja vielleicht auch tatsächlich war.

»Er ist schon seit Tagen da, ein netter Kerl«, sagte er völlig emotionslos, als würde er über das Wetter sprechen.

»Das heißt, er war auch da, als wir unsere Aufnahmen gemacht haben?«

»Ja, er kam vorbei, um kurz zuzuhören, während du gestern Gitarre gespielt hast.« Daraufhin begann ich, fast zu hyperventilieren. Um mich jedoch einigermaßen unter Kontrolle zu halten, überspielte ich das mit einem Hustenanfall.

»Ah, ja, cool, cool, richtig, okay ... Hat er irgendetwas gesagt?«

Ich wusste, dass ich bei Hugh nicht allzu hoch im Kurs stand, und wollte es mir nicht verderben, indem ich mich wie ein überdrehter Fan aufführte – von jemandem, der im Grunde das Gleiche tat wie ich, mit dem kleinen, aber entscheidenden Unterschied, dass seine Band bereits zig Millionen Platten weltweit verkauft hatte.

»Er hatte gefragt, ob er sich dein Mikrofon ausleihen kann, aber ich habe ihm gesagt, dass wir es die nächsten zwei Tage noch brauchen würden.« Auch das sagte er ohne jegliche Gefühlsregung, als ob er die Stellenanzeigen im *Irish Independent* vorlesen würde.

»Ja, cool, cool, ja gut, prima, super ...« Ich bemühte mich weiterhin, die Contenance zu bewahren. »Soll ich vielleicht, wenn wir fertig sind, schnell hochgehen und ihm das Mikro vorbeibringen, Hugh?«

Es war ja nur ein Vorschlag. Einfach ein kleines Opfer meiner überaus vollen Agenda als Produzent, Sänger, Songwriter, Gitarrist und Kollege im Geiste, um ihm das Mikro als Zeichen gegenseitigen Respekts persönlich vorbeizubringen. Äußerlich ruhig, innerlich leicht hysterisch.

»Nicht nötig«, antwortete Hugh trocken. »Er hat für heute abgesagt und gemeint, er würde wiederkommen, wenn das U47-Mikrofon wieder verfügbar ist. Dann, wenn du weg bist.«

Eine Scheibe trockener Toast hatte mehr Gefühle als Hugh. Deshalb war ich mir manchmal nicht sicher, ob wir überhaupt über dieselbe Sache sprachen.

Hugh ließ sich nicht von den Berühmtheiten beeindrucken, die sich auf diesen Fluren tummelten, was *mich* allerdings noch mehr beeindruckte. Nach ein paar Minuten Pause, in denen ich meine Gedanken ordnete, erklärte er mir, dass Joe Elliott in den Studios war, um einige Overdubs für das nächste Def-Leppard-Album zu machen. Je mehr ich darüber nachdachte, desto mehr kristallisierte sich für mich der Grund für meine Aufregung heraus: Ich hatte mich zum ersten Mal als ein Teil der verrückten Welt gefühlt, zu der ich unbedingt gehören wollte. Mir wurde klar, dass egal, was die Medien berichteten, welchen Gossip Hochglanzmagazine verbreiteten, was Fanzines schrieben, was das Publikum mit ohrenbetäubendem Gebrüll feierte: In Studios wie dem, in dem ich gerade arbeitete, waren wir alle gleich, wir waren alle Musiker, und wir alle machten Musik.

Dies war einer der Momente, der die Mystik der Musikwelt bestätigte. Es spielte keine Rolle, dass Joe ein weltberühmter Sänger war, der Millionen von Platten verkauft und wahrscheinlich vor noch mehr Menschen gespielt hatte. Er war in einem kleinen Aufnahmestudio in Dublin und schuftete und feilte genauso wie ich an den Songs. Er tankte auf, bevor er wieder hinausmusste, um sich der Kritik, der Fan-Hysterie (hast du den kleinen *Hysteria*-Witz bemerkt?) und all dem zu stellen, was der Ruhm so mit sich brachte.

Vielleicht nahm es mir ein wenig von dem Blitz und Donner, den ich mir in meiner Fantasie zusammengesponnen hatte – aber plötzlich wirkte das Unmögliche ein kleines bisschen weniger … nun ja, unmöglich.

Ich habe Joe Elliott danach nie wieder gesehen, aber möglicherweise habe ich in ein paar Nebengeschichten erwähnt, dass ich dasselbe Mikro benutzt habe wie er, um meine Vocals aufzunehmen. Und möglicherweise habe ich in denselben Geschichten fallen lassen, dass ich seine Arbeit und seine Stimme sehr bewundert habe – und nach einem ähnlichen Effekt gesucht habe, der aber mehr *ich* als *er* war.

War das die Wahrheit? Sagen wir einfach: eher eine wahrscheinliche Wahrheit als eine glatte Lüge.

Ich verließ das Studio mit zwei Aufnahmen, die ich liebte – »Head In My Hands« und »Letter to My Sister«. Jeder Song hatte nun einen individuellen Sound. Meinen Sound.

Nachdem die Aufnahmen abgeschlossen waren, gab es nur noch eine Sache, die ich erledigen musste, bevor ich mit meiner Solo-Karriere durchstarten konnte.

Die Reckless Pedestrians hatten noch ein allerletztes Konzert in Deutschland offen. Als ich die Band aufgelöst hatte, hatte ich dem Veranstalter versprochen, die vertragliche Verpflichtung trotzdem zu erfüllen. Alleine. Ich fand es nur fair, meinen eigenen Scherbenhaufen aufzuräumen – aber dafür brauchte ich eine Band und Geld.

Mein Plan war einfach: Ich würde die Reckless-Pedestrians-Songs spielen, und das Finanzielle würde sich schon klären. Aber das war nun keine Option mehr.

Ich war zu etwas anderem geworden, abgesehen von den leeren Taschen – ein anderer Musiker, ein anderer Mensch –, und jetzt musste ich diesem neuen Weg konsequent folgen.

Theoretisch klang das wunderbar, aber in Wirklichkeit hatte ich lediglich meine ersten beiden Solo-Songs aufgenommen. Ich brauchte jedoch mindestens sechzig Minuten an Songmaterial, um die vertraglich vereinbarte Zeit beim Konzert zu füllen. Blieben also noch 52 Minuten. Trotzdem war ich überzeugt, dass ich es schaffen würde. Ich bat meine älteste Schwester Colette um das Geld für die Flüge der Band – was sie mir lieh, mit der Vereinbarung, dass ich es zurückzahlen würde, sobald der Veranstalter in Deutschland gezahlt hatte. Mir blieben gerade mal zwei Wochen, um alles vorzubereiten. Eigentlich hätte ich nervös sein müssen, aber die Zeit im Studio hatte mich bestärkt.

Beinahe alle Musiker der Band im Studio hatte ich überzeugen können, mit mir das Konzert in Deutschland zu spielen. Nur der Bassist war unauffindbar, aber das würden wir technisch lösen. Die Bass-Töne würden wir über ein Gitarrenpedal laufen lassen, das der Gitarrist bediente. Allerdings forderte er dafür das doppelte Honorar. Mir gefiel diese Lösung nicht, ich war aber nicht in der Position, zu widersprechen – nicht eine Woche vor dem Konzert.

Es fiel mir schwer, meine eigenen Parts zu üben und nebenbei auch noch die Richtung für die anderen vorzugeben. Während ich versuchte, die cleveren, leicht aufmüpfigen Musiker zu koordinieren, fiel mir auf: Ich lernte meine eigenen Songs gar nicht – ich sorgte nur dafür, dass die anderen sie konnten. Bald hatte ich ein 45 Minuten Programm zusammen. Songs, von denen ich etwa nur die Hälfte wirklich sicher spielen konnte. Ich fing an, mir mit rotem Stift Notizen zu allen Songs zu machen, um sie später beim Konzert zu meinen Füßen zu haben – als Stütze.

Die Band dagegen legte ständig Soli und improvisierte Jams ein, die locker ein paar Minuten füllten. Als ich vorschlug, feste Strukturen für die Generalprobe einzuhalten, stieß ich auf Unverständnis.

»Wir sind nicht New Kids On the Block!«

»Wir wissen schon, was wir tun.«

»Mach die Stimmung nicht kaputt, Mann!«

»Das sitzt am Abend schon!«

»Wir fühlen uns einfach rein.«

»Du machst dir zu viele Sorgen – entspann dich!«

So gab ich nach, zitterte aber beim Gedanken an den Auftritt ein wenig. Trotzdem: Diese Musiker hatten Musik studiert. Sie konnten richtig Noten lesen, und sie hatten bestimmt alles im Griff.

Wir packten unser Zeug und fuhren zum Flughafen Dublin. Dirk, mein Freund und treuer Sound-Engineer, holte uns am Flughafen Köln ab und brachte uns direkt in einen Proberaum – ein kleines Dorf, unweit der Stadt, in der wir am nächsten Tag auftreten sollten. Dort konnten wir noch einmal proben, bevor es ernst wurde.

Als wir am Proberaum ankamen, stiegen wir einer nach dem anderen aus dem Bus. Ich war schon dabei, meine Tasche zu greifen, da drehte sich der Trompeter zu mir um. Sein Blick war hart, seine Stimme schneidend:

»Wir haben geredet. Wir wissen, dass du uns übers Ohr hauen willst. Du kassierst mehr, als du zugibst – und wir wollen unseren Anteil. Sonst ziehen wir morgen Abend vor der Show den Stecker. Verstanden? Wir lassen uns nicht verarschen. Überleg's dir.«

Damit ließ er mich allein im Bus zurück.

Erst da wurde mir bewusst, was das Chaos der letzten Monate wirklich mit mir gemacht hatte. Ich war so damit beschäftigt, die Scherben der Trennung zusammenzukehren, dass ich anfing, das Unmögliche zu ertragen – die Launen zugedröhnter Musiker, das ständige Ringen um Zusammenhalt –, nur um dieses Kapitel meiner irischen Band-Brüder, der Reckless Pedestrians, einigermaßen würdig zu Ende zu bringen. Die Leere, die das Ganze bei mir hinterlassen hat, hatte ich übersehen. Nun traf sie mich mit voller Wucht: die Kälte, die das sichere Gefühl von »Wir« zerreißt und die Einsamkeit hereinbrechen lässt.

Ich begann zu weinen – wahrscheinlich zum ersten Mal seit dem Tod meiner Tante und meiner Cousine vor einigen Jahren. Mit dem Kopf in den Händen ließ ich die Tränen laufen, bis sie den Schmerz aus mir herausgespült hatten. Dann wischte ich mir die Augen, holte tief Luft, murmelte leise: *»Fuck them all«* – und trat hinaus, um ihnen die Stirn zu bieten.

Ich beschloss, nur komplette Transparenz und eine kleine Belohnung würde jetzt die Situation retten: »Hört mal her, das sind die genauen Zahlen, okay? Das Konzert bringt uns 3500 Euro. Die Flüge haben 1500 Euro gekostet, jeder von euch bekommt 300

Euro beziehungsweise der Gitarrist das Doppelte. Dann bleiben noch 300 Euro für Dirk und 500 Euro für mich und sonstige Ausgaben, die sich wahrscheinlich auf grob 200 Euro belaufen. Diese 200 Euro spende ich jetzt für den guten Zweck in einem Coffeeshop in Holland. Das ist nur eine Stunde von hier. Was meint ihr dazu?«

Jubel brach aus. Hände gingen in die Luft. Überall lächelnde Gesichter. Wir trotteten zurück in den Bus, der uns von Deutschland nach Holland bringen sollte – in ein Café, in dem Marihuana und andere Drogen ganz legal über den Tresen verkauft und direkt vor Ort konsumiert wurden. Ich ließ sie dort und ging allein durch die Stadt. Sie waren besänftigt, aber ich war tief enttäuscht.

Drei Stunden verbrachten sie damit, genetisch manipulierte Pflanzen zu sich zu nehmen, deren einziger Zweck es war, den Konsumierenden in einen Zustand der Leichtigkeit zu versetzen und ihm Illusionen zu bescheren. Am Anfang mögen diese Drogen wie ferne Kuhglocken von Frieden und Liebe läuten, aber im Laufe der Zeit mutieren sie dann leider oft zu Sirenen.

Als ich die drei Querulanten wieder einsammelte, war von ihrem Aufstand nicht mehr viel übrig. Sie waren kreidebleich, schweigsam, verwirrt und brachen zwischendurch in schallendes Gelächter aus. Still waren sie mir im Moment am liebsten.

Am nächsten Tag entschuldigte sich der Trompeter für seinen Ausbruch und bedankte sich für »den Trip«. Ob er damit nun die kostenlosen Flüge, die Unterkunft, die Gage für den Auftritt meinte – oder den bewusstseinserweiternden Trip im holländischen Coffeeshop –, lasse ich jetzt mal dahingestellt.

Ich nickte. Aber meine Stimmung war irreparabel vergiftet. Ich mochte keinen von ihnen mehr. Sie waren mehr daran interessiert, sich zuzukiffen, sich zu betrinken und sich bezahlen zu lassen, als Musik zu machen. Sie hatten mich zum Weinen gebracht – und ich hasste es, zu weinen. Eigentlich fühlte ich mich in meiner neuen Phase gerade unschlagbar und übermenschlich. Was sie getan hatten, ließ mich schwach fühlen, wenn auch nur für einen Moment.

Ich wusste, ich brauchte sie, ob's mir passte oder nicht. Also lernte ich an diesem Tag: Enttäuschungen sind leichter zu ertragen, wenn man sie schon vorher einplant. Vertrauen ist schön, aber Abhängigkeit ist tödlich. Es ist ein unerträgliches Scheitern, wenn dir die eigenen Leute dein Potenzial stehlen, genauso fühlte es sich an. Wir hätten Legenden sein können – stattdessen wurden wir Dienstleister: rauf auf die Bühne, eine Stunde Krach, Geld kassieren, sie auszahlen, heimfahren. Fertig.

Eigentlich sollten sie mich in Deutschland supporten und mich gut klingen lassen. Meine Karriere und meinen Erfolg voranbringen – aber das hier ließ mich wie Captain Bligh auf der *Bounty* fühlen.

Die Bühne stand in einem Zelt. Der Auftritt war Teil eines Stadtfestivals, das sich über mehrere Bühnen und Straßen verteilte – in einer Stadt, die so viel größer war, als ich erwartet hatte. Die Band baute ihr Equipment auf, und nachdem die Mikrofone gecheckt waren, überprüfte ich mein eigenes Mikro und meine Gitarre. Normalerweise improvisierte ich einfach, was mir in den Sinn kam – mit drei oder vier Akkorden, auf denen Hunderte Popsongs basieren. Ich sprang zwischen Melodien und spontanen Textzeilen hin und her und prüfte gleichzeitig den Sound über die Monitore auf der Bühne. Währenddessen füllte sich das Zelt mit ein paar Hundert Leuten. Nach zwei oder drei improvisierten Songs jubelte das Publikum, und ich bedankte mich für den Applaus, kündigte an, dass die Band und ich in weniger als fünf Minuten zurück sein würden.

Im Backstagebereich schnappte ich mir den Zettel mit meinen Notizen zu den Akkorden und den Texten, und was ich sonst noch so brauchte, um durch die neu geschriebenen Songs zu kommen. Die anderen machten schon die ersten Bierdosen auf und plauderten über die absurden Erlebnisse des vorigen Tages. Dabei tauschten sie Geschichten und Witze aus, die nur ein Insider verstehen konnte. Ich kann es selbst kaum glauben, aber auch ich versuchte, zur allgemeinen Stimmung etwas positiv beizutragen, in der Hoffnung, dass das wenigstens vorübergehend so etwas wie einen gemeinschaftlichen Band-Ethos schaffen würde. Doch das ging gründlich in die Hose.

Nach der Anmoderation gingen wir auf die Bühne, jeder konzentrierte sich nur auf sich selbst. Ich bin sicher, wir sahen aus wie vier Fremde, die an einer Bushaltestelle in der Schlange standen. Ich blickte ins Publikum, das immer noch klatschte – und wir begannen den ersten Song.

Es war kein großartiger Auftritt, aber auch kein totaler Reinfall. Wir spielten noch ein Lied, dann noch eins – und gingen schließlich zu den weniger sicheren Nummern unseres Repertoires über.

Prompt verlor ich den Faden mitten in einem dieser neuen Songs – er hatte ein zu aufwendiges Arrangement, und die Akkorde waren mehr Pulp als Pop. Ich schaute auf meine Notizen, um wieder aus dem Chaos herauszufinden. Doch was für ein Desaster! Die Lichter flackerten und änderten ständig die Farbe, und das Rot auf meinen geschriebenen Notizen war nicht mehr lesbar. Ich spielte die falschen Akkorde und ungeplante Passagen, während die Band um mich herum in sich zusammenkrachte, wie ein wackeliger Haufen Holzklötze, der planlos aufeinandergetürmt war.

Auf einer Bühne vor echtem Publikum gibt es diesen Moment der Prüfung – ob du standhältst oder nicht, merkst du, wenn die Spannung im Raum nachlässt, wenn der Stoff, der das Publikum zusammenhält, an den Nähten aufreißt. Ich spürte, wie das Konzert ins Desaster glitt, und als ich die anderen ansah, blickten sie mich flehend an.

Nach gut zwanzig Minuten war das Publikum auf einen kümmerlichen Rest geschrumpft. Am Bühnenrand sah ich den Veranstalter stehen, sichtlich verärgert über unsere Performance.

Ich drehte mich zur Band und sagte, sie könnten eine Pause machen, ich würde alleine weiterspielen. Sie gingen ohne Widerrede – froh, nicht weiter Teil dieses musikalischen Massakers zu sein.

Dirk, mein alter Reckless-Pedestrians-Tontechniker, stand daneben, ein Blick aus Sorge und stiller Enttäuschung. Er hatte mich schon oft live erlebt, und sein Blick sagte alles. Das hier war beschämend!

Ich nahm die Gitarre, begann einen irischen Rhythmus zu schlagen – fast tanzbar, aber eher ein Aufruf zum Aufbruch. Und dann kamen die Worte. Improvisiert, direkt aus der Stimmung:

We are we, we are young, we are wild, we are free,
You are old and controlled and you will never be better than me …

Ich spielte mit der Zeile, wiederholte sie, bremste ab, baute auf, warf sie mit voller Kraft ins Zelt. Und bevor ich den letzten Höhepunkt erreichte, flatterten die Zeltplanen auf – das Publikum strömte zurück.

Ab da war es ein Rausch. Ich spürte, was sie wollten: etwas Echtes, Erdiges. Ich improvisierte weiter, sang von Frieden, Liebe und dem Ende des Krieges. Hände gingen hoch, und als ich in einen Refrain fiel, der sich an »All we need is love« von den Beatles anlehnte, sangen sie mit.

Auch danach improvisierte ich weiter.

Nach jedem Song versuchte ich, mir noch etwas Besseres einfallen zu lassen. Das Publikum spürte die Rohheit und Unmittelbarkeit meines Auftrittes. Ihre Begeisterung trug mich durch die kürzesten vierzig Minuten in meiner bisherigen Musikerlaufbahn. Mit einer Laser-Taschenlampe signalisierte mir der Promoter schließlich von hinten, dass ich nun so langsam zum Ende kommen müsse, um die Bühne freizumachen für die nächste Band.

Ich war ganz versunken und euphorisch und endete mit dem Text:

We gave it our everything until our hearts were worn through, I leave you with the memories and bid you adieu …

Zugegeben, nicht der umwerfendste Songtext aller Zeiten, aber es fühlte sich irgendwie stimmig an. Meine Gitarre nach oben gereckt, winkte ich dem Publikum zu, bevor ich von der Bühne abging.

Backstage saßen die anderen drei Musiker bei ein paar frischgezapften Bieren und beachteten mich nicht weiter. Schnurstracks ging ich ins Büro des Promoters und bat ihn um die Abrechnung. Ich wollte umgehend abreisen, sobald unser Equipment zusammengepackt war. Er nahm einen Umschlag aus dem Tresor und gab mir das Geld. Kurz zählte ich es nach, es war der vereinbarte Betrag. Wir schüttelten uns die Hände, und ich bedankte mich.

»Kann ich kurz noch Ihr Telefon benutzen?«, fragte ich. »Ich muss nur eben zu Hause in Irland anrufen.« Er nickte zustimmend. »Nur eine Minute, ja? Anrufe nach Irland sind teuer – und ich bin nicht die Telekom.« Er lächelte und verließ den Raum.

Ich wählte die Nummer von daheim. Es klingelte und klingelte, dann ging meine Mutter endlich ran. Sie klang etwas müde, aber sie war noch wach.

»Ich hab das Geld, Mum! Jetzt komme ich wieder nach Hause.« Ich legte auf, und mich durchströmte ein tiefes Gefühl der Erleichterung. Meine Mutter wusste genau, was ich durchmachte. Ihr sagen zu können, dass ich es geschafft hatte – dass ich dieses Kapitel sauber und würdevoll beendet hatte –, erfüllte mich mit einem stillen Glück und ehrlichem Stolz. Was sich wie eine kleine

Odyssee angefühlt hatte, war vorbei. Und seltsam genug: Trotz allem hatte ich nie den Gedanken, hinzuschmeißen, weil ich ahnte, dass Anfang und Ende oft dasselbe Kleid tragen – und dies hier nur der Anfang war.

Fragt man berühmte Musiker, ob der Weg zum Erfolg schwer war, und sie sagen »Nein«, dann gibt's nur zwei Möglichkeiten: Entweder sie haben ein Gedächtnis wie ein Sieb – oder sie verkaufen dir gerade die schönste Lüge ihres Lebens.

Der Weg zum Erfolg ist gepflastert mit Zweifeln und Misserfolgen und Unsicherheit. Es ist ein unaufhörlicher Kampf, der erst endet, wenn man begreift, dass er Teil des Spiels ist. Damals wusste ich das noch nicht, aber heute ist mir klar, dass das alles dazugehört. Zweifel zu haben und sie zu überwinden, Misserfolge als Etappen auf dem Weg zum Erfolg zu sehen, an sich selbst zu glauben, auch wenn es kein anderer tut.

All das sind Teile meiner Reise. Rückblickend fühlen sie sich an wie Prüfungen. Ich möchte jedoch keines dieser Erlebnisse missen. Jedes, egal ob gut oder schlecht, war ein kleines Mosaiksteinchen, das zum großen Ganzen beitrug.

Wäre der Weg zu hart gewesen, hätte ich ihn verlassen und den Traum als Illusion begraben. Wäre er zu leicht gewesen, hätte ich mich mit weniger begnügt, als mir möglich war. Doch gerade im Widerstand fand ich das Maß – nicht zu viel, nicht zu wenig, sondern genau genug, um weiterzugehen.

Jedes ›Unmöglich‹, das sich in ein ›Möglich‹ verwandelte, wuchs aus meinem Vertrauen zu Gott und den Antworten, die Er mir schenkte. Und jedes Mal, wenn ich taumelte als Musiker, als Mensch waren es meine Eltern und Schwestern, deren Licht mir auf meinem Weg Orientierung gab.

Die Gedanken, die uns manchmal heimsuchen, können einem fremd erscheinen, als gehörten sie gar nicht zu uns. Und doch –

am Ende bleibt man immer der, der man ist. Das zu akzeptieren ist vielleicht der erste echte Schritt.

Auf dem jahrhundertealten Wappen der Garveys steht das Motto

Morior Invictus –
ich sterbe unbesiegt.

Wir sind, wer wir sind.
God bless
Rea

»Head In My Hands«

Crouched in your room
it happened too soon
I know
Insults were thrown
you think that you'd grown
by now
Feelings inside
start to subside
and grow
Where are you now
Where are you now
let me know

You got your head in your hands
stop screaming
You got your head in your hands
stop screaming
stop screaming
Cause the world wakes up
and it pulls you in
you can do no wrong
it's loving you still
Yeah the world wakes up
and it pulls you in
you can do no wrong
it's loving you still

It's loving you still

Where are you now
where are you now

tell me
Are you scratching your eyes
are you torn up inside
let's see
Did your walls tumble down
did they push you around
too much
have you nothing to say
are you running away
from the touch

You got your head in your hands
stop screaming
You got your head in your hands
stop screaming
stop screaming
Cause the world wakes up
and it pulls you in
you can do no wrong
it's loving you still
Yeah the world wakes up
and it pulls you in
you can do no wrong
it's loving you still

It's loving you still
loving you still
loving you still
It's loving you

Yeah the world wakes up
and it pulls you in
you can do no wrong

it's loving you still
Yeah the world wakes up
and it pulls you in
you can do no wrong
it's loving you still

Thank you

Thank you, Josephine, for helping me make this book happen. As always when we decide to do something, we imagine that our experience and success will make it easier and we can simply impart what we want to achieve, and the many around us will make it happen, but the truth is that we spend days and nights working to ensure that when it is finished it is our best. It is not a lie to say that who I am and where I am has so much to do with you and who you are and how much I love you.

Thank you, Anne and Fred, Mum and Dad. I remember my childhood like it was three sleeps ago. We were your herd and you were our keepers. Thank you, Dad, for taking me with you to Moran's that day when you gave out to your boss's son (in front of your boss) for painting rude pictures of your wife in school. You have always shown that family comes first above everything. Thank you, Mum, for explaining to the doctor in no uncertain terms that his efforts were just not good enough, and that in his treatment of your son you expected greatness, it was what saved me. You have always been a lioness in raising and protecting your children. Thank you both for my faith and the role it plays in my life. When times are hard you taught me to offer it up and move forward in the knowledge that He had heard my prayer.

Thank you, Colette, Maria, Édele, Lorna, Anita, Mary and Margaret. At one point or another you have all been there for me. You have celebrated, supported, cheered and cried every step of the way. Growing up with all of you has shaped me, I always had someone in my corner and I never felt alone. Being the only brother of seven sisters always made me feel important, it was and still is my superpower. We used to throw whispers across the room when the lights went out, excited about what tomorrow would bring, our love of life has always been the light that guides me.

Thank you, Sarah Isaacsohn, for your dedication, for your patience, for your friendship. This ship doesn't float without you!!

Thank you, Tony Clayton Lee, for helping make sense of the chaos and giving my words greater direction.

Thank you to everyone featured in the book, for your part in its stories. Whether you were my best friend or just someone at the crossroads, I hope our meeting was a good one.

God Bless

Appendix

Between the lines

Du hast dich bestimmt schon über die geheimnisvollen Linien gewundert und dich gefragt, was es damit auf sich hat...
Es handelt sich dabei um Ogham-Zeichen.

Ogham ist ein altes irisches Schrift- und Zeichensystem, das vor allem für Inschriften auf Steinen genutzt wurde. Geschrieben wird sie als Abfolge kurzer Striche und Kerben, die in Gruppen links, rechts oder quer zu einer Mittelachse angeordnet sind – ursprünglich an der Kante eines Steins.

Gelesen wird Ogham traditionell von unten nach oben entlang dieser Linie, in moderner Darstellung auch horizontal von links nach rechts. Meistens diente es der knappen, symbolträchtigen Kennzeichnung von Namen und Begriffen.

Für dieses Buch habe ich sechs verschiedene Ogham-Inschriften gewählt, die für sechs Werte stehen, die mir besonders wichtig sind und sich wie ein roter Faden durch dieses Buch – und mein Leben – ziehen.

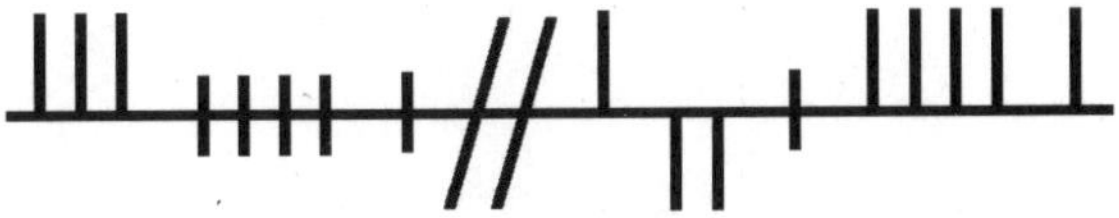

Family

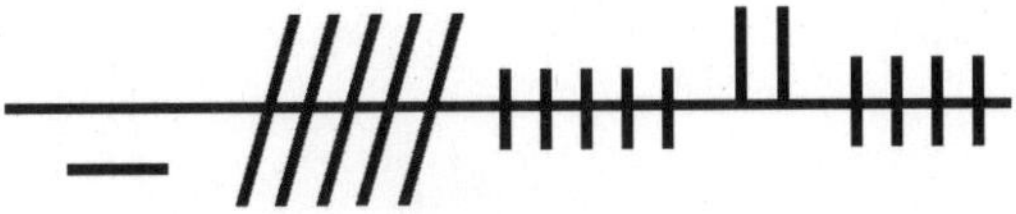

Pride

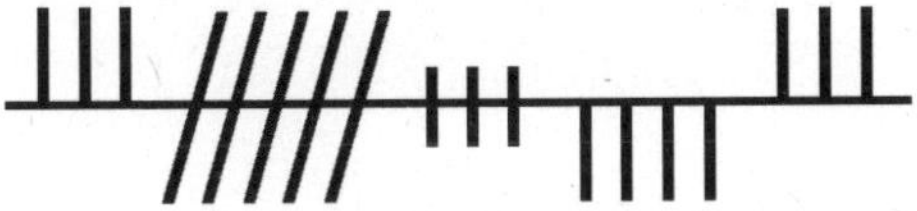

Trust

Faith

Friends

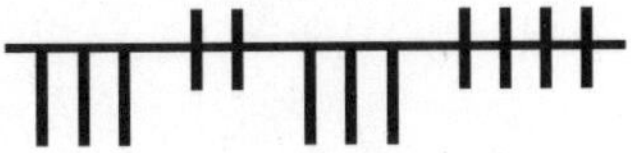

Love

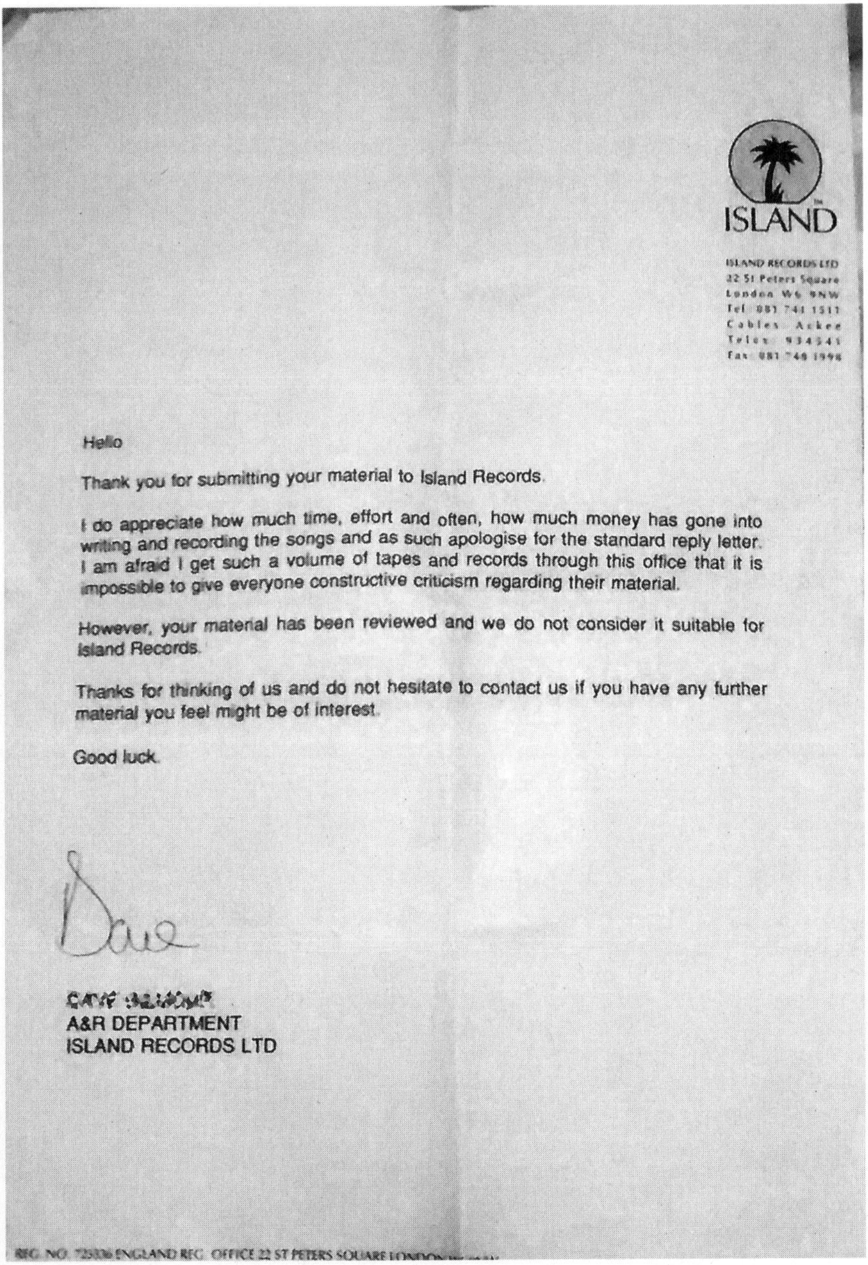

ISLAND

ISLAND RECORDS LTD
22 St Peters Square
London W6 9NW
Tel 081 741 1511
Cables Ackee
Telex 934541
Fax 081 748 1998

Hello

Thank you for submitting your material to Island Records.

I do appreciate how much time, effort and often, how much money has gone into writing and recording the songs and as such apologise for the standard reply letter. I am afraid I get such a volume of tapes and records through this office that it is impossible to give everyone constructive criticism regarding their material.

However, your material has been reviewed and we do not consider it suitable for Island Records.

Thanks for thinking of us and do not hesitate to contact us if you have any further material you feel might be of interest.

Good luck.

Dave

[redacted]
A&R DEPARTMENT
ISLAND RECORDS LTD

REG. NO. [illegible] ENGLAND REG. OFFICE 22 ST PETERS SQUARE LONDON

Guess which label's had me signed for years.

JOIN OUR COMMUNITY!

Wenn du es bis hierhin geschafft hast, danken wir dir von Herzen, dass du dabei warst ♥
Wir hoffen, dir hat die Reise gefallen!

Und wenn du Lust hast, weiterzumachen:
Scanne den QR-Code und bleib Teil der Geschichte.

Dort findest du **Reas Socials** und unsere **Community-Channels**, ein Ort, an dem du Teil unserer Familie werden kannst, exklusive Inhalte und Previews erhältst und dich kreativ austoben kannst. Oder stöbere einfach noch ein wenig im **Shop**, wenn dir danach ist.

Wir freuen uns auf dich!

Rea Garvey – Musiker, Songwriter, Sohn, Suchender

Er erzählt die bewegende Geschichte seiner Herkunft: Irland. Ein Land, in dem Regen und Licht, Stolz und Zweifel, Freiheit und Tradition untrennbar verwoben sind.

Vom wilden Lachen in einem überfüllten Bungalow voller Geschwister bis zu nächtlichen Techno-Ekstasen in Belfast, von Rebellionen gegen das System bis zu Momenten reiner Ehrfurcht vor dem Leben – Rea öffnet die Türen zu Erinnerungen, die ihn geformt haben – mal komisch, mal schmerzhaft, immer ehrlich. Es sind Geschichten von Verlust und Liebe, von Angst und Aufbruch, und vom unerschütterlichen Traum, Musik zum Kompass zu machen. Erzählungen über das Erwachsenwerden auf Irisch – roh, poetisch, voller Herz und so lebendig, als wäre es gerade eben erst passiert.

Seine Geschichten sind eine Einladung: nachzuspüren, woher wir kommen, was uns prägt – und warum Glaube manchmal der einzige Halt ist.

Rea Garvey
Before I met Supergirl

Hörbuch
gelesen von Simon Jäger
Intro gelesen von Rea Garvey
ISBN 978-3-8449-4561-4
Ungekürzte Lesung
erhältlich als digitaler Download

Hörbuch Hamburg